高职高专"十四五"物流类专业系列教材

供应链管理

（第2版）

主编 吴会杰 李 菁

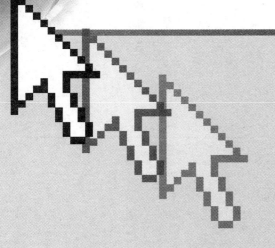

西安交通大学出版社
XI'AN JIAOTONG UNIVERSITY PRESS

国家一级出版社
全国百佳图书出版单位

内容提要

本书主要包括理解供应链、供应链驱动要素、供应链运营管理、供应链需求预测、供应链的综合计划、供应链采购管理、供应链库存管理、供应链管理环境下的生产计划与控制、供应链成本管理、供应链合作伙伴选择、供应链风险管理、供应链管理发展趋势等内容。教材体例的设计以教学目标、案例导入、知识链接、练习与思考、实训任务、即测即评等栏目安排每一个项目的内容,突出知识应用与技能训练,有利于培养读者分析问题和解决实际问题的能力。

本书既可作为高职高专物流管理、电子商务等经济管理类专业的教学用书,也可作为广大物流管理从业人员的参考书。

图书在版编目(CIP)数据

供应链管理 / 吴会杰,李菁主编. —2版. — 西安:西安交通大学出版社,2022.6
ISBN 978 - 7 - 5693 - 2637 - 6

Ⅰ. ①供… Ⅱ. ①吴… ②李… Ⅲ. ①供应链管理-高等职业教育-教材 Ⅳ. ①F252.1

中国版本图书馆 CIP 数据核字(2022)第 093492 号

书　　名	供应链管理(第 2 版)
	GONGYINGLIAN GUANLI(DI 2 BAN)
主　　编	吴会杰　李　菁
责任编辑	史菲菲
责任校对	赵怀瀛
装帧设计	任加盟
出版发行	西安交通大学出版社
	(西安市兴庆南路 1 号　邮政编码 710048)
网　　址	http://www.xjtupress.com
电　　话	(029)82668357　82667874(市场营销中心)
	(029)82668315(总编办)
传　　真	(029)82668280
印　　刷	陕西金德佳印务有限公司
开　　本	787mm×1092mm　1/16　印张 10.75　字数 269 千字
版次印次	2016 年 8 月第 1 版　2022 年 6 月第 2 版　2022 年 6 月第 1 次印刷(累计第 5 次印刷)
书　　号	ISBN 978 - 7 - 5693 - 2637 - 6
定　　价	35.00 元

如发现印装质量问题,请与本社市场营销中心联系。
订购热线:(029)82665248　(029)82667874
投稿热线:(029)82665379
读者信箱:xj_rwjg@126.com

版权所有　侵权必究

第2版前言

随着全球物流进入供应链时代，供应链已成为跨企业整合所有商业活动的管理集成，企业之间的竞争发展成为供应链之间的竞争。如何发挥供应链中不同节点企业的核心优势，整合不同资源，提高供应链响应客户需求的整体水平和能力，成为企业界和学术界越来越关心的问题。"供应链管理"是物流管理专业的主干课程之一。学好本门课程对了解供应链管理的基本理论、掌握供应链管理的关键技术、运用供应链管理的基本方法具有十分重要的意义。

《中华人民共和国国民经济和社会发展第十四个五年规划和2035年远景目标纲要》中提出"提升产业链供应链现代化水平"，"坚持经济性和安全性相结合，补齐短板、锻造长板，分行业做好供应链战略设计和精准施策，形成具有更强创新力、更高附加值、更安全可靠的产业链供应链"。提升产业链供应链现代化水平是中国应对世界百年未有之大变局、确保中国经济安全的重要举措。为了紧跟国家发展要求和全球供应链发展的趋势，尤其是适应后疫情时代产业链供应链发展的需求，我们对本书进行了修订。本次修订主要融入了课程思政的内容，精选了一些体现供应链创新发展的企业案例，增加了数字化供应链的内容。

本书的主要内容包括理解供应链、供应链驱动要素、供应链运营管理、供应链需求预测、供应链的综合计划、供应链采购管理、供应链库存管理、供应链管理环境下的生产计划与控制、供应链成本管理、供应链合作伙伴选择、供应链风险管理、供应链管理发展趋势等。教材体例的设计以教学目标、案例导入、知识链接、练习与思考、实训任务、即测即评等栏目安排每一个项目的内容。"教学目标"是经过学习应该达到的知识目标和技能目标；"案例导入"是对典型案例的分析与讨论；"知识链接"是对相关理论知识的拓展与延伸；"练习与思考"是对值得思考、容易混淆的问题进行思考；"实训任务"是根据实际的教学设计的课外实训题；"即测即评"是对项目学习内容的测试。通过以上教学模式的组织，突出知识应用与技能训练，有利于培养读者分析问题和解决实际问题的能力，给读者带来学习上的方便性与直观性。

本书配套在线课程已在智慧树网上线，网址为 https://coursehome.zhihuishu.com/coursehome/1000065263#techTeam，欢迎广大读者在线学习。

本书由西安职业技术学院教师团队与深圳市怡亚通供应链股份有限公司联合编写。西安职业技术学院吴会杰教授、李菁副教授担任主编。具体编写人员如下：吴会杰、李菁、马伯君、樊恺盈、季新竹、潘文佳。

本书既可作为高职高专物流管理、电子商务等经济管理类专业的教学用书,也可作为广大物流管理从业人员的参考书。

本书在编写过程中,参阅了大量的国内外文献资料,在此谨向有关专家、学者表示谢意。

由于编者水平有限,对于供应链管理这个新兴领域的认识和研究还不够深入,难免有疏漏、不当之处,敬请各位专家、同仁和读者不吝赐教,以便再版时修正和完善。

编　者

2022 年 3 月

目录

项目1 理解供应链 / 1
    教学目标 / 1
    案例导入　上汽通用的供应链建设 / 1
    知识链接 / 3
        一、供应链概述 / 3
        二、供应链管理概述 / 5
        三、供应链结构模型 / 6
    练习与思考 / 8
    实训任务　海尔COSMOPlat供应链智慧生态系统 / 8

项目2 供应链驱动要素 / 12
    教学目标 / 12
    案例导入　戴尔科技集团的战略与供应链管理 / 12
    知识链接 / 13
        一、竞争战略与供应链战略的匹配 / 13
        二、供应链绩效的驱动因素 / 15
    练习与思考 / 18
    实训任务　驱动供应链的十二大核心因素 / 18

项目3 供应链运营管理 / 23
    教学目标 / 23
    案例导入　从供应链探讨Costco低价之谜 / 23
    知识链接 / 25
        一、供应链运营 / 25
        二、供应链设计策略 / 27
        三、供应链设计及供应链管理设计的方法 / 30
    练习与思考 / 34
    实训任务　精细化工制造企业供应链转型升级之路 / 34

项目4 供应链需求预测 / 37
    教学目标 / 37
    案例导入　联合利华建立大数据管理平台进行深度数据挖掘与需求分析 / 37
    知识链接 / 38
        一、需求管理 / 38

二、影响需求的因素 / 42
　　三、提高预测准确性的各种方法 / 42
　　四、需求预测的步骤 / 42
　　五、预测的基本方法 / 44
　练习与思考 / 45
　实训任务　森马的供应链进化之路 / 45

项目5　供应链的综合计划 / 50
　教学目标 / 50
　案例导入　综合计划实现利润最大化 / 50
　知识链接 / 50
　　一、综合计划概述 / 50
　　二、供应链的供给管理 / 51
　　三、综合计划的有关问题 / 51
　　四、综合计划策略 / 52
　　五、利用线性规划制订综合计划 / 53
　练习与思考 / 53
　实训任务　用Excel进行综合计划 / 54

项目6　供应链采购管理 / 57
　教学目标 / 57
　案例导入　海尔的采购供应链 / 57
　知识链接 / 58
　　一、供应链采购概述 / 58
　　二、采购流程 / 62
　　三、采购的类型 / 63
　　四、采购的原则 / 64
　　五、自制和外购决策 / 65
　　六、采购管理的发展趋势 / 66
　练习与思考 / 68
　实训任务　华为的采购战略和"战略采购" / 68

项目7　供应链库存管理 / 71
　教学目标 / 71
　案例导入　宝洁供应链新动作：小批量多批次生产，加速周转更有效 / 71
　知识链接 / 72
　　一、库存管理认知 / 72
　　二、供应链环境下的库存问题 / 75
　　三、供应链环境下的库存管理策略 / 79
　练习与思考 / 89

实训任务　京东供应链效率持续提升 / 89

项目8　供应链管理环境下的生产计划与控制 / 92

教学目标 / 92

案例导入　美的持续推动供应链数字化转型 / 92

知识链接 / 93

　　一、传统生产计划和控制与供应链管理思想的差距 / 93

　　二、供应链管理环境下的企业生产计划与控制的特点 / 95

　　三、供应链管理环境下的集成生产计划与控制系统的总体构想 / 98

　　四、供应链管理环境下生产系统的协调机制 / 99

练习与思考 / 103

实训任务　灯塔工厂建设的五大核心途径 / 103

项目9　供应链成本管理 / 105

教学目标 / 105

案例导入　永辉超市持续夯实供应链优势 / 105

知识链接 / 106

　　一、供应链成本管理认知 / 106

　　二、供应链成本控制的方法 / 110

练习与思考 / 119

实训任务　基于区块链技术的京东商城供应链成本控制分析 / 119

项目10　供应链合作伙伴选择 / 121

教学目标 / 121

案例导入　海底捞背后的供应链 / 121

知识链接 / 122

　　一、供应链合作伙伴关系概述 / 122

　　二、供应链合作伙伴的选择与评价 / 126

练习与思考 / 129

实训任务　宝马公司建立供应商指标体系，多维度评估供应商 / 130

项目11　供应链风险管理 / 131

教学目标 / 131

案例导入　新冠肺炎疫情冲击全球供应链 / 131

知识链接 / 134

　　一、供应链风险的含义与来源 / 134

　　二、供应链风险的类型与特点 / 136

　　三、供应链风险管理与风险防范 / 139

练习与思考 / 141

实训任务　"黑天鹅"之下供应链修复的五个阶段 / 142

项目 12　供应链管理发展趋势 / 145
　教学目标 / 145
　案例导入　绿色供应链体系是"两山"理念落地的创新模式 / 145
　知识链接 / 147
　　一、全球供应链管理 / 147
　　二、绿色供应链管理 / 150
　　三、数字化供应链 / 155
　练习与思考 / 158
　实训任务　华为供应链的全球化之路 / 158

参考文献 / 163

项目 1　理解供应链

教学目标

1. 知识目标
(1)理解并能解释供应链的概念、特征和网络结构。
(2)理解并能表述供应链管理的内涵。
(3)能正确讲述供应链管理与物流管理的关系。

2. 技能目标
(1)能够掌握构建供应链体系的初步方法。
(2)能够认知有效实施供应链管理的技能。

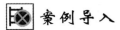
案例导入

上汽通用的供应链建设

一辆汽车从零部件供应到整车装配直到最终销售,需要多层次产业链中超过8000家企业的协作,汽车供应链管理与物流运作的复杂程度也非同一般。在"工业4.0"及《中国制造2025》的驱动下,汽车企业正加快向智能制造转型升级,而数字化成为汽车供应链上下游企业实现高效协同的关键。

作为我国汽车产业领军企业之一,上汽通用汽车有限公司(以下简称上汽通用)不仅拥有世界一流的管理体系和制造水平,而且在这轮汽车产业数字化、智能化变革中再次成为先行者。早在2015年,上汽通用就基于公司的智能制造发展战略,制定了供应链与物流数字化发展规划,对传统物流业务流程进行全局数字化改造,同时稳步推进物流业务各环节的自动化升级,取得了显著成效。

经过几年的不断实践探索,上汽通用已经建立了覆盖生产计划、入厂物流、工厂物流、出厂物流的全流程数字化架构,陆续开发并投入使用了智能排产系统、入厂/出厂物流智能集成平台、包装器具管理平台、仓储面积智能规划系统、人员工时管理系统、供应链数字一体化平台、工厂物流人-机-料智能调度等一系列数字化系统平台。上汽通用供应链与物流全局数字化的发展,伴随着物流自动化、智能化升级,可以说呈现了中国汽车物流产业从工业2.0向工业4.0迈进的过程。

在供应链与物流全局数字化发展进程中,上汽通用是如何与上下游企业深度合作的?

全链、全局、全时的供应链与物流发展是一个整体改变,需要实现上汽通用、零部件供应商和物流服务商的供应链与物流运作数据全面贯通,并且结合业务需求深挖数据价值,才能实现最终的提质、增效、降本,多方共赢。近年来,上汽通用在不断尝试将数字化效益延伸至零部件供应商、物流服务商等上下游伙伴。

包含下级供应链在内,上汽通用共有超过8000家供应商分布在世界各地,这对其实时应对市场变化带来很大挑战。对此,上汽通用建立了供应链数字一体化平台,所有供应商的基础信息都能在管理平台上查看。对于关键的一级供应商,除了基础数据,通过系统平台对接,还实现了工厂排产、库存、物流等数据的实时同步,实现主机厂与供应商之间的深度协同。在前期规划中,通过优化供应商布局,消除冗余供应链,近年来累计降本2亿多元,提升了供应链整体成本竞争力,提高了供应链响应能级,保障了供应链安全。

以入厂物流为例,零部件的运输网络错综复杂,一旦遇到需求波动或物料报警等突发情况时,上汽通用的生产计划调整,每家供应商的出货量和频次都会发生变化;又或是供应商出货地址变更、限行政策调整,零件数量、需求时间、窗口间隔、库存限制、装载率、卡车运力等都需要重新调整,而且要考虑诸多复杂的限制条件。以往靠人工做一次规划要数周时间,运输资源的调整不可避免地落后于计划的调整,造成运力浪费。

随着各方数据的打通,上汽通用建立了入厂物流智能集成平台,对全物流管道内货物的跟踪更精准了,零部件供应商交付结算更便捷安全了,物流服务商需要派遣的车辆更加精益了,在平台智能算法引擎的帮助下,运输方案仅需半小时便能迭代优化后输出一版。优化后的运输指令以预调度的形式提前一天发布,可以快速在实际运作中落地兑现,实现需求与资源的高效匹配。据统计,相比人工经验计算出的结果,优化后的方案使装载率提升了8%,运输路径缩短了13%,车辆需求减少了10%。

未来,上汽通用在供应链与物流方面有哪些发展规划?

目前各行各业都在聚焦数字化转型,上汽通用正在尝试将数字化效益延伸,与供应商、物流运作服务商、经销商伙伴深度融合,打造更加多元共赢的局面。

首先,提高需求预测的准确性。市场需求固然千变万化,在整车制造过程当中也存在一定的波动,两相叠加之后再经过牛鞭效应放大,会给整个供应链网络及物流运作带来较大的不确定性。一方面,上汽通用积累了全链包括需求端和资源端的大量数据,另一方面也有着大量算法和大数据应用的经验,希望能在这个基础上,引入更多的要素,不断提升需求预测的准确性,这个"准确的预测"不仅仅意味着满足多变的市场需求,更要能引领资源与需求高效匹配,从源头上进一步提升产业链整体效益。例如,从长期来看,准确的预测可以指导整车/动力总成的产品产能布局,同时不断优化下级供应链,将市场的需求和产业链高效融合;在更为精准的市场需求预测与生产预测的助力下,整车可以提前进行智能分拨,以此来缩短终端市场响应时间,在提升经销商及终端客户满意度的同时降低整车物流运输成本。

其次,进行数据共享与延伸。例如前面讲的预测,肯定是一个不断迭代、不断校准的过程,从52周的长期计划到小时级的拉动需求,精度是在不断提高的,供应商也会做出生产、库存的调整。在供应链一体化平台的支持下,上汽通用将会更加主动将各个层级、各个时点的数据与供应商深度共享,指导其提升备货精度,缩短备货周期。对于供应商来说,这个不断迭代的过程将大幅提升与整车客户的同步性,显著提升它们的供应链抗风险能力,在满足客户的同时避免额外费用的产生;更精细的车间级的拉动预测则可以更好地将供应商实时的生产与上汽通用的物流运作网络无缝连接,在运作层面延伸出更多价值,降低成本。

资料来源:王玉,江宏,周辉.上汽通用物流:探索全局数字化 重塑共赢生态圈:访上汽通用汽车有限公司生产控制与物流部执行副总监周辉[J].物流技术与应用,2021(5):104-108.

案例分析

本案例中上汽通用通过制定供应链与物流数字化发展规划、建立供应链数字一体化平台等,实现了上汽通用、零部件供应商和物流服务商的提质、增效、降本,最终达到多方共赢。可见,在数字化时代,供应链管理优化和升级对企业管理和优化发挥着不可替代的作用。

思考·讨论·训练

1. 你认为供应链数字一体化平台给上汽通用带来了哪些影响?
2. 上汽通用的供应链建设具有什么特点?

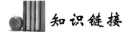
知识链接

一、供应链概述

(一)供应链的概念

供应链(supply chain,SC)的概念于20世纪80年代末提出,其产生的大背景是全球化的兴起及全球制造的出现。近年来,供应链管理作为一种新兴管理模式,在企业管理,尤其是制造业企业的管理中,得以普遍运用。其概念被表述为:供应链是围绕核心企业,通过对信息流、物流、资金流的控制,从采购原材料开始,制成中间产品以及最终产品,最后由销售网络把产品送到消费者手中的,将供应商、制造商、分销商、零售商及最终用户连成一个整体的增值网链结构。

通过对概念的分析,我们可以得到以下几点。

(1)供应链涉及三个流程。供应链是流程的组合,其由信息流程(information flow)、实物流程(physical flow)和资金流程(funds flow)三个方面组成。

①信息流程。信息流程主要包括收集、处理和分析数据,并将有价值的信息提供给供应链中的各个环节及成员企业,使得供应链成员能够依据信息交换和传递做出相应的行动和决策。信息流的重点在于沟通和交流,它不是单独的运作,而是将供应链中的业务、实物、商流和资金整合并转移连接,通过信息流程,将供应链贯穿为一个整体。在当代信息流程中,计算机网络系统为其提供了必不可少的载体,是信息交换沟通的基础。

②实物流程。实物流程即物流,是实体货品的交付和转移,是供应链中实现交易的必要流程。其具体包含运输、仓储管理、配送、流通加工等环节。实物流程涉及运输工具和单位,需要以信息流程为基础,以便于实时监督货品情况。现代物流便是将实物流程与信息流程加以结合的结果。

③资金流程。资金流程是企业在销售产品之后,收取货款和清偿供货商款项的过程。资金流程是履行交易合同的必要组成部分,企业进行生产,涉及采购业务或设备购置,都需要资金流程给予保障。资金流程涵盖了企业财务方面的相关业务,只要有交易发生,就会产生资金流程来配合实物流程的运行和工作,而这一切,都需要通过信息流程进行衔接。

(2)供应链的参与者较多,涉及的环节可以由原材料采购起始,经过供应环节、制造环节、分销环节、零售环节,由物流环节将最终产品交付给最终消费者。每个环节都涉及企业和企业内的部门单位,整个供应链便是企业内部与企业之间有机协作继而串联而成的网链结构,因此,深度协同合作是供应链得以高效运行的核心重点。

(3)供应链具备增值特点,其既可以通过再生产、流通加工、个性化定制等环节完成产品的增值,又可以通过企业间协作对竞争优势的获取,完成企业价值的增值。可见供应链不仅仅完成对货品的供应和流通,同时也为货品和企业带来更多的优势和竞争能力,体现出多层面、全方位的积极价值。

(二)供应链的特征

供应链是一个较为复杂的网链结构,由核心企业和成员企业构成,每个企业都表现为一个节点,而每个节点之间又呈现出其对应的供应与需求关系。如果仔细去研究供应链及其企业的内在运作模式,我们可以得到供应链的六个主要特点。

1. 全局性

在供应链中,无论考虑成本、利益还是绩效,都不会是局部的、单独的,而是表现为整体成本、整体利益和整体绩效,供应链中各方应以追求共赢为目标,而不去追求个体效益。当个体效益与全局效益产生冲突时,供应链将顾及全局效益,而个体效益则往往体现为由全局效益带动的长期效益。

2. 复杂性

供应链由多环节构成,而每个环节又由多个企业构成,企业无论是类型还是地域都体现出多样性特征,所以首先从构成上来分析,供应链结构模式通常较单一企业要复杂得多。从流程上来看,物流、信息流与资金流各自成一体又相互交织与配合,所以供应链运转也是复杂而多样的。

3. 动态性

动态性特征首先体现为供应链中的成员企业并非一成不变,成员企业的增加、减少与更换都体现了供应链结构的动态性;其次,动态性还体现为其运作和战略会随着市场需求的变化而变化,市场需求每时每刻都在发生变化,因此,供应链也会为了适应市场需求而实时进行调整和改变。

4. 交叉性

供应链上的成员企业都是一个单独节点,衔接上下游和平行合作企业,其中也有衔接性突出的成员企业,其业务本身就体现为节点性业务,可见,一个供应链上的业务不是平行的,而是互相交叉的。而如果从企业角度出发,我们会发现,同一个企业,可能是这个供应链中的成员,同时又是另一个供应链中的成员,同样具备交叉性特点。

5. 增值性

供应链不仅是一条连接各环节企业的实体链条,也是一条价值增值链条。物品在供应链上,通常会涉及加工、运输、储存、包装等业务处理,这便赋予了物品时间价值和空间价值,甚至有时在物品的形态和功能上都有所改善。作为增值性特征的运用,供应链应当以客户需求为唯一指向,进而对产品进行对象性的增值业务整合。

6. 服务性

供应链存在与发展的目标就是满足市场需求,为最终客户供应符合其需求的产品。因此,供应链的操作与运行都体现出对最终客户和市场的服务性,也就是尽最大可能满足最终客户需求,提升对最终客户和市场的服务质量。

在供应链的六项特征中,每一项都体现出供应链在不同层面上的运作重点,总的来说,供应链基于整体目标的一致性,联结企业及企业间所有相关联的活动,其根本上秉持的是共赢的重要原则。

二、供应链管理概述

(一)供应链管理的概念

供应链管理(supply chain management,SCM)是为了满足服务水平要求,将供应商、生产商、销售商、物流商到最终用户结成网链来组织生产与销售商品,并通过商流、物流、信息流、资金流系统的设计、计划、运行和控制等活动达到降低系统总成本的预期目的。它是对供应链商流、物流、信息流、资金流以及合作者关系等规划、设计、运营、控制过程进行一体化集成的管理思想、方法和技术体系。

《物流术语》(GB/T 18354—2021)中也对供应链管理做出定义:供应链管理是从供应链整体目标出发,对供应链中采购、生产、销售各环节的商流、物流、信息流及资金流进行统一计划、组织、协调、控制的活动和过程。

供应链管理研究的是供应链的过程和供应链中不同主体之间供需网链的构建、集成、优化、运行、动态管理理论与时间规律。

供应链管理的流程主要涉及计划、采购、生产、配送和回收等主要环节。深刻剖析供应链管理,我们可以就供应链管理的实质、方法和主要目标展开探讨。

1. 供应链管理的实质

(1)以市场需求为根本驱动,以最终客户为服务中心;

(2)构建供应链企业的核心竞争力,外包非核心业务;

(3)供应链企业深度协作,共担风险,共享利益。

2. 供应链管理的方法

(1)在供应链的流程管理层面,对各项流程进行设计、执行、修正和持续性改进;

(2)在供应链的运作管理层面,依托现代信息技术系统对运作业务不断进行优化。

3. 供应链管理的主要目标

(1)尽量满足实时需求,不断地聚焦于缩短供应链各环节的时间;

(2)削减供应链上各环节成本,如采购、库存、运输及配送等成本。

(二)供应链管理的目标

基于上述供应链管理的主要目标,我们可以得出时间和成本是供应链管理中的两大核心要素。供应链管理从根本上是为了提升供应链的效率和效能,以最低的成本为客户创造最大价值。供应链各环节企业通过供应链管理企望克服多重损耗,降低生产和流通的成本,减少库存,获取更高利润。

1. 压缩时间

通过整体性整合、信息化和其他管理技术手段,减少生产环节和流通环节所耗费的时间,缩短订单交付时间周期和库存周期,从而提高供应链中的现金周转率,降低供应链库存,达到快速流通和降低成本的目的。

2. 提高柔性

提高柔性意味着提升供应链的响应速度和反应能力,主要在于更快速更高效地响应客户的需求变化。对于较为独特的客户需求,也可以通过提高柔性来更好地响应。因此,提高柔性后的供应链,将提升最终客户的满意程度。

3. 减少浪费

供应链是基于各环节深度协同合作的一体化网链,但在供应链业务流程中,难免出现不同环节功能重叠的现象。在库存方面,不同库存节点重复库存的持有,在很多供应链中成为其竞争弱势。以上现象都属于供应链中的浪费,除此之外,供应链中还存在许多其他层面的浪费。供应链管理致力于协调系统信息和促进环节间协同合作,提升供应链的及时性和互动性,进而减少浪费,降低成本。然而,供应链上的浪费是无法完全消除的,供应链管理只能将减少浪费作为长期性目标来不断地推进。

4. 利润最大化

供应链管理根本上要能够提升供应链上成员企业的利润,只有这样,供应链才能长期稳定地运营下去,其战略合作伙伴关系也才能够得以较好维系。供应链管理通常通过降低成本、减少浪费来提升边际收益,同时通过提升服务来获取订单量和稳定的客户群体,这些都为供应链长期盈利和多方利润的最大化提供了保障。

(三)供应链管理的驱动要素

在供应链管理的运营中,也需要特定要素来进行驱动,这些要素相互作用,决定了供应链的竞争能力和盈利水平。

1. 库存

库存成本是供应链整体成本的核心组成部分,库存水平则直接影响供应链的盈利水平。库存的提高可以更及时地满足客户需求,但同时引发的库存量增加则有可能导致库存成本的上升,反之,库存的降低可以帮助减少库存成本,却同时降低了供应链的反应能力,因此库存是驱动供应链管理的一大要素。

2. 运输

同库存一样,运输也是供应链中的一大重要业务。企业可以选择多种运输方式与多种运输路径的结合,以满足企业不同的运输需求,适用于不同性质的产品。在运输要素中,越为快捷高效的运输方式,其成本也趋向于升高。

3. 设施

供应链中的主要设施表现为用于储存物料、装配加工或制造的场所,也表现为场所中的设备。场所的选址、功能和灵活性是供应链管理的重要驱动要素,其决定了供应链的最终绩效。而场所中的设备管理绩效则主要体现为购置或租用设备时短期成本投入与长期收益的关系。

4. 信息

供应链中的信息包含了整个供应链中的库存、运输、设施设备等数据资料。信息是对供应链绩效影响极大的驱动要素。由于供应链是由不同环节中的不同成员企业协同合作而形成的增值性网链,成员间交流的顺畅性和信息传递的及时性就在一定程度上决定了供应链的效率,因此高效的信息系统可以提高供应链的反应能力和盈利能力。

三、供应链结构模型

(一)供应链网络的结构模型

在供应链中,供应商的数量通常较多,分销商也有多个。供应商、制造商和分销商在战略、任务资源和能力方面相互依赖,构成复杂的供应链网络。其结构如图1-1所示。

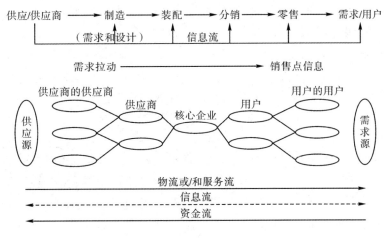

图1-1 供应链网络的结构

如图1-1所示,供应链由所有相关联的节点企业构成,并且具有一个核心企业,该核心企业既可以是生产制造企业,也可以是大型零售企业,节点企业在需求信息的驱动下,通过供应链的职能分工与合作(如制造、装配、分销、零售等),以物流和资金流为媒介,实现整体供应链的持续性增值。

(二)供应链网络的结构类型

按照供应链网络中所运营的产品性质和供应链网络的运营重点,一般可将供应链网络的类型分为发散型网络结构、会聚型网络结构和T形网络结构。

1. 发散型网络结构

发散型网络结构又被称为V形结构,是供应链网络结构中最为基础的结构类型。在此结构中,物料通常以大批量的形式存在,在生产不同产品之前,需要制造许多中间产品,致使网络中的企业要生产大量的多品种产品而使其业务复杂化。由于这种类型的网络结构产品数量多,为了最大限度满足客户需求和提高服务水准,通常需要持有大量库存来进行缓冲,因此库存成本为发散型网络结构中的主要成本。

这一类网络结构的代表性行业有钢铁制造、石油、化工、造纸和纺织业等。

2. 会聚型网络结构

会聚型网络结构又被称为A形结构,此网络类型的制造、组装和总装过程较为烦琐,涉及较多的物料和零部件。为了及时满足客户需求和订单要求,企业需要从大量的供应商手里采购大量的物料,同时受到供应链服务驱动的影响,企业还着力于实现重要装配点的多种物料和零部件的同步。ERP(企业资源计划)是会聚型网络结构中应用性极高的管理解决手段。

常见的会聚型网络结构涉及的行业包括航空工业、汽车工业等。

3. T形网络结构

T形网络结构是通过对通用件的制造标准化来降低供应链中的业务复杂程度,并且可以依照现行订单来确定通用件。从控制供应链的管理角度入手,管理T形网络结构的供应链可运用先进的管理方法,同时减少产品的品种,也可以利用计划性工具来维护和提高供应链管理控制水平。

这种结构广泛适用于接近最终用户的企业,如医药保健品、电子产品、食品和饮料等企业,也适用于为总装配提供零部件的企业,如汽车零部件、电子元件企业。

(三)供应链网络的结构特征

1. 层次性特征

不管是哪个类型的供应链网络结构,其网络都不会是单层的,相反,供应链网络中的每个业务流程都是多层次业务实体相互依存和合作的体现,这反映了供应链网络的结构具有层次性特征。

2. 双向性特征

供应链的网络包含横向和纵向两个维度。从横向看,使用某一共同资源的实体之间既相互竞争又相互合作;而从纵向看,供应链网络的结构就是供应链结构,反映了从原材料供应商到制造商、分销商及顾客的物流、信息流和资金流的过程,而其中物流和资金流的方向相反,信息流则呈现出交互性和多向性特征。

3. 动态性特征

供应链网络中成员之间的关系不是一成不变的,其具有一定的不确定性,供应链成员之间以及供应链之间的关系,随着客户需求的变化,时常会做出适应性调整。而且,供应链网络上的某一成员在业务方面的微调,都会引起供应链网络结构的变动。因此供应链网络结构具有动态性。

4. 跨地区特征

供应链网络中的业务实体超越了空间的限制,其在业务上紧密协作,致力于加速物流和信息流,同时提高供应链的整体效益。通过不同供应链的交叉和多个供应链网络的交错联系,最终,世界各地的供应商、制造商和分销商被联结在一起,形成全球供应链网络(global supply chain network,GSCN)。

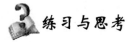

练习与思考

1. 供应链的特征是什么?
2. 供应链管理的目标有哪些?
3. 供应链分为哪几类结构?

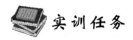

实训任务

海尔COSMOPlat供应链智慧生态系统

海尔COSMOPlat积极响应国家战略,打造供应链智慧生态系统,致力于满足用户的最佳体验,实现供应商、企业、用户全链条的价值增值,为供应链创新与应用提供了新思路。

一、数字经济时代海尔的组织设计

海尔集团始终秉持以用户为中心。2005年,张瑞敏就提出了"人单合一"的全球化竞争商业模式。多年以来其内涵不断凝练,"人"即具有"两创"(创业、创新)精神的员工,"单"即用户价值。每个员工都在不同的自主经营体中为用户创造价值,从而实现自身价值,同时企业价值和股东价值自然得到体现。在"人单合一"的管理模式下,海尔于2019年推进链群自驱动机制的组织变革。链群自驱动机制是在高度网络化链接、供需不断变化的社会中,企业产销各节点组织为不断满足用户需求变化,形成相互链接协同迭代生存的能力,是企业适应时代创世界级物联网模式的基本组织、机制保证。链群组织由"体验链群"和"创单链群"融合而成。"体验链群"是与用户直接交互的社群与触点,不断与用户交互,实时获取用户需求;"创单链群"包括研发、制造等节点,通过并联各方资源,输出不断迭代的场景解决方案。在同一目标下,"体验链群"和"创单链群"融合、相互倒逼咬合,形成自驱动共同满足用户需求。链群组织可以根据用户群的不断细分自裂变,也可以依据新的市场机会自涌现,链群承接市场引领目标,保证用户体验迭代的满足。链群的这种自组织、自驱动能够满足不同用户需求的自适应,这种自适应的非线性网络使得链群与用户零距离融合,不断提升交易效率。

二、打造COSMOPlat工业互联网平台

海尔在自身智能制造和平台建设的基础上研发了具有中国自主知识产权的工业互联网平台COSMOPlat,构建"1(主平台)+7(模块)+N(行业)"的平台架构体系,实现跨行业、跨领域应用。它是全球首个引入用户全流程参与体验的工业互联网平台,打破了传统以企业为中心的模式,始终以用户为中心,创造用户最佳体验,实现用户终身价值。在"人单合一"模式指导下,COSMOPlat既能助力海尔内部全球互联工厂不断迭代、持续升级,又能联合全球一流资源,打造了建陶、房车、农业等15类行业生态,覆盖了全国7大体验中心、12个区域,并在20个国家复制推广。

COSMOPlat为个人用户提供模块定制、众创定制、专属定制服务,以满足个人用户的个性化需求,而这些服务是由平台用户之间互相提供的;COSMOPlat为企业用户提供跨行业、跨领域的多种企业解决方案和云服务,这些解决方案是由平台的相关用户共同合作提供的,COSMOPlat的作用在于设计解决方案并统筹平台用户;COSMOPlat还能为开发者提供各种开发工具,使其持续创新。随着越来越多的个人用户与企业用户加入COSMOPlat以及开发者用户的开发行为,平台拥有了持续不断的创新力与吸引力。因此,海尔COSMOPlat与其个人用户、企业用户、开发者共同构成了一个技术生态系统。在这一技术生态系统中,不可避免地会存在稳定性-进化性的悖论,即平台需要稳定性和同质性,以吸引对标准组件的共同投资,但它同时也需要可变性和异质性,以满足不断变化的市场需求。COSMOPlat平台所构建的生态系统治理需要平衡好三组紧张关系才能保持其良性发展。

1. 产出:标准化与多样性

在产出方面,技术生态系统的治理要兼顾标准性和多样性。海尔COSMOPlat通过交互定制、创新设计、精准营销、模块采购、智能制造、智慧物流、智慧服务七大节点为康派斯房车制造转型升级提供助力。在这七大节点中的模块采购、智慧物流主要体现出生态系统治理中对产出标准性的控制。在交互定制和创新设计方面,海尔COSMOPlat开放的平台让众多用户提出个性化要求并进行个性化设计,使生态系统具备了多样性。

在标准性方面,入驻COSMOPlat平台的企业用户要符合它的入驻标准,以保证企业用户提供的产品和服务的质量。模块化设计和模块化采购流程提供了基本的标准,可作为协调工具。研发人员依照功能属性将产品划分为不同模块,提高模块的通用性,发布模块接口,供应商根据接口参与设计。在COSMOPlat平台,康派斯可以第一时间通过系统获取订单,并通过COSMOPlat采购平台采购所需物料,控制生产过程,有效提高生产效率。通过跨境物流平台的一站式服务,全流程的物流成本可节省8%~10%。

在多样性方面,COSMOPlat上的各类用户通过交互,可以选择不同的模块化组合实现个

性化定制,通过模块的不同配置或者开发某些模块,新型产品可以更容易、更快速地被开发出来,为创新设计和资源整合留出了更多空间。

2. 参与者:控制与自主

在用户方面,技术生态系统治理要兼顾对用户的控制和自主。在自主性方面,当合作伙伴进入生态系统时,他们被授予非常高的自主权。在海尔COSMOPlat赋能康派斯房车公司这一案例中,首要的环节就是交互定制和创新设计,在这一节点中,首先由平台搜集房车个人用户的个性化需求,然后康派斯借助平台的设计师资源完成对房车的设计从而满足用户的个性化需求,使其产品具有异质性优势。在模块采购、智能制造、智慧物流和智慧服务这些赋能节点中,海尔COSMOPlat上的其他企业用户拥有自主权,能够通过自我选择自主地与康派斯联结成一条完善的供应链,为其提供原料采购、生产、运输、销售全流程的供应和服务。

在控制方面,COSMOPlat平台负责制定规则和流程,对权限进行多维度的分割和授权,细化分工,并且通过强大的信息系统对过程进行跟踪,依靠大数据发现差距,不断调整和优化规则,保证供应链的高效率。

3. 身份认同:集体性与个性化

在认同方面,技术生态系统的治理必须兼顾个人和集体认同。营利性的技术生态系统的特征很大程度上取决于追求利润的行为,因此,必须重视个体利益;与此同时,也不能忽视集体认同,技术生态系统中所有的合作伙伴都在为平台上提供的更大的"社会商品"做出贡献并从中受益。COSMOPlat上的各类用户联结成网络,他们提供服务的首要目的是营利,即个人利益;在他们追求利润的同时形成了无数条完整的供应链,这些供应链能够为这些企业用户提供稳定而持续的业务,通过多伙伴项目的伙伴间协作,在平台的推动下,能够培养出更高程度的相互依存,从而具备集体认同。如在海尔COSMOPlat赋能康派斯房车企业的这一案例中,通过赋能连接起一条房车生产、销售、服务的完整供应链,各企业在赢利的同时还产生了集体认同,这能够培养以海尔COSMOPlat平台为核心的技术生态系统的潜意识控制水平。

三、依托供应链生态系统实现国际化发展

2015年COSMOPlat发展初期,海尔即将其定位为以人为核心,能够让用户全流程参与的平台。不同于德国工业4.0与美国工业模式,COSMOPlat突破了传统工业互联供应链中平台仅仅充当设备之间的连接角色,或工厂端的运营平台的模式。COSMOPlat借助平台资源集合优势,在识别、孵化、整合生态合作伙伴基础上,全面及时了解用户需求,追求供应商与用户之间实时动态的供需平衡、产销合一,将国际供应链打造成为全球化的商业生态系统。

1. 孵化互补伙伴,以人为核心

海尔COSMOPlat在2017年萌芽期就鼓励供应商与用户成为平台合作伙伴,实行终身合作伙伴制度。注册成为平台用户即可在销售上获得技术支持、客户服务等资源,在营销上获得发展基金和公关等资源,在技术上获得免费在线培训和区域训练营等资源,从而了解行业动态供需状况。孵化合作伙伴使得用户与供应商共建工业互联新生态、共创生态市场大品牌、共享生态收入高收益。通过注册制孵化合作伙伴,COSMOPlat积累了大量活跃用户与优质供应商。同时,COSMOPlat加入工业互联网联盟(Industrial Internet Consortium,IIC),与全世界多家物联网平台共同合作。在经济金融全球化背景下,地区之间经济隔阂逐渐打破,COSMOPlat加入IIC后,在欧洲和东南亚地区也赢得大量注册用户和注册供应商,扩展了平台市场地域范围。为培育COSMOPlat后续发展力量,平台与清华大学、南京工业大学等国内外知名大学和研究机构合作,建立工业物联网实验室,以合作形式抢先留住优质物联网人才,率先研发生态系统开发模型。

2. 确定领导伙伴,保持高质量合作的稳定进行

COSMOPlat将合作伙伴依据公司声誉、产能和研发等能力进行分类,从高到低分为注册合作伙伴、认证合作伙伴、优选合作伙伴、卓越合作伙伴和战略合作伙伴五个等级,其中战略合作伙伴为领导伙伴。平台将领导伙伴视为最优先的合作伙伴,并与其保持长期密切合作。COSMOPlat领导伙伴有阿里巴巴、ABB和博世(Bosch)等各行业中的龙头企业。其中,与ABB和Bosch等世界五百强外企达成领导伙伴使得COSMOPlat的影响力在世界范围得到宣传,交互产品质量获得认可。2019年,在COSMOPlat的工业互联系统上,海尔集团与ABB公司强强联手完成大规模定制磁悬浮中央空调。COSMOPlat整合海尔集团空调生产线优势,与ABB公司共同开发研制全自动定制化中央空调生产流水线,使得平台上用户可参与设计自己的定制化空调,满足多方位需求,实现100%网器与100%定制。平台统计用户交互讨论结果,平衡需求端与供给端,避免供应商库存积压。流水线与COSMOPlat云服务平台对接,在生产过程中节能效果显著提升。确定领导伙伴让供应商之间合作效率更高,产品质量和声誉得以保障,提高了用户体验。

3. 整合生态系统伙伴,术业专攻之下交互发展

截至2020年1月,COSMOPlat已积累4亿活跃用户,数百万家供应商与合作伙伴。平台积累了大量用户交互数据,开发使用网络交互定制模型也逐步凭借云服务平台实现智能制造。现在已初步达到数字化、网络化、智能化,由成长期逐步转向成熟期。为整合生态合作伙伴,高效利用合作伙伴资源,平台将行业解决方案分为15个行业,分别为家电、农业、服装、机械、房车、建陶、模具、教育、大健康、能源、电子、化工、交通、食品和智慧城市。在行业专家为本行业用户提供解决方案的同时,平台借助数据分析牵头跨行业合作与新产品研发,以最大限度满足客户不同的定制要求。按行业区分服务领域保证了术业专攻与合理竞争,同时平台有秩序地牵头跨行业合作多元化供应段的商品种类。

资料来源:周英,辛悦,马榕.数字经济下制造业供应链的生态系统治理模式研究:基于海尔COSMOPlat工业互联网的案例分析[J].供应链管理,2020,1(9):51-61.

思考和训练

通过上述案例分析海尔COSMOPlat供应链系统是如何构建的。

技能训练

请同学们以小组为单位,选取一家制造型企业,分析其供应链系统。

即测即评

项目 2　供应链驱动要素

 **教学目标**

1. 知识目标

(1) 能够表述供应链战略匹配。

(2) 理解供应链绩效的各项驱动因素。

2. 技能目标

(1) 能够运用战略匹配原理进行供应链战略决策。

(2) 能够分析供应链驱动因素对供应链的影响。

 **案例导入**

戴尔科技集团的战略与供应链管理

戴尔科技集团旗下拥有七大品牌,包括了戴尔电脑(Dell)、戴尔易安信(Dell EMC)、VMware、Pivotal、SecureWorks、RSA 和 Virtustream。七大品牌代表着戴尔科技集团的七个重要业务群。其中,VMware 立足虚拟化的全球优势,围绕企业用户云端需求的新业务,为戴尔科技集团带来了在混合云与多云环境下丰富的发展潜力和市场机会。

战略:行业引领向云而生

任何一个企业的战略驱动力是行业发展大趋势带来的必然结果。向云而生,这不仅是一个通俗易懂的词,而且是戴尔近年来走向数字化变革的一致选择。

从任意云(Any Cloud)早在 2015 年全球的普及,到当下混合云、多云下的多元化策略,在云计算大势的驱动下,戴尔科技集团成为全球行业中的引领者,也变得越来越有活力。

向云而生的戴尔科技集团,已经全面覆盖云、数据中心和边缘计算领域,可为全球用户构建一站式端到端的数字化整体解决方案。

从 PC 时代历经 IT 服务时代,走向数字化时代,戴尔科技集团顺应 IT 行业发展的趋势前行。一方面,覆盖从数据中心到边缘到客户端借助多云战略、多层战略与软件定义的方式,创新改造 IT 架构。另一方面,借助物联网、人工智能、VR/AR 技术手段和工具,满足用户在设备、边缘、私有云及公有云环境下 IT 系统的不同创新需求。

最终,戴尔科技集团希望以数字化加速企业用户的业务转型、IT 转型、生产力转型和安全转型,助力企业用户新时期的变革创新,在持续完善混合云、人工智能、智能制造和 VR/AR 四大生态系统基础上,为全球企业点亮通往数字化未来之路,成为全球数字化转型的实践者和引领者。

供应链:没有最快只有更快

任何富有市场竞争的产品阵营,都离不开来自供应链的加持。在这个方面的注力,戴尔可谓持之以恒,戴尔供应链没有最快只有更快。

面向订单直接生产销售,早已成为戴尔公司取得 PC 时代辉煌的关键。在企业级 IT 领域,戴尔科技集团也同样将这样面向订单直接生产销售的经营模式传承了过来。

在企业级 IT 领域,戴尔易安信也同样吸收了戴尔之前出色的供应链管理。在支持超大规模数据中心的主流服务器方面,戴尔易安信在供应链管理、监控以及成本效益上的把控赢得了自身的应有地位。

在助力企业数字化转型过程中,全球大企业和中小企业的需求依然比较旺盛,充分借助戴尔供应链资源,为企业用户在大数据、云、安全、物联网等方面出现的新情况,推出匹配的相关产品与方案。

在供应链上下游供应商的选择上,严格要求渠道供应商的品质,与更精良的硬件与软件供应商合作并加强管理,结合用户需求和戴尔科技集团旗下业务群的需求,与之匹配最为重要。

在供应链的效率与效益上,要求供应链上下游供应商的反应必须要快,没有最快只有更快。当然,除了高效的供应链反应速度之外,更为重要的是要构建一套覆盖戴尔自身、供应商、制造商、分销商、销售商的供应链网络体系,实现库存信息共享,在统一协调的情况下,有效管理库存,实现每一个订单的低库存零库存目标。

为此,在个人消费与商用产品、企业级 IT 产品等方面,戴尔科技集团始终如一地坚持有效的供应链管理,长期为降低成本增加利润不懈努力。

资料来源:看涨戴尔科技的八大原因[EB/OL].(2019-03-11)[2022-04-01]. https://www.dellemc-solution.com/light-reading/desc.html?id=152025.

案例分析

戴尔科技集团在数字化变革中提出了行业引领向云而生的发展战略,其供应链与发展战略相匹配,反应更快,实现低库存零库存目标。

思考·讨论·训练

企业战略和供应链战略如何才能完美匹配?

知识链接

一、竞争战略与供应链战略的匹配

(一)供应链战略

供应链战略帮助供应链完成优化和更为精准的决策,连同竞争战略,通过与其进行合理的匹配,对供应链企业的成功产生助推力。

供应链战略是指从企业战略的高度对供应链进行全局性规划,确定原材料的采购和运输、产品的制造或服务的提供,以及产品配送和售后服务的方式。

通常按照产品的需求模式,供应链战略可分为两种类型,分别是有效性供应链战略和反应性供应链战略。

(1)有效性供应链战略。有效性供应链战略是指能以最低成本把原材料转化成零部件、半成品、成品,以及在供应链中运输等的供应链战略。效率是有效性供应链的核心要素,组织低成本高效率的供应链是有效性供应链的根本目标。

(2)反应性供应链战略。其强调快速对需求做出反应,一旦最终用户的需求发生了改变,反应性供应链也被要求能够迅速应对。灵活性和柔性是反应性供应链的核心要素,组织应变性高的供应链是反应性供应链的根本目标。

产品也可按需求模式被划分为功能性产品和创新性产品。

(1)功能性产品。功能性产品主要体现商品的实用价值,是可以大量从零售环节购买到的主要商品,其满足一般消费者的基本需求,并且需求呈现稳定性和可预测性。一般经常被使用到的商品,如食品、日用品、普通药品、家电等,都属于功能性产品。这类商品需求稳定并可预测,运营风险较低,同时技术难度不高,前期成本要求适中,但正是因为这些优势,使得运营这类商品的竞争较为激烈,相对利润很难达到一个比较高的水准。

一般情况下,功能性产品的生产和流通企业,对应的供应链应为有效性供应链。因其需求可以预测,也不易发生大的需求变动,所以运营重点应以降低成本和提升效率为主。

(2)创新性产品。创新性产品满足市场的特定需求,其产品或技术体现了企业的创新。这种商品的需求未完全稳定,消费群体也不是非常明确,产品的寿命周期通常较短,需求难以预测。属于创新性产品的有电子产品、时尚商品、机器人商品等。这类商品由于具有市场中不普遍存在的创新元素,同时具备较高的技术难度,所以市场竞争较少,通常也能够给企业带来更高的利润,但其需求几近不可预测,风险较高,同时需求也极不稳定。

创新性产品通常对应反应性供应链。反应性供应链强调对市场需求做出迅速反应,可以应对创新型产品所面临的市场不确定性,因此运营创新性产品,需着重解决如何迅速把握需求变化的时机并及时对变化做出有效反应。

我们以图 2-1 直观地来总结一下产品和供应链战略的匹配。

	功能性产品	创新性产品
有效性供应链战略	匹配	不匹配
反应性供应链战略	不匹配	匹配

图 2-1 供应链战略与产品的匹配关系

(二)供应链战略与竞争战略

竞争战略是有关企业如何在一个行业内或市场中进行竞争的决策,是指导企业开展经营活动的基本战略。基本的竞争战略可分为三种,即低成本战略、差异化战略和目标集聚战略。而供应链战略,则体现了企业的职能战略。

供应链涵盖了采购、生产、物流、库存以及服务等基本活动。为了执行企业的竞争战略,需要这些职能相互配合协作然后发挥其效能。供应链战略强调公司内部所有职能之间的密切联系,并同时强调其与竞争战略的相互匹配。

供应链中的各个流程和功能都可以决定企业的成败,它们之间是一个不可分割的整体,任何一个流程和功能出现问题都会导致供应链整体的失败。所以竞争战略要和职能战略相互匹配以形成统一协调的总体战略,企业的不同职能部门要做好本职工作以更好地执行战略要求,对整体战略的设计和各阶段的作用也必须加以协调。

(三)完成供应链战略与竞争战略的匹配

通常情况下,可以通过三个基本步骤来完成供应链战略与竞争战略的匹配。

1. 理解顾客和供应链的不确定性

企业要能够识别所服务的顾客群的需求,明白不同顾客群的需求差距可以是很大的。由于供应链不可能满足每一个顾客的全部需求,所以顾客需求的不确定性是由于供应链只是针对部分需求而不是完整的需求而造成的。

供应链的不确定性是指顾客对某种产品需求的不确定性。仅仅为紧急订单供货的供应链所面临的不确定性,要高于以较长供货期提供同样产品的供应链。即便是后面一种情况,也不能断定其需求是不发生改变的,一旦需求发生改变,供应链就出现了不确定性特点。

2. 理解供应链响应性水平

理解供应链的能力,首先要理解供应链的响应性。供应链的响应性是指供应链完成以下任务的能力:对大幅变动的需求量的反应、满足较短供应期的要求、提供多品种的产品、生产具有高创新度的产品、满足高服务水平的要求。

供应链的响应性决定了供应链的后期服务水平,快速响应也可以帮助供应链降低成本。任何一个供应链的关键战略选择就是确定提供的响应性水平,以此为基础,才能够提高盈利水平和服务水平。

3. 获取战略匹配

获取战略匹配,即供应链响应能力的高低应该与潜在需求不确定性一致。即潜在需求的不确定性越高,则供应链的响应能力就该越强,这样才能取得战略匹配。将竞争战略与供应链战略匹配起来实际上就是将顾客的需求特点与供应链的特点匹配起来。

通过上述三个步骤,供应链上的企业就可以做出将供应链战略与竞争战略相匹配的合理决策,从而协调总体战略,帮助供应链企业及供应链整体获得成功。

二、供应链绩效的驱动因素

供应链中的战略匹配需要达到响应性和效率之间的平衡,要想最大限度达到这种平衡,就需要探讨供应链绩效的核心驱动因素。在项目1中,我们曾提到过,供应链管理的驱动要素有库存、运输、设施、信息四个方面。在改善供应链的绩效层面,驱动因素表现为更多的方面,主要有六大驱动因素,这些驱动因素相互影响、相互作用,共同驱动供应链的绩效改善。

供应链绩效的六大驱动因素包括设施、库存、运输、信息、采购、定价,以下将对各个因素分别做出详细的探讨和分析。

(一)设施

供应链是由节点和线路构建的网络,其中节点就是供应链网络中的设施,也就是产品生产、加工、储存、组装的场所。选址、产能和柔性的决策对供应链的绩效有重大影响。例如,某轮胎公司将仓库设在汽车组装中心,这一做法降低了效率;电器销售商将商品库存集中在配送中心,这样做会降低响应性。因此,对于设施的正确管理将在很大程度上改善供应链的绩效表现。对设施的管理主要体现在以下几个方面。

1. 功能定位

对于生产设施,首先企业必须决定它们是柔性的还是专用的,或者是二者相结合,柔性产能可以用于多品种生产,但往往低效,而专用产能可以用于少品种大批量生产,但响应性弱。其次,企业必须决定设施布局功能定位,如是以产品为中心还是以加工为中心。最后,对于仓库或者配送中心,企业必须决定是越库设施还是储存中转设施,而不同模式下的设计工作也是不同的。

2. 选址布局

企业决定在何处建造设施的决策构成了设计的重要内容,是为获得规模经济集中布局,还是更靠近消费者以提高对顾客的响应性而布局。除了定量分析成本效益因素外,还需定性分析,如分析宏观经济因素、劳动力素质、劳动力成本、设施成本、基础设施情况、自然气候、税收政策等因素。通常遵循的原则是产品若随着流通过程越来越重,设施应靠近消费者,如酸奶、瓶装水;反之,当产品随着流通过程越来越轻,则设施应靠近供应商,如钢铁。

3. 产能

供应链上的企业必须确定设施的产能以完成预期的功能。大量产能过剩使设施非常灵活,并能应对需求的大起大落,但与此同时会增加成本。企业自建的立体化仓库就属此类。没有过剩产能的设备在单位产品成本上更有效率,然而,却难以应付需求的波动。企业必须权衡决定设施的适当产能。最有效的模式如总仓自营、分仓外包的综合模式,可以寻求效率和响应的平衡。

4. 衡量指标

对供应链中节点设施的衡量指标包括产能、利用率、流程时间效率、产品品种和顾客满意度等。

(二) 库存

供应链管理的本质在某种角度可视为"库存的有效移动",因此库存是供应链的重中之重,其作用相当于"肌肉",包括供应链上所有的原材料、在制品、半成品和成品。供应链中的几乎一切问题都与库存有关,改进库存政策可以大大提升供应链的效率和响应性。通过储存大量存货,可以满足顾客随机的需求,使得自己能够达到快速响应,然而,大量存货又会增加运营成本,降低效率;反之亦然。

1. 库存的误区

有些理论认为,库存是供应链的"万恶之源",这是不合理的。如果整个供应链中都没有库存,供应链也就不会存在。准确地讲,库存起到了供应链的衔接功能,它是供应链中最重要的成本来源。库存对快速响应有重大的影响。

库存在供应链支持企业竞争战略的能力方面也发挥着重要作用。如果一个企业的竞争战略要求高水平的响应性,它就可以使大量库存靠近用户;反之,企业可通过集中储存来减少库存,从而提高效率。

2. 衡量指标

供应链中库存衡量指标有平均库存、呆滞率、平均补货量、平均安全库存、订单满意率、脱销率等。

(三) 运输

运输是供应链的"骨骼",是库存在供应链中实现节点到节点的移动。运输可以采取节点和路线的多种组合方式,每一种方式的绩效特点都不尽相同,从而对供应链的响应性和效率有较大影响。例如,深圳发往北京的一批货物,选择空运,供应链的响应更加迅速,但同时空运的高成本使得效益降低;若选择较便宜的汽车运输,供应链成本降低,效益有所提升,但其响应性却由于时间的拉长而受到限制。因此我们需要进行科学的运输管理。

1. 运输网络的设计

在运输网络设计中,需要决策的内容有:是选择直接从供应源运输到需求地,还是经过中间集散地;独立配送,抑或共同配送;单一运输工具运输,还是联合运输等。

2. 衡量指标

衡量指标有内向运输成本、外向运输成本。

(四)信息

信息是供应链的"神经",包括整个供应链上的设备、库存、运输、成本、价格、客户的数据和分析资料。它是影响供应链绩效的最重要因素。信息为管理层提供了使供应链更灵活、更有效率的机会。例如,一家航空公司运用网络平台预售机票,可以提前预测未来需求来决定是否增加或减少航班数量。这样的需求信息传递系统也可以使供应链更有效率。

1. 信息决策的组成

(1)推动式与拉动式。在设计供应链流程时,必须确定这些流程是供应链上推动阶段的一个部分,还是拉动阶段的一个部分。推动式系统一般需要以详细的物料需求计划的形式存在的信息,而拉动式系统需要实际需求快速传达到整个供应链。

(2)协调与信息共享。供应链协调即供应链各环节在信息共享的基础上为实现供应链总利润最大化的目标而运作。缺乏协调将会导致供应链利润的重大损失。供应链不同环节的协调要求每个环节能与其他环节共享信息。它是供应链成功的关键。

(3)预测与综合计划。预测是获取需求的重要手段,也是预备供应的核心依据。经常获取预测信息意味着使用复杂的方法估计未来市场的销售收入和市场状况。公司通常在战术层面来预测生产;战略层面的预测一般体现在新设施的自建决策层面。

2. 信息的衡量指标

衡量信息的指标包括预测提前期、预测误差、季节性因素、计划波动等。

(五)采购

采购是制造供应链管理之源,是选择由谁来从事特定的供应链活动。在战略层次上,这些决策确定哪些职能由公司自己履行,哪些职能寻求外包。采购决策影响供应链的响应性和效率。例如,某中国公司将大量的生产外包给外国公司代工后,效率提高了,但由于距离太远,响应性有所下降,为了规避这一问题,其只能选择空运来弥补。

1. 采购决策的组成

(1)采购最重要的决策是自制与外包决策。此项决策受其对供应链的利润总额影响和核心竞争力的驱动。在运输任务中,管理者必须决定是全部外包,还是只外包需要快速反应的部分,还是外包需要高效率的部分。这些都基于是否利于提高供应链的盈利能力。

(2)管理者必须确定供应商的数量及选择标准。决策选择的方法,视供应市场的平衡性来决定是谈判,还是招标。

(3)供应商为客户发货过程决策。比如,对直接物料应建立生产与供应商供货机制,确保企业与供应商的良好协调。

2. 采购的衡量指标

衡量采购的绩效指标包括应付天数、提前期、周转率、平均购买数量、准时率和品质合格率等。

(六)定价

定价决定供应链上公司如何对商品和服务收费,它影响客户的购买行为,从而影响绩效。对商品而言,定价影响着选择购买此商品的顾客群和顾客期望,是调整供需的杠杆。

1. 定价决策的组成

(1)定价与规模经济。规模经济可以通过一些折扣来获取,其中数量折扣是供应链运营中常见的策略,但这种策略使用过程中要慎之又慎,确保数量折扣符合规模经济的要求。

(2)长期低价策略与高/低定价策略。长期低价策略指的是将价格长期稳定在一个较低的水准,以确保需求的相对稳定性;高/低定价策略则通过折扣的形式来促成购买高峰。相对来说,高/低定价策略实际上把未来的需求提前了,扭曲了供应链,导致失真信息在供应链中传递。

(3)固定价格与菜单价格。全国统一价格的产品,或一定区位内价格固定的产品,为固定价格产品,如香烟及快递业。如果供应链的边际成本或顾客价值随着某些属性变化很大,则提供价格菜单是比较有效的方式。

2. 定价的衡量指标

衡量定价的指标包括利润率、平均应收天数和平均订货量等。

综上所述,以上六个驱动因素实质上并不是绝对独立的,而是通过相互作用来决定供应链的整体绩效。只有充分认识这种相互作用,才能在供应链的设计和运作中以适当取舍来获得预期的效果。

练习与思考

1. 不同类型的产品如何与供应链进行合理匹配?
2. 供应链的绩效有哪些主要的驱动因素?
3. 采购决策包含哪些内容?
4. 定价决策包含哪些内容?

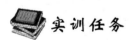

实训任务

驱动供应链的十二大核心因素

1. 基于商业模式驱动的供应链

基于商业模式驱动的供应链通过商业模式来提高供应链竞争优势,通过对商业模式创新来重新配置资源的组合方式,优化改善其价值创造和价值获取能力而获得新的竞争优势并提高盈利能力。

供应链是由各种价值活动所组成的系统,各种价值活动相互联系、相互作用所形成的价值网络是供应链结构的外在表现,而各种价值活动按照一定逻辑关系所形成的价值创造和价值获取是供应链与外部环境产生联系的功能。供应链商业模式创新可以更好地优化配置资源,包括企业拥有的内部资源与外界环境有效交换价值的能力。

商业模式驱动为供应链管理提供了一个更为全面的分析、规划和判断的框架，指引了特定企业在从事供应链管理过程中应当关注的问题、要素和步骤。商业模式创新正在逐渐成为企业创新的主要形式，现代企业之间的竞争不再是产品和服务之间的竞争，而是商业模式之间的竞争。

2. 基于品牌价值驱动的供应链

基于品牌价值驱动的供应链是以品牌价值为基础，以品牌内容建设为核心，以供应链管理及增值服务为支撑，通过品牌价值来提升促进客户购买率而形成的品牌驱动供应链融合发展的生态系统。

品牌价值驱动供应链就是凭借品牌要素促进供应链独特资源和专业内容优势的利用，将品牌价值和文化等多元要素，不断融合汇入内容消费的框架中，赋予产品独特内涵，展现产品品质之美，填补企业品牌价值留白空间，构建企业品牌信任机制，提高产品溢价杠杆，让品牌价值为供应链渠道及市场运作提供强大支持，提升企业核心价值。

通过高效供应链管理提高品牌附加值，通过提高消费者的满意度达到品牌固化，最终提高品牌的忠诚度，增强品牌的附加价值，带来整个供应链的重新设计，从而产生强大的品牌优势。高效的品牌驱动供应链管理实现了资源的高效配置，使得相关资源在供应链中形成良性流动，降低了产品的总成本，提升了品牌的价值。

3. 基于质量控制驱动的供应链

基于质量控制驱动的供应链通过构建完整有效的供应链质量管理控制认证体系来实现供应链体系具有持续而稳定的质量保证能力，能够提供优质的产品和服务并对用户和市场的相关需求做出快速响应。

供应链质量管理体系就是对分布在整个供应链范围内的产品质量的产生、形成和实现过程进行管理，从而实现供应链体系下产品质量控制与质量保证。供应链的组织结构和业务流程与单个企业相比，存在明显的动态性。各个企业本身虽然都具有完整的质量保证体系，但是由于上下游企业的质量信息量大而复杂，呈现出动态、多参数、多源头等特点，供应链质量管理体系向产品的整个生命周期和社会延伸建立整条供应链协同管控，对整个供应链的全过程进行动态的识别、诊断与控制。

4. 基于渠道网络驱动的供应链

基于渠道网络驱动的供应链利用传统企业线下渠道和网络实现产品和服务的分布式布局优势获得市场份额，通过规模效应建立相对的供应链竞争优势。

渠道网络资源是供应链企业应对市场竞争的主要战略和重要基础，通过对价值链上的各要素进行价值优化，以渠道为载体整合竞争优势形成市场壁垒，合并各层级市场来重新整合营销资源，使各自原有的市场得到有效的拓展。

渠道网络驱动策略是整个供应链系统的重要组成部分，更强调供应链各环节成员间的优势互补和资源共享，这样才能有效地获得系统协同效率，即提高分销效能，降低供应链渠道费用，以顾客价值最大化为目标，通过渠道创新、功能发育、策略调整、资源投入等方法，提高整个供应链的服务增值能力和差异化能力。

5. 基于产品特性驱动的供应链

基于产品特性驱动的供应链通过充分发挥产品特性，主要包括专利技术、技术壁垒、标准体系、产品功能等获得排他性、决定性供应链竞争优势,从而实现供应链的核心竞争优势。

消费升级带来的产品升级、高度精细化、需求个性化,导致传统的供应链模式不足以应对市场的改变。消费需求的多样化、高端化、个性化、精细化等趋势,要求通过优化产品特性实现产品的迭代升级、功能升级。以产品特性驱动为导向,才能打造新的竞争优势和经济发展动能,进而提高整个供应链的经济效益和单位价值。

各项专利技术的设定等都是供应链核心特性的关键,同时也是赋予供应链产品特性的有效驱动,拥有产品特性可以为供应链带来行业话语权和重大市场利益。

6. 基于服务能力驱动的供应链

基于服务能力驱动的供应链不断优化供应链全过程服务能力,通过完善服务体系改进服务质量,增强服务利润,建立良好服务口碑,最大范围地获得消费者的满意,增强企业的竞争能力,扩大市场占有率,给企业带来良好的经济效益和社会效益。

服务能力驱动的竞争是供应链企业采取有效竞争策略的重要手段和方法,服务能力驱动能够实现产品运送、安装调试、维修保养、提供零配件、业务咨询、客户投诉处理、问题产品召回、人员培训以及调换退赔等方面的服务效果,同时为现有客户关系营销、企业文化传播、建立客户资料库、宣传企业服务理念、加强客户售后接触、对客户满意度进行调查、相关信息反馈等提供了有效支撑。

7. 基于资源整合驱动的供应链

基于资源整合驱动的供应链利用管理理念和信息技术,整合不同区域、不同行业、不同企业、不同类型各方优质资源,全面覆盖供应链上游采购以及中游研发、制造、仓储、流通和下游销售服务网络,提供集交易、融资、结算、物流配送、进出口代理、品牌培育、营销推广等为一体的供应链集成服务模式,实现供应链上下游的资源整合、优势互补和协调共享。

资源整合为供应链的综合集成提供了基础,使供应链各个要素形成了一个整体和体系。整合后的供应链是开放的网状结构,将传统的供应链链条扁平化和去中心化,让供应链上各个环节和要素直接对接,实现客户、平台、供应链各个要素之间的无缝信息传递。整个整合过程是动态持续优化的,因此可以有效提高整体效益。

8. 基于管理创新驱动的供应链

基于管理创新驱动的供应链是指为了最大化创造价值,供应链网络相关的所有参与者在产品、过程、市场、技术、资源配置及组织上进行从渐进到激进的综合性管理变革,将供应链管理、创新管理和可持续发展三个领域融合,实现经济、社会和环境绩效平衡的系统。

供应链管理创新的主体已经从单一的组织扩展到整个供应链的范围,供应链创新管理包含供应链网络中各利益相关方的需求、涵盖多种不同创新方式和内容,创新的结果是实现可持续发展的能力。

供应链管理是创新活动的载体,可持续性是供应链创新活动的目标和结果。基于管理创新驱动的供应链重点倾向于平衡经济、社会和环境三个维度的绩效,满足所有利益相关方的需求,在改善环境生态绩效和承担社会责任的同时提高供应链整体盈利能力。

9. 基于数据赋能驱动的供应链

基于数据赋能驱动的供应链通过数据挖掘、清洗分析和价值发现来改善客户、产品、基础设施、盈利方式等核心环节,形成独特的供应链竞争优势,最终实现整个供应链的快速运转和商业模式、盈利模式的创新。

数据赋能就是在各类数据驱动之下,消费者需求、库存信息、销售趋势、供应计划、物流信息、原产地信息等实现数字化、可视化、及时性,呈现供应链敏捷性特征的过程。数据驱动让从需求管理到精准服务的效率大大提升,通过深度接触捕捉或者引领需求,同时配置后端供应链资源。基于数据赋能的供应链管理,可以先实现组织内部的透明高效,用数据支持决策,并建立与上游的连接,通过共享关键数据,实现供应链的协同高效。

10. 基于金融资本驱动的供应链

基于金融资本驱动的供应链以金融资本工具为方法,以供应链金融为主要表现形式,通过并购、重组、股权、基金等形式,对供应链的资金流及供应链企业价值成长建立清晰的资本规则和资本评价体系,最终实现资本管控资源的目标,倒逼供应链不断提升企业价值,不断迭代商业模式,不断完善公司治理,不断优化股东结构,达到战略清晰、管理有序、资源丰富的良性经营状态。

供应链利用资本驱动战略目标实现,使供应链战略目标实现的资源禀赋更加全面。供应链金融资本协同是供应链企业创造增值溢价价值的重要途径,通过优化债务资本结构降低整体融资成本,开展资本技术化、科学化运作实现资本溢价增值,拓展企业金融工具和手段迭代,寻找供应链新的利润增长点,不断提升供应链整体资金使用效率和整体效益,在保证资金链安全可控的前提下,最大限度减少资金的低效沉淀,以资金运作产业化为目标,确保资本的流动性、安全性、效益性的动态平衡优化关系,制订存量资本运营原则和资金运作措施方案,争取金融资本在供应链的整体运作的协同效益最大化。

11. 基于客户需求驱动的供应链

基于客户需求驱动的供应链以供应链客户需求为驱动因素,改变传统供应链中原有生产者和消费者的关系,有效地利用各种资源协调和控制客户需求,实现供应链上的要素顺序转移。

建立以客户为中心的服务组织和企业文化,同时建立以客户为中心的业务和核心业务流程,为客户服务、让客户获得价值认可、坚持自我批判,通过成就客户的成功来实现企业的成功。以客户的需求为出发点,集中精力来估计和管理客户需求,使客户的需求推动供应链业务的发展,并贯穿整个流程环节,通过各环节的紧密协作,可更好地满足客户及市场需求。缩短的产品生命周期导致了产品需求波动的加剧。

市场供求格局对供应链适应能力的要求达到了前所未有的高度,面向客户需求的"拉式"生产理论、准时生产理论、柔性生产理论等纷纷被提出,且已进入了实践应用阶段。

12. 基于服务外包驱动的供应链

基于服务外包驱动的供应链按照分工理论以协议或者合同的形式,将供应链的非核心业务交由外部资源协同完成,以便核心企业集中资源进行具有核心竞争力的核心业务的拓展,从而有效地降低局部成本,提高供应链整体效率。

不同的地理位置、生产水平、管理能力,形成了复杂的产品生产供应链网络。供应链管理注重企业的核心竞争力,强调根据企业自身特点形成自己的核心竞争力。基于资金、成本、管理、技术等一系列原因,许多企业更加偏向于选择业务外包,通过外包的渠道获得更高的利润,将其他非核心竞争力业务外包给其他企业,在外包过程中应注重把外包的范围分散在不同的

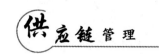

外包市场上,努力寻找运营与流程上更大的突破,实现更高层面外包产品服务线以及更有效的沟通能力。

资料来源:段沛佑.深度解读驱动供应链的十二大核心因素[EB/OL].(2018-10-08)[2022-04-10]. https://www.sohu.com/a/258251099_168370.

思考和训练

分析上述各种供应链驱动模式的特点。

技能训练

请同学们以小组为单位,选取一家企业,分析其供应链模式属于哪一种。

即测即评

项目 3　供应链运营管理

教学目标

1. 知识目标

(1) 熟悉供应链运营的模式。
(2) 掌握供应链的设计步骤。
(3) 理解供应链管理设计的方法。

2. 技能目标

(1) 能够结合实际进行供应链运营模式的选择。
(2) 能够进行供应链的初步设计。

案例导入

从供应链探讨 Costco 低价之谜

开市客(Costco)是美国第二大零售商、全球第七大零售商以及美国第一大连锁会员制仓储式量贩店,2018 年营业收入达到 1415.76 亿美元,调整后净利润为 31.34 亿美元,在 2017 年《财富》世界 500 强排行榜位列第 36 名。

一、Costco 壁垒——重自身运营,最大化经营效率

摒弃依赖后台毛利提升自身经营效率。与国内超市运营方式不同,Costco 无租金、不向后台供应商收取通道费,也不赚取商品前台进销差价,主要运营重点在于以高性价比、自有品牌和精选 SKU 策略来吸引消费者加入会员,以获得高忠诚度。

Costco 的营运资本效率发挥至极致。Costco 仅用 3.63 亿美元支撑起 1416 亿美元的销售额和 961 亿美元的市值,相比亚马逊用 67 亿美元运转 2329 亿美元的销售额和 7995 亿美元的市值,Costco 的营运资本效率发挥至极致。

Costco 会员全年消费次数与上货频率接近。根据 Perfect Price 公司数据,2015 年,Costco 的人均消费为 136 美元,Sam's Club 为 81 美元,Target 为 62 美元。假设 2016—2018 年单人单次消费为 150 美元,则全年消费次数在 10 次左右。根据公司库存周转天数推测每年上新次数为 12 次左右,上货更新速度与购物频率接近。

二、Costco 重塑零售商与供应商关系——从零和博弈到互惠双赢

1. 从转移购买到自有品牌,Costco 议价能力不断增强

从授权商品到开发自有品牌,Costco 不断实现双赢。Costco 起初得不到生产商的合作,通过转移购买的方式将那些好的产品引进 Costco 来销售,授权产品占总数 4%,后通过和供应商不断合作实现共赢。起初,Costco 并没有榨取供应商利润,而是通过帮助供应商改进物流、改进生产流程等来降低价格,以实现更好的销售。随着议价能力的提升,Costco 与供应商共同开发自有品牌。一旦 Costco 的高管认定某一品牌没法在 Costco 里以最优最低的价格出售,Costco 会立即着手找供应商生产一个同类的产品代替前者。

2. 尊重供应商,打造供应链金融帝国

应付账款周转天数明显低于同行,Costco 为供应商提供供应链金融服务。供应链金融控制和降低整个供应链之中的成本和风险,提高短期资产收益的同时,零风险、高效地将经营资本盘活,同时激发供应商参与和使用意愿,持续不断地满足供应商对资金的需要。通过平台,供应商收到优化资金与收益的建议。

3. 积极处理与供应商的关系,加强合作

除提供功能供应链金融服务,Costco 还积极处理与供应商之间的关系。总体来说,Costco 努力让供应商先理解其经营哲学,再通过合作实现双赢。

Costco 一旦选择了供应商便会与其密切合作,参与到产品的制作中,确保品质一流。Costco 主要与全国领先的肉商合作,在选择肉类供应商时,主要考虑其单店的地理位置及需求。肉类供应商必须要满足 Costco 对价格、数量、质量等的无数要求,Costco 才能与之合作。首先,Costco 对食品安全要求极高,拥有自己的认证实验室,配备了科学家并进行独立抽样检查;其次,Costco 对商品的需求量极大,因此合作商必须具备大量生产的能力;最后,Costco 对于成本控制也十分严格,供应商可能还必须改善自己的物流。

4. 供应商为 Costco 提供差异化产品

Costco 商品差异化较强,供应商会为其设计专供商品。比如以 iRobot 为例,985 型号在 Costco 的售价为 529.99 美元,但与其相似的 960 型号在官网的售价却高达 699.99 美元,980 型号则在官网售价 899.99 美元。

三、买手以消费者为中心,自建物流中心降低分销成本

Costco 的每种 SKU 都经过管理层亲自挑选试用,新增 SKU 也需征得管理层同意。Costco 的买手不止专注一样东西,他们是很多元化的。一个买手即便在此领域没有什么经验,也可以给 Costco 进货。这些买手设身处地地为消费者考虑,能站在他们的角度,精心地挑选能选入 Costco 中的商品。例如,在选择卫生纸时,Costco 会去测试厚度、强度和柔软度,将商品经理派往纸厂,在生产过程中检查每一个可能会影响到纸质的因素。Costco 的采购助理除了要与供应商谈判、采购以外,还会进行市场调研,包括到竞争超市中去调研等,以保持自身的知识并把握市场的方向。

而在薪资方面,买手工资显著高于其他部门员工工资。根据 Glassdoor 和 Indeed 网站已有数据显示,基本上,买手助理每年的工资区间为 5.9 万~7.5 万美元,传统的基本在 6.8 万美元,而加上奖金等补贴则更高,相比销售部门的 2 万~3 万美元高出不少。

在物流方面,Costco 共有 24 个物流中心,24 个物流集运点帮助完成从生产商到仓储式门店间的交叉转运,大批量的货物快速集中运转,简化分销网络,提高运营效率,降低分销成本。

资料来源:宁浮洁,王凌霄,周洁. 从供应链看全球第七大零售商:Costco 低价之谜[EB/OL]. (2019-02-22)[2022-04-10]. https://www.sohu.com/a/296793780_168370.

案例分析

Costco 的壁垒在于不断磨炼自身经营内功,最大化经营效率。在供应商层面,通过重塑零售商与供应商的关系,实现从零和博弈到互惠共赢。Costco 不仅尊重供应商,提供配套的供应链金融服务,同时积极加强与供应商的合作关系。在买手层面,Costco 买手多元化,始终

以消费者为先。在物流层面,Costco 的 24 个物流集运点帮助完成从生产商到仓储式门店间的交叉转运,降低分销成本。

思考·讨论·训练

从供应链来看,Costco 低价之谜是什么?

 知识链接

一、供应链运营

在供应链管理的过程中,供应链运营无疑是一个非常重要的组成部分。运营顺畅的供应链,其效率和响应能力都会相应较高;反之,运营不善或运营中受各种因素严重制约的供应链,其管理也相应会产生种种问题。

(一)供应链运营的制约因素

1. 产品种类飞速膨胀

随着消费者需求多样化越来越明显,制造商为了更好地满足消费者需求,便不断推出新产品,从而引起一轮又一轮的产品开发竞争,结果产品的品种数成倍增长。为满足市场个性化的需求,市场细分越来越细,产品种类增多,大大增加了市场预测和满足需求的难度,从而使供应链运营复杂化。产品种类的增加带来了需求的不确定性,使供应链上下游企业都背上了沉重的库存负担,严重影响了各节点企业的资金周转,从而造成供应链成本上涨,利润下降。

2. 产品生命周期缩短

随着消费需求的多样化发展,企业的研发部门加快研发速度,新产品投入市场的频率加快。与此相应的是产品的生命周期缩短,更新换代的速度加快,给企业造成巨大的压力,需要投入大量的资源。产品生命周期缩短增加了不确定性,因为供应商除了要应付产品需求的不确定性外,还要经常进行调整以适应生产商的生产。在机遇减少的同时,不确定性还给供应链协调及保持供求平衡带来了巨大的压力。

3. 顾客需求不断增加

用户需求的多样化和不确定性的增加,加大了企业把握市场的难度,与此同时,也对供应链管理提出了更高要求。市场提供的可选择的产品越来越多,使得顾客对产品的质量、性能以及服务要求越来越高。供应链核心企业为了及时响应客户的需求,紧跟市场的脚步,也必须顺应市场,整合全世界的优质资源,以低廉的价格,将优质的产品、高质量的服务提供给客户,这样才能在激烈的市场竞争中获胜,以维持供应链的运营。

4. 供应链的复杂性和变化性增加

供应链在运营过程中,面临着许多问题。首先,管理的要素和范围有很大拓展,从人、财、物到信息、技术、设备、知识等,管理对象无所不包,几乎涵盖了所有软、硬件资源要素;其次,供应链系统是一个动态的、开放的有机整体,各要素之间交织成相互依赖、相互制约又相互促进的关系链,打破了地域分布的限制,在全球范围内优化整合社会资源;最后,一些先进的管理思想,如准时生产(JIT)、精益管理、快速反应、全面质量管理、业务流程再造等的运用,使得供应链运营更加复杂,要求以最快的速度、最优的方式、最佳的途径解决问题,既有时间的要求,也有成本的要求,同时还要快速响应市场,即效率的要求。

5. 业务外包导致供应链环节增加

现代竞争理论认为，企业应充分利用自身的资源优势，通过技术的重新设计和业务流程的重组，集中精力发展自己的核心业务，增强自己的核心竞争力，而将自己不擅长的业务进行外包，在全球范围内整合优质资源，充分挖掘外部专业机构的能力，利用他们的核心业务能力，形成强强联合。但是业务外包越多，导致所有权越分散，供应链节点企业越多，主体利益的矛盾性和供应链环节的不确定性增加，供应链的协同越困难，从而影响供应链整体的盈利水平。

6. 缺乏供应链方面的专业人才

供应链管理是一个跨组织、跨行业的管理理念，它涉及许多领域的高新技术，不但需要专门的技术人才，而且需要精通各种管理理论、方法和手段，熟悉供应链专业知识的综合型人才。但是，我国供应链发展起步很晚，物流人员大多是从管理专业、交通运输专业等而来，缺乏供应链方面的知识，加之我国大学物流专业开设较晚，供应链方面的人才问题尤其突出。人才的匮乏严重阻碍了供应链的实施，导致供应链运作效率低下，严重影响了供应链思想的发展、传播和实施。

供应链各节点企业面临着各种各样的不确定性因素，使得供应链的运行难以控制。同时这些制约因素也为供应链的改善提供了思路，随着这些制约因素影响的不断增加，供应链管理逐渐成为公司成功的关键因素。

(二) 供应链运营的模式选择

随着信息技术的发展，一些新的概念逐渐融入供应链管理实践，产生了许多新的模式。

1. 基于全球化供应链运营模式的选择

在经济全球化的环境下，国际上越来越多的企业进入中国市场，同时更多的中国企业也走向了世界，使原材料、半成品、产成品以及技术、知识等资源在全球范围内流通，从而进入全球化供应链管理的新阶段。

全球化供应链管理是指基于全球化的观念，以现代国际网络信息技术为支撑，对供应链进行计划、协调、控制和优化，实现供应链的一体化和快速反应，以满足全球消费者的需求。

(1) 全球化供应链管理的特征。全球化供应链管理具有以下特征。

① 全球化供应链管理以全球范围内的客户需求来驱动供应链运作，以快速满足全球消费者需求为经济目标。

② 全球化供应链从全球市场的角度对供应链进行全面协调，通过各节点企业共担风险、共享利润、实现优势互补，降低各环节的交易成本，提升全球化供应链整体盈利能力。

③ 全球化供应链管理以现代国际网络信息技术为支撑，以高度集成的国际网络信息系统为运营的基础。

(2) 企业构建全球化供应链的模式选择。构建全球化供应链的过程，是供应链各节点企业的共同意识和共同价值观再造的过程，成员企业相互适应、相互认同后形成一种和谐的文化体系。管理全球化供应链的目标就是创造条件使所有成员企业都能从合作中受益。根据节点企业在供应链中所处位置的不同，供应链管理模式可以分为分别以制造商、批发商、零售商、物流商为主的四种供应链管理模式。不同的企业在组建或加入全球化供应链时，应根据自己的特点，选择合适的供应链管理模式。

2. 基于电子供应链运营模式的选择

电子商务改变了传统的供应链运作模式。电子供应链也被称为"虚拟供应链"，供应链上各节点企业间的商务活动是通过网络进行的,通过电子商务技术对物流、信息流和资金流进行有效控制,实现信息的共享。与传统的供应链相比,电子供应链具有以下特点。

(1)节约交易成本。通过互联网这个全球通用的网络,合作伙伴之间创建自动、无缝衔接的供应链,整个供应链就像独立的整体一样运作,企业能够进行快速订货、存货跟踪与管理,更加精确地履行订单并获得JIT制造的支持,提高客户服务水平。用互联网整合供应链,在缩短交易时间的同时,能大大降低供应链内各环节的交易成本。

(2)提高客户服务水平,降低存货成本。电子供应链可以向全球范围内的客户提供每周7天、每天24小时的全天候服务,对客户服务响应更快,缩短了响应时间,降低了服务成本。而且,通过扩展组织的边界,供应商和客户通过网络共享库存信息,能够随时掌握存货信息,及时安排供货与发货,减少企业的存货,降低存货成本。

(3)降低采购成本。由于网络的发展、信息的共享,采购效率显著提高,采购人员的数量大大减少,采购成本也随之降低。

电子供应链将物流、信息流、资金流三者有机地统一,通过互联网获取上下游客户端信息,实现网上协商价格、订立合同、发送订单、货物网上跟踪以及网上支付,去除了许多影响供应链的不确定因素,实现信息共享。电子供应链逐渐成为供应链网络节点企业实现共赢的核心内容。

3. 基于绿色供应链运营模式的选择

随着世界经济持续快速的增长,资源的消耗越来越严重,资源浪费与环境破坏事件频繁发生,人们越来越关注生态环境问题,提出了可持续发展战略。实施绿色供应链管理正是将"绿色"或"环境意识"与"经济发展"并重的可持续发展的一种有效途径。

绿色供应链是把循环经济理论和供应链相结合的产物,与传统供应链相比,它具有以下特点。

(1)改变"一次使用"的观念,减少污染性原材料的使用,把绿色材料选择、绿色采购、绿色生产计划、绿色包装、绿色仓储、绿色运输、绿色分销和回收处理等过程有机集成,取得整体效益最优化,真正实现供应链的绿色化。

(2)充分利用具有绿色优势的外部企业资源,并与具有绿色竞争力的企业建立战略联盟,使整个供应链的资源消耗和环境影响最小。

(3)把"绿色"与"环保"的理念融入整个供应链。

当前,绿色供应链管理的措施已被逐渐采用,许多工业化国家建立了环境立法,让生产商为其产品的逆向物流负责,包括旧产品和工业废品的处理。另外,全球性跨国公司如IBM、施乐公司等均采取有效措施,整合他们的供应商、批发商等,通过改善设计和生产工艺来提高产品的可重用性,促进绿色供应链的发展。

二、供应链设计策略

在当代市场,单一的供应链已无法满足市场多样化的要求,现代企业拥有多项业务能力已是普遍现象,不同产品或服务在供应链各个环节需要不同的策略。因此,对企业来说,设计一个科学的供应链是非常关键的。

(一)供应链设计的概念

供应链设计是供应链管理中一个重要的战略决策问题,供应链设计直接影响供应链的运行效果。供应链设计是指从更广泛的思维空间、企业整体角度去勾画企业蓝图。有效的供应链设计可以改善客户服务水平、降低系统成本、提高竞争力,而无效的供应链设计则会导致浪费和低效。

首先,在供应链的设计中,创新性管理思维和观念极为重要,要把供应链的整体思维观融入供应链的构思和建设中,企业之间要有并行的设计才能实现并行的运作模式,这是供应链设计中最为重要的思想。

其次,供应链的设计一般以产品为中心,首先要明白用户对企业产品的需求是什么。产品寿命周期、需求预测、产品多样性、提前期和服务的市场标准等,都是影响供应链设计的重要问题,必须设计出与产品特性一致的供应链。

再次,供应链设计要考虑环境因素。一个设计精良的供应链在实际中并不一定能按照预想的那样运作,甚至无法达到设想的要求,这是主观设想与实际效果的差距,原因并不一定是设计或构想不完美,而是环境因素在起作用。硬件环境即支持供应链商流、物流、信息流、资金流的基础设施规划和建设。软件环境指为供应链经营主体提供运作良好的体制环境和规则环境。除此之外,还应考虑未来环境的变化对供应链的影响。因此,要用发展的、变化的眼光来设计供应链,无论是信息系统的构建还是物流通道设计都应具有较高的柔性,以提高供应链对环境的适应能力。

(二)供应链设计的原则

在供应链的设计过程中,要从宏观和微观两个方面分析,应遵循一些基本原则,以保证供应链的设计和重建能满足供应链管理思想得以实施和贯彻的要求。

1. 宏观角度

(1)顺序设计原则。顺序设计原则是指可以采取自顶向下和自底向上两种设计方法。自顶向下的方法是从全局走向局部的方法,自底向上的方法是从局部走向全局的方法;自顶向下是系统分解的过程,而自底向上则是一种集成的过程。在设计供应链系统时,往往先由高层主管做出战略规划与决策,规划与决策的依据来自市场需求和企业发展规划,然后由下层部门实施决策,因此供应链的设计是自顶向下和自底向上的综合。

(2)简洁性原则。简洁性是供应链的一个重要原则。为了使供应链具有灵活快速响应市场的能力,供应链的每个节点都应是简洁的、具有活力的、能实现业务流程的快速组合。比如供应商的选择通常就以少而精为原则。生产系统的设计更应以精细思想为指导,努力实现从精细的制造模式到精细的供应链这一目标。

(3)集优原则。供应链的各个节点的选择应遵循强强联合的原则,达到实现资源外用的目的,每个企业只集中精力致力于各自核心的业务过程,就像一个独立的制造单元。这些所谓单元化企业具有自我组织、自我优化、面向目标、动态运行和充满活力的特点,能够实现供应链业务的快速重组。

(4)协调性原则。供应链业绩好坏取决于供应链合作伙伴关系是否和谐,因此建立战略伙伴关系是实现供应链最佳效能的保证。一个好的供应链系统应能充分发挥系统成员和子系统的能动性、创造性及系统与环境的总体协调性。

(5)动态性原则。不确定性的存在会导致需求信息的扭曲,因此要预见各种不确定因素对供应链运作的影响,减少信息传递过程中的信息延迟和失真,提高实效性。这就要求供应链的设计必须遵从动态性原则。

(6)创新性原则。在供应链设计过程中,没有创新性思维,就没有创新的管理模式,要构建一个创新的系统,就要敢于打破各种陈旧的思维框框,进行大胆的创新设计。进行创新设计要注意以下几点。

①创新必须在企业总体目标和战略的指导下进行,并与战略目标保持一致;

②要从市场需求的角度出发,综合运用企业的能力和优势;

③发挥企业各类人员的创造性,集思广益,并与其他企业共同协作,发挥供应链整体优势;

④建立科学的供应链和项目评价体系及管理组织系统,进行技术经济分析和可行性论证。

(7)战略性原则。通过战略的观点考虑可减少不确定性影响。供应链设计的战略性原则体现在供应链发展的长远规划和预见性方面,供应链的系统结构发展应和企业的战略规划保持一致,并在企业战略指导下进行。

2. 微观角度

(1)成本控制原则。成本管理是供应链管理的重要内容。供应链管理中常出现成本悖反问题,即各种活动成本的变化模式常常表现出相互冲突的特征。解决冲突的办法是平衡各项成本使其达到整体最优,供应链管理就是要进行总成本分析,判断哪些因素具有相关性,从而使总成本最小。

(2)多样化原则。供应链设计的一条基本原则就是要对不同的产品、不同的客户提供不同的服务水平,要求企业将适当的商品在恰当的时间、恰当的地点传递给恰当的客户。一般情况下,企业生产多种产品,因此要面对各种产品的不同的客户要求、不同的产品特征、不同的销售水平,也就是意味着企业要在同一产品系列内采用多种战略。比如在库存管理中,要区分出销售速度不一的产品,销售最快的产品应放在位于最前列的基层仓库,依次摆放产品。

(3)推迟原则。推迟原则(延迟策略)就是运输的时间和最终产品的加工时间应推迟到收到客户订单之后。这一思想避免了企业根据预测在需求没有实际产生的时候运输产品以及根据最终产品形式预测生产不同形式的产品。

(4)合并原则。战略规划中,将小批量运输合并成大批量运输具有明显的经济效益,但是同时要平衡由于运输时间延长而可能造成的客户服务水平下降与订单合并的成本节约之间的利害关系。通常当运量较小时,合并的概念对制定战略最有用。

(5)标准化原则。标准化原则的提出解决了满足市场多样化产品需求与降低供应链成本的问题。如生产中的标准化可通过可替换的零配件、模块化的产品和给同样的产品贴不同的品牌标签而实现。这样可以有效地控制供应链渠道中必须处理的零部件、供给品和原材料的种类。服装制造商不必去存储众多客户需要的确切号码的服装,而是通过改动标准尺寸的产品来满足消费者的需求。

(三)供应链设计的步骤

了解了供应链设计的概念和原则之后,就可以开始设计与产品需求一致的供应链。企业在进行供应链设计时,应遵循如下的一般步骤。

1. 分析市场竞争环境

这一步骤的目的在于找到针对哪些产品市场开发供应链才有效,知道目前的产品需求以及产品的类型和特征,对不确定性进行详尽的描述。分析市场特征要向卖主、用户和竞争者进行调查,提出用户想要什么和他们在市场中的分量有多大等问题,以确认用户的需求。最后得出每一产品按重要性排列的市场特征,同时对于市场的不确定性要有分析和评价。

2. 总结与分析企业现状

主要分析企业供需管理以及业务流程的现状,确定企业的核心竞争力。其目的不在于评价供应链设计策略的重要性和合适性,而是着重研究供应链开发的方向,分析、寻找、总结企业存在的问题及影响供应链设计的阻力等因素。

3. 提出供应链设计项目

提出供应链设计项目主要是针对存在的问题提出供应链设计项目,分析其必要性。围绕供应链"可靠性"和"经济性"两大核心要求去了解产品,提出供应链设计的目标,这些目标包括提高服务水平和降低库存投资之间的平衡,以及降低成本、保障质量、提高效率、提高客户满意度等。

4. 确立供应链设计目标

确立供应链设计目标主要指根据基于产品的供应链设计策略提出供应链设计的目标。主要目标在于获得高用户服务水平和低库存投资、低单位成本之间的平衡,同时还应包括以下目标:①进入新市场;②开发新产品;③开发新分销渠道;④改善售后服务;⑤提高用户满意程度;⑥降低成本;⑦通过降低库存提高工作效率等。

5. 提出供应链的基本框架

分析企业供应链的组成,对节点企业进行综合评价,提出供应链组成的基本框架。供应链中的成员主要包括原材料供应商、设备和工艺供应商、制造商、分销商、零售商及用户,对他们进行选择及定位,并确定选择与评价的标准。

6. 分析和评价供应链设计的技术可能性

这不仅是改善技术的推荐清单,还是开发和实现供应链管理的第一步。它在可行性分析的基础上,结合本企业的实际情况为开发供应链提出技术选择建议和支持。这也是一个决策的过程。如果认为方案可行,就可进行下面的设计;如果不可行,就要重新进行设计。

7. 设计供应链

设计供应链主要解决以下问题:供应链的成员组成(供应商、设备、工厂、分销中心的选择、定位、计划与控制),原材料的来源(包括供应商、流量、价格、运输等),生产设计(需求预测、产品类型、生产能力、产品分配、价格、生产作业计划和跟踪控制、库存管理等),分销任务与能力设计(市场分布、运输、价格等),信息管理设计,物流管理系统设计,等等。

在供应链设计中,还会用到许多工具和技术,包括归纳法、集体解决问题、流程图、模拟和设计软件等。另外,第三方物流的选择与定位、计划与控制等可以确定产品和服务的计划、运送和分配、定价等,设计过程中需要各节点企业的参与,以便于以后的有效实施。

8. 检验供应链

供应链设计完成以后,应通过一定的方法、技术进行测试、检验或试运行。如果不可行,返回第4步进行重新设计。如果可行,就可实施供应链,进行供应链运行与控制。

三、供应链设计及供应链管理设计的方法

在供应链的运营管理中,供应链的设计是重要的组成部分,在已探讨过供应链设计策略的基本内容后,我们将就供应链和供应链管理中常见的设计方法进行介绍和讨论。

(一)供应链设计的方法

供应链的设计可以采用网络图形法、数字模型法、CIMS-OSA 框架法等。

1. 网络图形法

供应链设计时,单纯从物流通道建设的角度设计供应链,称为供应链定位,包括选择哪个地方的供应商,在哪个地方建设一个加工厂,在哪个地方组装,哪个地方要有一个分销点等。设计所采用的工具主要是图形,直观地反映供应链的结构特征。这种供应链的设计方法称为网络图形法。在设计中可以借助计算机辅助设计等手段进行设计。

网络图形法在描述供应链的组织结构及分布特征上比较直观,但不能反映供应链的性能特征,如经济特征。

2. 数学模型法

数学模型法是研究经济问题普遍采用的方法。把供应链作为一个经济系统问题来描述,可以通过建立数学模型来描述其经济数量特征。最常用的数学模型是系统动力学模型和经济控制论模型,特别是系统动力学模型更适合供应链问题的描述。系统动力学最初的应用也是从工业企业管理问题开始的,它是基于系统理论、控制理论、组织理论、信息论和计算机仿真技术的系统分析与模拟方法。系统动力学模型能很好地反映供应链的经济特征。

3. CIMS-OSA 框架法

CIMS-OSA 即计算机集成制造系统开放体系结构,它的建模框架是基于一个集成模型的四个建模视图:功能视图、信息视图、资源视图和组织视图。CIMS-OSA 标准委员会建立了关于企业业务过程的框架,这个框架将企业的业务过程分为三个方面:管理过程、生产过程和支持过程。可以利用这个框架建立基于供应链管理的企业参考模型,特别是组织视图和信息视图,对供应链重构很有帮助。

(二)供应链管理设计的方法

供应链管理设计是一个复杂的工作过程,需要相关组织交互作用,反馈交流信息,所以应当贯彻并行工程(concurrent engineering,CE)的思想方法,以达到缩短设计时间、提高设计质量和有利于实际运作的目的。

1. 并行工程

所谓并行工程就是集成地、并行地设计产品及其相关过程(包括制造过程和支持过程)的系统方法。

(1)美国国家防御分析研究所完整地提出了并行工程的概念,这种方法要求产品开发人员在一开始就考虑产品整个生命周期中从概念形成到产品报废的所有因素,包括质量、成本、进度计划和用户要求。

并行工程作为一种工程方法论和管理思想方法,也可以应用于供应链管理体系设计过程。并行工程通过组成多学科产品开发队伍、改进产品开发流程、利用各种计算机辅助工具等手段,在产品开发的早期阶段能及早考虑下游的各种因素,达到缩短产品开发周期、提高产品质量、降低产品成本,从而增强企业竞争能力的目标。

并行工程的目标为提高质量、降低成本、缩短产品开发周期、提高新产品在市场上的竞争能力和新产品的投放速度。并行工程为实现上述目标,主要通过设计质量的改进使早期生产中工程变更次数得以减少50%以上;通过产品设计及其相关过程并行使产品开发周期缩短40%～50%;通过产品设计及其制造过程一体化使制造成本降低30%～40%。

(2)利用并行工程对提高供应链管理水平,包括产品开发能力,增强其竞争力具有深远的意义。其要素包括以下方面。

①并行工程方法。并行工程方法用于供应链系统开发过程的建模、仿真与优化。利用并行工程把供应链系统开发的各个活动作为一个集成的、并行的过程,强调下游环节在供应链系统开发期就参与设计过程;对系统开发过程进行管理和控制,不断改善。

②集成供应链系统开发团队。集成供应链系统开发团队是以供应链商流、物流、信息流和资金流为主线的多功能集成的研发团队。

③并行工程协同工作环境。在并行工程供应链研发模式下,供应链研发是由分布在异地的企业采用不同计算机软件工作的多学科小组完成的。多学科小组之间及多学科小组内部各组成员之间存在着大量相互依赖的关系,并行工程协同工作环境支持集成供应链研发团队的异地协同工作。协调系统用于各类设计人员协调和修改设计,传递设计信息,以便做出有效的群体决策,解决各小组间的矛盾。

利用并行工程进行供应链管理设计,是借用其方法论,站在供应链管理设计、运行全过程的高度,打破传统的组织结构、行业结构带来的部门分割、体制分割、系统封闭的观念,强调供应链参与者协同工作的效应,重构供应链管理的过程。在供应链设计的早期阶段就考虑到其后期发展的所有因素,以提高供应链管理设计、运作的一次成功率,从而大大缩短供应链开发周期、降低成本、增强企业及其所在供应链的竞争能力。

2. 约束理论

面对供应链复杂的环节组合,传统管理模式习惯于把链条断开,对每个环节进行局部优化。这种做法认为:对任何一个环节的改进就是对整个链条的改进;供应链的整体改进等于各个分环节的改进之和;各环节的管理人员加强了自己的环节,管理人员的经营业绩也就越突出。采用这种管理模式的结果是,每个部门的管理人员都在同时争夺供应链的资源,因为他们相信这样做是使整个系统的有效性最大化的途径,而实际结果往往事与愿违。

(1)约束理论的概念。约束理论又称为约束管理,是在优化生产技术的基础上发展而来的。约束理论认为,任何系统至少存在着一个约束,否则它就可能有无限的产出。因此,要提高一个系统(任何企业、组织或供应链均可视为一个系统)的产出,必须要打破系统的约束。企业、组织或供应链系统可以被想象成一条环与环相扣的链条,供应链系统的强度就取决于其最弱的一环,而不是其最强的一环。

(2)约束理论的应用。约束理论可以应用到生产管理,也可应用到分销、供应链管理等其他领域,而且可以获得很好的成效。目前,已应用约束管理方法的行业包括航天工业、汽车制造、半导体、钢铁、纺织、电子、机械五金、食品等行业。一些汽车厂还在生产过程中将约束管理列为持续改善的一种方法。

(3)应用约束理论的主要步骤。下面五个核心步骤可以让人们有能力以逻辑和系统的方式回答任何想做持续改善时必会问的三个问题:要改进什么,要改进成什么,怎样使改进得以实现。这三个问题可以应用到包括生产、分销、项目管理、企业战略的制定、沟通、授权、团队建设等各式各样的题目上,强调决策沟通与团体协作,体现了"抓住重点,以点带面"的管理思想。

具体步骤如下。

①找出系统中存在哪些约束。以产销率为例,产销率是指在一定时期内已销售出去的产品和已生产的产品数量的比值。企业要增加产销率,一般会在这几方面想办法:第一,原料,即增加生产过程的原材料投入;第二,能力,即如果由于某种生产资源的不足而导致市场需求无法满足,就要考虑增加这种资源;第三,市场,即如果由于市场需求不足而导致生产能力过剩,就要考虑开拓市场需求;第四,政策,即找出企业内部和外部约束产销率的各种政策规定。

②寻找突破约束的办法。仍以产销率为例,若某种原材料是约束,就要设法确保原材料的及时供应和充分利用;若市场需求是约束,就要给出进一步扩大市场需求的具体办法;若某种内部市场资源是约束,就意味着要采取一系列措施来保证这个环节始终高效率生产。当要突破供应链某环节瓶颈资源率不高这个约束时,要采取设置时间缓冲、在制品缓冲方式,或采用其他方式进行改进。

③所有其他活动服从于突破约束的各种措施。只有所有其他活动服从于突破约束的各种措施,才可以实现系统其他部分与约束部分同步,从而能够充分利用约束部分的生产能力。正是这一点,使得约束理论不单单是一种制造理念,而是一种管理理念或经营理念,可以应用于营销、采购、生产、财务等企业经营各方面。

④解除约束。具体实施提出的解除约束措施,使所找出的约束环节不再是供应链企业的约束。例如,供应链中某制造厂的一台机器是约束,就应缩短设备调整和操作时间,改进流程,或采用加班、增加操作人员、增加机器等手段来解除约束。

⑤谨防系统约束。当突破一个约束以后,一定要重新回到第一步,开始新的循环。就像一根链条一样,改进了其中最薄弱的一环,但又会有下一环节成为最薄弱的。为了突破这个约束可以采取一些很好的措施,可一旦约束转移到其他环节,这些措施对于新的约束可能是无能为力的。所以,约束总是存在的,只是这个约束和另一个约束不同。供应链企业可以通过约束理论利用和控制约束,而不是反过来被约束所控制。

(4)应用约束理论改进供应链管理。供应链是一个网链结构,改进供应链必须找出供应链结构中的薄弱环节。若想达成供应链预期的目标,必须从供应链最弱的一环,也就是从瓶颈(或约束)的一环下手,才可取得显著的改善。

众所周知,现实中没有一个系统可以有无限的产出。从原料供应、产品制造到成品分销,或从生产到研发,或营销、分销业务可否接到更多客户的订单,在整个供应链上的任何一环都可能成为下一个最薄弱的环节。改进供应链需要不断地探讨下一个约束在哪里以及应该如何克服这个新的约束。

约束理论认为,管理者需要找出供应链管理链条最薄弱的一环,只有对真正的薄弱环节进行改造才能真正增加企业的利润。这种思想可以归结如下。

①对供应链大多数环节所进行的大多数改进对整个链条是无益的。

②供应链系统的整体改进不等于各个分环节的改进之和。

③供应链企业的经营业绩应该以供应链结构的"力量"而不是"重量"来衡量,这就需要通过加强最薄弱环节来实现。

因此,一旦识别出企业的"约束",即供应链最薄弱的一环,企业的资源就应该用在改进这个环节的约束上。

练习与思考

1. 供应链运营模式有哪些?
2. 供应链设计包括哪些步骤?
3. 约束理论的原理是什么?

实训任务

精细化工制造企业供应链转型升级之路

传化集团创建于 1986 年,从制造业起步,历经三十余年持续快速发展,已成长为涵盖化工、物流、农业、科技城、投资五大事业板块的现代企业集团。旗下的杭州传化化工有限公司(以下简称传化化工),是一家立足于化学纤维制造工业领域用化学品的生产销售服务型的大型精细化工企业,一直致力于纺织印染助剂的研究、开发、生产和应用,现已成为国内纺织印染助剂研发、生产龙头企业之一。

一、供应链创新变革的背景及所需解决的痛点

传化化工经过几十年的发展,规模已不可小觑,国内业务已形成 17 家企业,各企业之间业务交织成网,涉及多种存货模式,供应链更是呈现出八层传递的复杂多样性,原有的运营模式已无法匹配企业的发展规模,具体体现在:①原有的供应链交付已无法满足客户需求;②供应链与上下游缺乏信息协同。

二、供应链创新和变革的思路和举措

传化化工的供应链变革起始于 2017 年,通过理清供应链管理的现状、问题、方向以及未来的目标(目标是 2022 年全面实现供应链的转型升级),围绕转型变革梳理出以理念、组织、业务、绩效、机制为供应链变革转型的方法论,并制订详细可实施的变革举措。

1. 以"安全运营、成就客户"的理念为前提

化工行业企业的供应链基础是安全环保,这一点毋庸置疑,而以客户为中心是供应链转型变革的必然使命。

内部:由于供应链交付涉及计划、采购、订单、运输、仓储等多个部门,倡导上游部门服务于下游部门的"内部客户"运营文化,服务好内部客户是成就终端客户的前提要素。

外部:要成就客户就需要了解客户的需求,从 2017 开始,供应链中心就形成月度交流、季度回访的客户需求收集机制,供应链中心架起需求与反馈的桥梁,客户需求得到切实落实。

2. 打造敏捷高效的供应链组织

过去并没有一个集成的供应链管理组织,供应链的职能是分散的和彼此不衔接的。客户服务、运输服务、仓储管理、计划调度分别归市场部、生产部门管理,部门间的信息不通畅与管理壁垒,形成各种各样的"部门墙",客户需求被踢来踢去。

2017 年传化化工开始打造以客户需求为中心的集成供应链组织和流程,串联起计划、交付、订单、运输、仓储各个职能系统,2019 年传化化工进一步提升供应链为一级部门,增设项目运营管理,为后续整个化学产业集团的组织变革出谋划策。

3. 优化供应链标准交付流程,变革交付业务策略

对于销售来说,客户需求的响应速度越快越好。由于发货工厂距离客户集聚的绍兴只有四十余千米,长期以来,客户已养成"随报随到"的交付要求,这显然不利于成本上的节约。大部分要求并非真正的客户交付需求,而这些"需求"让供应链部门疲于应付,同时产生的无效交付(客户下班拒收等)造成巨大的资源浪费。建立交付标准化程序,进而形成有效的交付运营体系是当务之急,2017年供应链就以物流服务标准的建立与提升为变革课题,通过多项交付方案的成本测算,最后形成关键客户(占销售额80%)与普通客户不同的交付策略。通过业务标准化措施的实施,解决了原先杂乱无章的运营秩序。

4. 搭建数字化供应链运行平台,变革业务管理模式

通过有效的业务交付模式调整,利用数字信息技术,将实时动态的业务订单按交付流程传递至执行的各个部门,使得交付部门的"部门墙"被瞬间打破。

传化化工通过业务信息系统集成不仅提升了业务运行效率,促进了供应链各职能部门及上下游的沟通效率,而且通过供应链可视化平台,为17家企业构建了具有实时可视、智能分析、决策执行三层架构能力的智能塔台,从共享服务中心的视角协调整个供应链,促进供应链完成从分散到集中的转型,以此提升供应链管理效率。

5. 搭建S&OP产供销运营机制,持续保障企业可持续发展

由公司总经理牵头的供应链联席会议定期按计划召开,架起业务沟通桥梁,一方面传导市场需求变化,预测行业行情,确定生产需求计划,确保物料供应;另一方面对重大事项进行决策,并由供应链进行督查跟踪。

在此基础上,建立三层业务运营机制。员工层面关注日常服务、业务开展的顺畅性,通过沟通协调满足日常业务开展;主管层面关注周业务绩效,对于可能超出绩效目标范围的日常业务进行总结改善;经理层面关注工作计划的进度跟踪、参与到供应链项目的决策。通过三层执行机制的管理,提升了员工工作主动的积极性与管理能力,为高质量的交付形成强有力的机制保障。

6. 建立以客户服务和业绩绩效为导向的绩效考核机制

过去供应链各部门的绩效都是以供应链职能的局部视角制定的(例如,计划只负责工厂成品入库就算满足客户需求),这样的绩效考核机制难以真正打破部门墙。从2017年开始,传化化工建立围绕总成本及服务最终客户的绩效评价体系,并逐步落地实施,从而极大地推动了供应链组织及员工的行为服务于公司战略并成就客户。例如,计划首要负责的KPI转变为最终客户的交付满意度。

三、供应链创新变革的成果及未来展望

从2017年开始,经过三年改革,传化化工的转型初见成效。

(1)在行业整体出现负增长的情况下,实现同比两位数的业务增长。

(2)全年完成订单履行率同比提升1.2%,缺货率同比降低1.1%,V1/V2关键客户交付同比提升1.6%。

(3)物流时效达成99%以上。

(4)成品销售物流费用每吨下降2.4%。

(5)销售成品周转库存占比下降4%,周转天数下降至15.7天。

与此同时,通过供应链创新变革凝聚了供应链组织,提升了团队的能力,并构造起端到端的供应链运营机制及信息系统,为供应链进一步转型升级奠定了扎实的基础。

未来供应链将成为传化化学集团的核心竞争能力,并为集团打造制造+平台+服务的经营模式提供源源不断的动力。为了创造更高价值,传化供应链正在进一步规划。

(1)构建大数据分析和挖掘,从而为供应链精细化经营和管理提供决策支持。

(2)进一步促进内外部供应链的数字信息的交互和协同。

(3)为行业客户提供安全、高效、绿色的供应链整体解决方案,与客户实现共享运营。

三十多年在制造企业的深耕经历,让传化化工深知制造企业的供应链管理痛点,通过三年的变革转型实践,已经走出创新发展的新道路,通过自身的转型升级,继而服务于制造业的转型升级愿景必然会实现。加速转型升级,实现高质量发展,对于供应链,这是一场必须胜利的战役。

资料来源:达睿供应链.精细化工制造企业供应链转型升级之路[EB/OL].(2020-12-17)[2022-04-10].https://www.163.com/dy/article/FU1R9R430532QCTD.html.

思考和训练

传化化工是如何进行供应链变革的?

技能训练

请同学们以小组为单位,选取一家制造型企业,分析其供应链运营中存在的问题,并提出供应链升级方案。

即测即评

项目 4　供应链需求预测

 教学目标

1. 知识目标

理解需求预测的重要性。

2. 技能目标

学会运用定量预测法和定性预测法进行需求预测。

 案例导入

联合利华建立大数据管理平台进行深度数据挖掘与需求分析

联合利华作为世界 500 强企业,拥有多达 1600 个品牌,是日化行业的知名头部企业。此外,联合利华自 2018 年便开始打造 4S(swift & agile——迅速敏捷,smart——智能,sustainable——可持续,striving——进取)供应链,加速推进智慧供应链的创新。

消费者从超市货架上取走一瓶清扬洗发水时意味着什么？对联合利华中国来说,答案是 1500 家供应商、25.3 万平方米的生产基地、9 个区域分仓、300 个超商和经销商都因此而受到牵动。这是构成这家公司供应链体系的一些基本节点。如果让它的全貌更明晰一些,你将会看到它的一头连接着来自全球的 1500 家供应商,另一头则是包括沃尔玛、乐购、屈臣氏和麦德龙等在内的总共约 300 个零售商与经销商所提供的超过 8 万个销售终端。

事实上,每当消费者从超市货架上取走一瓶清扬洗发水时,这个极为平常的、每天每时都有可能发生的小行为便可开始对联合利华整个供应链组织的运转造成影响。而如何让这个体量巨大的组织灵活运转起来？这的确是一个值得思考的问题。

和家电、汽车等耐用消费品能够比较容易预测消费的趋势和周期性不同,日化行业的预测有点麻烦,因为消费者的购买频次更高,消费结构也更为复杂,同时还充满许多不确定性,所以联合利华需要准确地预测出自己未来的销售情况。

基于此,联合利华建立了大数据管理平台,实时采集、治理、存储、查询、展示数据,并搭载数据智能引擎,高效积累数据资产,赋能业务应用场景,助力企业构建扎实的数据根基,实现数字化经营。此外,联合利华还按照 16 个品牌的产品形态划分出四大业务类别,每个品类都有一组团队来预测产品的销售情况。

每一天,分散在全国各地的联合利华销售人员在巡店后会将数据输入大数据管理平台,源源不断地把销售情况汇总到公司数据库中心的主机里,再加上直接对接着的诸如沃尔玛 POS 机系统和经销商的库存系统等,联合利华的管理人员不管是在上海的中国总部办公室还是在伦敦的全球总部办公室里,都可以了解到在中国超过 1 万家零售门店任何一天内的销售情况。

资料来源:数商云科技. 重塑企业竞争力,揭开联合利华供应链管理内幕[EB/OL]. (2021 - 03 - 15)[2022 - 04 - 10]. https://baijiahao.baidu.com/s?id=16942802690935579&wfr=spider&for=pc.

案例分析

联合利华通过建立大数据管理平台来预测产品的销售情况,做好供应链需求预测。需求预测是所有供应链计划的基础。供应链管理者必须做的首要工作是对未来顾客的需求进行预测。

思考·讨论·训练

供应链的需求预测在供应链管理中具有怎样的重要作用?

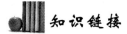知识链接

一、需求管理

(一)需求管理的含义

需求管理是指以用户为中心,以用户的需求为出发点,集中精力来估计和管理用户需求,并试图利用该信息制定生产决策,以实现用户效用最大化的一种活动。对这一定义的理解要注意以下两点。

(1)需求管理中的需求不同于经济学中的需求,它除了包含消费者对产品的需求量与价格之间的对应关系外,还要明确用户需求产品的种类、性能、数量、时间和地点,以便在正确的时间、正确的地点,以正确的成本向正确的消费者提供正确数量、正确状态的正确商品。

(2)用户效用的最大化是指企业以最有效的方式以最低的成本和价格向用户提供了最能满足其个性化需求的产品。

由此可知,需求管理的本质是在整个供应链中提升企业多方面的能力,尤其是通过客户获得生产信息来协调与产品流、服务流、信息流和资金流相关的活动,所期望的最终结果是为最终用户创造更多价值。

最理想的需求管理要求企业根据用户的具体需求,而不是根据市场的预测制订生产计划。这就要解决一系列问题:怎样正确处理每一个客户的需求信息?怎样把了解到的客户信息迅速传到生产部门?怎样迅速采购到客户指定的零件?怎样减少材料库存,同时又不降低生产速度?这些都是一条流畅的供应链需要解决的问题。

(二)需求管理的目的

需求管理的目的是以供应链的末端客户和市场的需求为核心,了解和掌握各种需求的来源和变化,在预定的计划下有效地利用各种资源,协调和控制这些需求,实现供应链上的供需平衡。通常,需求有以下三种基本的来源。

1. 独立需求

当对某项物料的需求与对其他物料的需求无关时,则这种需求为独立需求,一般主要是来自外部的客户或市场需求。例如,对成品或维修件的需求就是独立需求。

2. 分派需求

分派需求是指要在发货点分派某种货物或某项服务的需求和提前期。

3. 非独立需求

当对一项物料的需求与对其他物料项目或最终产品的需求有关时,则这种需求为非独立需求。这些需求是计算出来的而非预测的,对于具体的物料项目,有时既有独立需求又有非独

立需求。

对于独立需求，由于它受到较少的限制，企业完全可以充分发挥自己的主动性和能动性去采取多种有效的方式来调节和控制，加强与上下游企业间的合作与信息共享，提高自己对供应链上的预见性，加快响应市场变化的速度，改进自己的体制结构和规章制度，以及改进业务流程等。对于非独立需求和分派需求的管理，受到的限制较大，如资源的限制。但是这种需求却是必须要得到满足的，否则，就会影响订单和交货的完成，企业常常在资源不足的情况下采用业务外包的方式来满足。

(三)需求管理的组成

需求管理主要由需求预测、需求计划、需求分析报告、需求监控与关键绩效评估等部分组成。

1. 需求预测

需求预测是成功实现需求管理的第一步，它是制订需求计划的依据和基础。它的精确度越高，需求计划的可靠性和可行性也就越高。

2. 需求计划

需求计划用来实时地支持供应链目标。企业通过掌握、协调和控制需求计划，协调与需求相关的其他业务环节，并使它们之间不断交流信息，产生一致的协调性。

3. 需求分析报告

需求分析报告通过其基于互联网的报告应用工具，将客户创建定制的报告与报表或其他第三方报告与报表集成，或自行定义一套可由所有客户访问的通用异常事件报告集，例如，高于或低于定额值，销售增加或减少，各项主要指标的增长、排列、与累积值比较、定额绩效和趋势等。实时提供的需求分析报告，可以使管理者及时了解需求变化的情况。

4. 需求监控与关键绩效评估

需求监控与关键绩效评估组件可以为管理人员提供例外的分析并发布信息，它与供应链管理其他组件集成，使用多维的功能为需求管理提供所需的关键信息，监控与评估该计划的执行进程，并对例外情况发出警告，及时通知管理人员防止意外发生。

(四)需求管理的几种方法

(1)在时间上重新规划企业的供应流程，以充分满足客户的需要。

延迟制造是供应链管理中实现客户化的重要形式，其核心的理念就是改变传统的制造流程，将最体现顾客个性化的部分推迟进行。

例如，美国贝纳通(Benetton)公司就是应用该方法的典型例子。公司将某些生产环节推迟到最接近顾客需求的时间才进行生产。对毛衣而言，顾客需求变化最快的主要是衣服的花色，而尺寸变化则相对较小。因此，贝纳通公司在生产毛绒衫时，先以一定规模生产的方式将其制成白毛衣(不染色)，然后等到快要投放市场之前再染色(而不是像传统那样先染色再针织)，这样可以保证衣服的花色符合当时的最新潮流，以满足顾客的需要。

又如，在大量生产模式下，圆领衫的生产是采用同一花色，大量生产不同型号的衣服，其结果是在街上人们所穿的圆领衫千篇一律，没有新鲜感。而实际上，人们对圆领衫型号的要求只有大、中、小几种，上面所印的图案和文字才真正反映了人们不同的兴趣和爱好。新的廉价的速热印花技术，使人们对不同图案的爱好得到了满足。新的生产模式下，在服装厂生产出来的只是不同型号的没有印花的圆领衫,而在销售过程中,可以根据顾客的不同要求,现场将顾客喜爱的图案和文字印在圆领衫上,甚至可以印上本人的照片,这样顾客拿到的就是一件非常满意的圆领衫。

总之,在整个供应系统的设计中,应该对整个生产制造和供应流程进行重构,使产品的差异点尽量在靠近最终顾客的时间点完成,从而充分满足顾客的需要。这种对传统的制造流程进行重构的做法实际上与当前流行的企业经营过程重构是一致的。

(2)在地理上重新规划企业的供销商分布,以充分满足客户需要并降低成本。

这里要考虑的是供应商和销售商的合理布局,因为它对生产体系快速准确地满足顾客的需求、加强企业与供应商和销售商的沟通与协作、降低运输及储存费用起着重要的作用。

供应系统合理布局中需要考虑总装厂与目标市场的距离以及总装厂与其零部件供应厂之间的距离。总装厂距离目标市场较近,可以迅速了解市场的变化以及顾客的需求,并且能够大大降低运输及储存费用。总装厂与零部件供应厂家距离较近,可以使零部件供应商迅速了解总装厂生产环节的改变及其在需求上的变化,并且便于它们之间的信息沟通和合作关系的发展,同时也减少了储运成本。所以,当企业打算在其他地点开发新市场时,通常在新市场附近建设新的总装厂,并要求长期合作的零部件供应厂家在附近投资建设协作配套厂,或在当地与适当的厂家合作。

(3)在生产上对所有供应商的制造资源进行统一集成和协调,使它们能作为一个整体来运作,以充分满足客户的需要。

企业往往有很多供应商,为了满足某一个具体的用户目标,就必须对所有供应商的生产资源进行统一集成和协调,使它们能作为一个整体来运作。这是供应链管理中的重要方法。

(五)需求管理的重要性

在传统供应链上,决定供应链上产品移动的是那些远离消费市场的制造商。而在20世纪60年代后,大型零售商进入了它们的兴旺时期,零售商开始在供应链中取得更多的控制权,它们在制造商与批发商及捉摸不定的客户之间提供了有力的连接。

20世纪90年代后,当沃尔玛作为零售巨人的代表出现时,它改写了供应链上产品生产与销售的规则,企业开始将其关注的焦点从供给转移到消费需求上。在这种环境下,企业要管理一个由需求拉动的供应链,就需要了解和把握需求信号并及时做出精确的预测,对需求进行分析和制订出可行的需求计划,并迅速地对需求信号做出反应。

因此,需求管理过程不再是一个简单的事件处理过程,已成为一个动态的、并发的需求管理过程,它避免了以前那种销售人员在最后时刻签订一个大型订单,而引发供应链的严重失衡以及最终无法为企业创造收益,或为某个产品制订了详细的促销计划,而该产品即将结束其生命周期的现象。由于互联网和与之相关技术的出现,销售商和生产制造商能够容易地在一个协同的环境下共享信息,以便双方都能够更好地从各自的需求信号中相互理解和获利。

需求管理的重要性还体现在它有改善财务和运营绩效的巨大潜力。作为供应链管理关键的第一步,有效的需求管理会对关键绩效指标带来重大的影响和显著的收益。由于市场竞争的加剧,产品生命周期不断缩短,配置化产品持续增值,这种变化明显地影响了供应链的财务绩效。

因此,将市场和客户的需求纳入供应链上加以重点考虑,并迅速满足这些需求是企业成功的基础。但是,人们发现很难根据行业的结构性特点来进行预测和制订计划。针对这一难点,供应链管理系统充分发挥了其需求管理组件的功效,它利用内置分析工具为以客户为中心的关键绩效指标(KPI)生成多维的绩效评分卡和业务规则,来衡量和优化供应链的绩效,从而改善财务指标。

(六)需求管理的必要性

1. 提高整个供应链的效益

传统的供应链通常以生产或装配为起点,以将产品销售给消费者或企业购买者为终点。大部分焦点和关注点与产品流问题有关,主要涉及技术、信息交换、存货周转率、运送速度和稳定性以及运输等问题。

尽管如此,但因为是由生产商(常常远离最终用户和消费市场)来决定销售什么、何时、何地销售以及销售多少,这似乎反映了生产和需求之间在消费上的分离。该模式下,其生产过程优先于销售,在接到订单前早已生产好了产品,等着顾客来购买,这样很容易造成产品的库存积压。

而需求管理是指以用户为中心,以用户的需求为出发点,集中精力来估计和管理用户需求,并试图利用该信息制定生产决策,即公司先了解顾客的需求,然后再生产。虽然实现这种方式需要有一套很好的供应链管理系统,但一旦解决了供应链系统,需求管理就能发挥最大的威力,使顾客得到最大的满意度,同时也可以大大减少产品的积压,降低库存成本。因此,对需求管理的任何关注都将为整个供应链创造效益。

例如,对计算机制造业来说,在计算机技术日新月异、计算机价格直线下跌的时代,库存管理几乎成了计算机制造企业的财务生命线,产品库存给企业造成的压力也越来越大。只有根据客户的具体需求,以需定产,计算机制造企业才能在库存上占有很大的优势,进而保持良好的财务状况。

2. 满足多样化和个性化的需求

如今,消费者性能价格比意识日益增强,他们要求企业能够提供更丰富和个性化的特殊产品,他们强调时间并且需求多变,传统的供应链很难适应需求的这种变化。根据需求管理理念,企业应利用一切先进的通信方法和自己的顾客保持联系,了解每一个顾客的独特需求,细分产品以满足不同顾客的不同要求。

通过互联网,公司可以全面地了解和把握市场需求,这种了解和把握会贯穿公司的每一个业务部门,从研发、生产到销售都需要遵循顾客的喜好,这样才能做到和顾客的需求同步。

出色的供应链管理,不仅能以需求为起点,而且能在收到顾客个性化需求的订单后,立即向不同的供应商采购材料,迅速转入生产,再交给物流公司分发送货。在这个过程中,公司既满足了顾客个性化需求,又能将实际材料库存量始终保持在较低水平,从而提高了产品的价格竞争力。

3. 实现物流与客户服务的互动

竞争常常被简单地理解为价格竞争。价格竞争固然重要,但在许多市场上,客户服务是非常重要的竞争形式。因为客户服务事实上是驱动物流供应链发动的燃料,需求管理要求将正确的产品、在正确的时间、以正确的品质、无破损地送达正确的客户,这同时也是承认客户服务重要性的物流系统原则。

例如,如果一个企业能够在较短的时间内,可靠地将产品提供给客户,客户通常就能够使存货成本最小化。因为这种成本最小化使客户得到更多利润,反过来又使企业更具有竞争力,所以企业应当将购买者的存货成本最小化看作和保持产品低价格同样重要。

要面对面地处理好所有客户的要求,这对一个公司有很高的难度。但在计算机广泛应用和网络高度发展的今天,公司可以充分利用互联网的特点,通过互联网和大部分的客户建立联系,并且能够和每一个客户都维持一对一的详尽对话,尽可能多地搜集到客户信息和客户要求,客户也能够通过互联网发送各自的订单,提出自己的服务要求。

二、影响需求的因素

顾客的需求受到一系列变化因素的影响,如果公司能够确定这些变化因素是如何影响需求的,那么在一定程度上这些需求就可以进行预测。我们要做的是,识别影响未来需求的因素,并确定这些因素与未来需求的关系。

一般来说,影响需求的因素有如下几个:
(1)过去的需求;
(2)产品的提前期;
(3)广告计划或其他营销活动;
(4)经济状况;
(5)价格折扣;
(6)竞争者的行为。

三、提高预测准确性的各种方法

预测始终存在着误差,这几乎是不可避免的,可怎样才能提高预测的准确性呢?
常见的有以下四种方法:
(1)引入预警机制;
(2)利用大数定律;
(3)减少信息延迟并且设置提前期;
(4)降低需求波动。

例如,过去惠普常常在工厂里为外国市场定制自定义打印机,它的价格比这个领域中其他所有公司都要低,但是在需求和供应的匹配上,存在着严重的差异,比如,没有足够的打印机配置给英国市场,但同时配置给法国市场的打印机却过多了。其后,惠普改变了运作方式,它将打印机套件先运到欧洲的一个仓库,然后再根据顾客的需求进行装配。这种改变虽然增加了生产成本,但是更有效率地提高了供给和需求的匹配度,从供应链的整体角度上为惠普公司节约了成本。

四、需求预测的步骤

(一)选择预测目标

进行市场预测首先要明确预测的目标是什么。所谓目标就是指预测的具体对象的项目和指标,为什么要进行这次预测活动,这次预测要达到什么直接目的。其次还要分析预测的时间性、准确性要求,划分预测的商品、地区范围等具体问题。

对市场经济活动可以从不同的目标出发进行预测,预测目标不同,需要的资料、采取的预测方法也都有一些区别。有了明确的预测目标,才能根据目标需要收集资料,才能确定预测进程和范围。

确定了预测目标,接着要分析预测的时间性和准确性要求。如果是短期预测,允许误差范围要小,而中长期预测,误差在20%~30%则是允许的。预测的地区范围应是企业的市场活动范围,每次预测要根据管理决策的需要,划定预测的地区范围,过宽过窄都会影响预测的进程。

(二)广泛收集资料

进行预测必须要有充分的市场信息资料,因此,在选择、确定市场预测目标以后,首要的工作就是广泛系统地收集与本次预测对象有关的各方面数据和资料。收集资料是市场预测工作的重要环节。按照市场预测的要求,凡是影响市场供求发展的资料都应尽可能地收集。资料收集得越广泛、越全面,预测的准确性程度就越高。

收集的市场资料可分为历史资料和现实资料两类。历史资料包括历年的社会经济统计资料、业务活动资料和市场研究资料。现实资料主要包括目前的社会经济和市场发展动态、生产和流通形势、消费者需求变化等。收集到的资料,要进行归纳、分类、整理,最好分门别类地编号保存。在这个过程中,要注意标明市场异常数据,要结合预测进程不断增加、补充新的资料。

(三)选择预测方法

收集完资料后,要对这些资料进行分析、判断。常用的方法是先将资料列出表格,制成图形,以便直观地进行对比分析,观察市场活动规律。分析判断的内容还包括寻找影响因素与市场预测对象之间的相互关系,分析预测其市场供求关系,分析判断当前的消费需求及其变化,以及消费心理的变化趋势等。

在分析判断的过程中,要考虑采用何种预测方法进行正式预测。市场预测有很多方法,选用哪种方法要根据预测的目的和掌握的资料来决定。各种预测方法有不同的特点,适用于不同的市场情况。一般而言,掌握的资料少,时间紧,预测的准确程度要求低,可选用定性预测方法;掌握的资料丰富,时间充裕,可选用定量预测方法。在预测过程中,应尽可能地选用几种不同的预测方法,以便互相比较,验证其结果。

(四)建立模型,进行计算

市场预测是运用定性分析和定量测算的方法进行的市场研究活动,在预测过程中,这两方面不可偏废。

一些定性预测方法,经过简单的运算,可以直接得到预测结果。定量预测方法要应用数学模型进行演算、预测。预测中要建立数学模型,即用数学方程式确定市场经济变量之间的函数关系,抽象地描述经济活动中各种经济过程、经济现象的相互联系,然后输入已掌握的信息资料,运用数学求解的方法,得出初步的预测结果。

(五)评价结果,编写报告

通过计算产生的预测结果,是初步的结果,这一结果还要加以多方面的评价和检验,才能最终使用。检验初步结果,通常有理论检验、资料检验和专家检验。理论检验是运用经济学、市场学的理论和知识,采用逻辑分析的方法,检验预测结果的可靠性程度。资料检验是重新验证、核对预测所依赖的数据,将新补充的数据和预测初步结果与历史数据进行对比分析,检查初步结果是否合乎事物发展逻辑,是否符合市场发展情况。专家检验是邀请有关方面专家,对预测初步结果做出检验、评价,综合专家意见,对预测结果进行充分论证。

对预测结果进行检验之后,就可以着手准备编写预测报告了。与市场调查报告相似,预测报告也分为一般性报告和专门性报告,每次预测根据不同的要求,编写不同类型的报告。

（六）对预测结果进行事后鉴别

完成预测报告，并不是预测活动的终结，下一步还要对预测结果进行追踪调查。因此，预测报告完成后，要对预测结果进行追踪，考察预测结果的准确性和误差，并分析总结原因，以便取得预测经验，不断提高预测水平。

五、预测的基本方法

需求预测方法主要分为定量预测法和定性预测法两种。

（一）定量预测法

定量预测法是通过历史数据的分析进而探索需求模式，通俗点解释，就是根据历史数据来寻找规律。

1. 时间序列预测法

时间序列预测法用于探索以往随着时间重复的需求变化中蕴含的需求模式，包含趋势型、季节型和噪声型模式（见图4-1）。

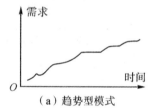
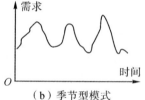
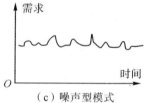

图4-1 时间序列法的三种需求模式

常见的时间序列预测方法主要有如下几种。

(1)朴素预测法：将最邻近的一段时间的数据作为未来同等时间段的预测结果。例如1月实际需求量为50，则2、3、4、5月预测均为50；等到2月过后，2月实际需求为60，则3、4、5月预测均与2月相同，为60。此种方法因为没有考虑趋势、季节和噪声，误差很大，很少采用。

(2)简单平均法：$(t+1)$月预测量＝1~t月实际需求的平均数。只有在随机噪声模式下，适合用此预测方法，因为峰值和谷值通过平均后刚好相抵。而一旦有了趋势型和季节型模式，此预测方法与实际需求误差就会很大。

(3)移动平均法：$(t+1)$月预测量＝t月往前N个月的实际需求的平均数，如5月预测需求取2、3、4月的实际需求平均数，6月则取3、4、5月实际需求平均，7月取4、5、6月实际需求平均，以此类推。移动平均法能够有效解决实际需求发生巨变导致预测偏差，但同样不适用于季节型模式，因为它对取值时间之外的历史数据完全不予以参考。

(4)指数平滑预测法：实际上是一种特殊的加权移动平均法，兼容了简单平均和移动平均所长，不舍弃过去的数据，将近期数据和远期数据均纳入预测参考，但不一视同仁，而是设定一定的权重，这样就能更加灵活地运用历史数据。公式如下：

$$S_{t+1} = \alpha Y_t + (1-\alpha)S_t$$

式中，S_{t+1} 表示 $t+1$ 期的预测值；Y_t 为 t 期的实际值；S_t 为 t 期的预测值；$α$ 为 $0\sim1$ 的权重，设定近期需求所占的比例，如果近期需求巨变，则调大权重。

以上公式为一次指数平滑预测法，适用于水平型历史数据的预测。

2. 回归分析预测法

时间序列预测适合于随着时间变化周期性重复的需求模式，但如果还有除时间之外的因素对需求数据造成影响时，一般会采用回归分析预测法进行预测，将假设的影响因素作为自变量，把需求作为因变量，从中找到需求发展趋势。

回归分析方法有很多种，如线性回归、逻辑回归、多项式回归、逐步回归、岭回归、套索回归、ElasticNet 回归。最简单且容易理解的是线性回归，即认为自变量和因变量是直线关系，通过求解，找到回归线的斜率，然后根据斜率预测未来的需求。

线性回归分为简单线性回归和多元线性回归。

(1)简单线性回归：每次只分析一种自变量。

(2)多元线性回归：每次对一个以上的自变量进行分析。

(二)定性预测法

定性预测法也叫主观预测法或判断预测法，就是对经验人士的意见、知识及直觉进行收集整理并转化为预测结果的方法。

常用的定性预测方法有三种。

(1)管理人员群体意见法：不同部门的管理者一起开会预测。这种预测效率高，但有风险，因为预测结果会受最有权力的部门成员影响，且管理人员各有业务指标，很容易演变为由计划驱动预测，导致预测结果偏高。

(2)德尔菲法：询问并收集公司内外部专家意见，为避免相互干扰，这些专家相互不见面，由预测员组织他们进行匿名预测，并对结果进行评估分析，如果有差异再进一步预测，直到所有专家得出相同结论。德尔菲法得出的结果比较客观可信，但过程较为复杂，周期较长。

(3)销售人员意见汇集法：利用公司销售人员的知识储备、经验及销售管理方法来产生需求预测结果。由于销售人员最了解市场和客户，预测可靠性大，但销售人员因为有销售压力，可能会故意压低预测值。

练习与思考

1. 什么是供应链需求预测？
2. 需求预测对供应链管理有什么作用？

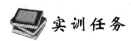

实训任务

森马的供应链进化之路

2000 年至 2010 年被誉为中国服饰零售行业的"黄金十年"，但 2010 年以后，这个行业进入品牌零售商格局转型的竞赛时代。对于前后十年的变化，服装行业一度被看作"芳华已逝，面目全非",利润率的持续降低与越来越高的消费者要求让不少传统劳动密集型的服饰企业陷入迷途和危局。

特别是2011年,以优衣库、Zara、H&M为代表的外资服饰企业开始在国内零售市场大放异彩,攻城略地,迅速抢占市场份额,国内服饰企业情势危急。对比这些强势登陆的外资品牌,除却产品设计、品牌文化等软实力,国内服饰企业在运营与供应链系统的硬实力也远远落后。

举例而言,当时即便森马和美特斯·邦威这两个国内服饰品牌的佼佼者,从产品设计到面向市场销售的时间跨度大概也在2至3个月,而Zara和H&M的供应链导入周期却只要2周,差距不可谓不大。

对于时尚行业而言,速度就是时尚品牌的生命线。伴随森马在外资企业速度冲击下的节节败退,特别是供应链效率低下等问题也在2012年集中爆发。

一、供应链变革三部曲

美国著名投资人沃伦·巴菲特最早提出了"企业护城河"概念,他洞悉到每一家企业想要活得久一点,活得舒服一点,最终都需要去构建自己的护城河。所谓护城河,就是说企业要有持续的竞争优势,它们就像城堡外宽阔的护城河,里面还有游弋的鳄鱼,保护企业不受竞争的侵蚀。同时,《巴菲特的护城河》一书提出,护城河是企业能够长期保持竞争优势的结构性特征,是竞争对手难以复制的品质。

对于森马而言,如何构建自己的护城河优势?

实际上,不管如何转型升级,零售的生存本质终究根基在于流通,而实现流通的唯一归属在于企业的供应链系统。至于新零售的降本增效种种,供应链的生态化一体化改革必须贯穿始终。若想成为中国规模最大的服饰企业,"底盘"必须扎实,所谓底盘是服饰企业的内功心法,即商品的研发和运营体系,而运营体系的核心就是供应链。

供应链管理对于当下中国服饰零售企业的重要性,不言而喻,传统零售和虚拟电商都在强化供应链数字化的转型与升级,而森马却又是这两者综合的集成体,这注定了供应链建设在森马体系中的战略定位与意义。

2019年双十一购物节的大促过后,阿里巴巴供应链研究中心的负责人希疆这样感慨:"森马的惊艳表现,赢在了高效的运营管理,更准确地说,是赢在了基于供应链管理为核心的数据运营。"这背后,浸润了森马推动数字化建设,深化新零售供应链改革的决心、力量与变革。

森马分别于2014年、2016年、2017年不遗余力地对其供应链管理体系进行了三次重大调整,如图4-2所示。

图4-2 森马供应链发展的三次战略变革

1. 集中式供应链（2014—2016年）

2014年，森马对供应链进行第一次的梳理整合，将原有松散型供应链转向集中式供应链，精简供应商数量，实施"供应商减半策略"，由400家降至200家。这主要是考虑到供应商的综合质量。

森马早期不同供应商提供的品类丰富度、产品质量等参差不齐，尤其当线上渠道开辟并且业务蒸蒸日上的时候，一些上游供应商的订单响应、信息同步等问题凸显，已经影响到了供应链上下游的整体绩效，森马迫切需要优胜劣汰，整合性价比高的供应商；另外，需求固定的前提下，同少量的供应商合作意味着单个合作规模的扩大，有利于森马提升价格、货款周转等方面的话语权。

从某种意义上来说，少即是多，精简即是改善。在森马启动电商业务两年以后，清理库存虽已不再是业绩目标导向，但早期库存沉积遗留下来的杂乱SKU（最小存货单位）数量已经超过8000。

对此，时任森马集团副总经理的郑洪伟曾在一次内部会议中强调，"库存转型路上森马需要警惕美特斯·邦威式烦恼，只转型而无改革，转型也需大刀阔斧，雷厉风行"。

此时，2011年步入营收巅峰，此后开始业绩衰退的知名服饰品牌美特斯·邦威，正连续三年饱受过量库存类目的弊端。"不走寻常路"的美邦追求ZARA式的快时尚，但是快时尚的重心不是"如何多"，而是"怎样快"，与国外顶级品牌在营销、渠道、运营以及供应链能力仍不对等的状况下，一味追求结果的快时尚，终将是失衡的狂奔。

2014年年底，森马正式完成产品单元精简的革新，缩减近四成的产品数量，完成集中式供应链的战略大调整。

2. 快反式供应链变革（2016—2017年）

2015年双十一后，森马电商总经理邵飞春在向内部全体员工发出名为"向优衣库学习致敬"的总结信中提出："在优衣库面前，我们还是小学生。"坚定地向优衣库学习的号召并非口号空喊，而是中国服装市场的流行趋势仍在不确定性中波动，这波动的源头是消费者个性化需求的提升。2015年首先受到冲击的森马赖以起家的传统休闲服装，关店数量超过三百家，营业收入比重下滑明显。

2015年冬天刚过，森马再次对供应链体系进行第二次调整，核心议题是加快供应链体系的反应速度。2016年开始，森马逐步将原先每个季度一次的订货会改为一季两次，同时将三成产品进行现货发货，这正是为了进一步降低库存占比，加快货品周转，进而更好地满足消费者的即时需求。

3. 柔性化供应链变革（2017年至今）

2017年，森马在供应链方面又有新的大调整，向供应链全链条发动变革。具体来讲，森马供应链网络进行了长单转短单的改革，缩短产品设计周期，将产品设计周期从原来的8~10个月转变为2个月，同时提升现货比率，逐渐向"一半现货、一半期货"的柔性模式转换，其中，基础款主要面向期货，时尚款主要面向现货。

森马供应链通过与核心供应商在产品制造周期上的调整，淡季生产基本款，将产能预留给需要翻单的产品,对数据管理能力进行提升,选择性开拓拥有供应链调整能力、具备快反生产经验的优秀供应商加入等方式,全面提升公司的快反翻单能力,打造匹配森马新零售的供应链柔性能力。

二、打造"森马式"数字化供应链

在森马看来,大数据应用并非互联网电商公司的专属,森马拥有自己的稳健节奏。在供应链前端的销量预测和补货层面,森马大幅提升挖掘用户数据、定制促销与销售计划的效率,利用大数据分析持续改善线上线下的消费者体验。在库存管理阶段,森马物流接入大数据运用,基于数据分析进行商品组合存储和仓间货品调拨,来减少拆单比率和提高发货速度。基于大数据的应用,森马电商订单的平均出库时长缩短了3~5小时,这在分秒必争的服饰电商中是难能可贵的表现。

1. 数据驱动供应链决策

在数据驱动的运营方面,森马积极尝试借助外力,合作共赢,打造天猫-巴拉巴拉爆款的机动供应链是一个鲜活的决策案例。借助与天猫的合作,2019年森马成功打造出童装的一款轻薄羽绒服爆品,单款销量15万件。

设计方案的实现并非易事,背后是生产供应链的改变,营销端借力天猫电商平台的海量需求预测数据做出智能选品,运营端森马团队积极与上游工厂打通库存层面的ERP系统对接,进而实现全流程的深度供应链协同,以此满足个性化的商品的供货需求。

在数据驱动的组织层面,森马构建自下而上的灵活决策和反馈机制,让听得见炮火的人参与决策。森马让基层员工反馈供应链数据系统中采购、库存、物流、配送等信息和建议,此时系统不再只是执行工具,也是基础单元的决策工具,为基层员工提供拍板的机会。

在森马电商的总经理邵飞春眼中,"每个森马仓库打包员的工作都是有温度的,这种态度会通过产品形象传递给森马的每一个消费者"。一线员工是与消费者接触距离最近,也是接触最多的,让基层员工拍板的决策更能贴合消费者的需求,更能接近消费者,这样的决策不仅准确,决策过程也会更敏捷。

2. 供应链精益化

供应链总监刘长伴在内部运营分析会上多次强调,"建立在商品单元供应链上的运作效率是服饰零售最核心的能力需求"。俗话说,兵马未动,粮草先行。供应链计划对于服饰企业尤为关键,森马内部有一套完整的供应链商品计划系统,可以快速捕捉到线下线上用户的消费偏好,借助数据分析深度了解市场动态,分析市场容量与竞争格局,最终对商品进行精益计划。

针对供应链生产管理,森马采用精益管理中经典的准时制生产方式,大大减少了上游工厂原材料的准备储量,减少了储存费用,也有利于及时暴露生产线上的弊端,促进生产水平、作业效率和货品周转的流程改善,进而提高从生产、运输、销售到消费者这一过程的运转效率。

同时,森马在供应链变革中不断重新塑造供应网络,力争从设计、生产到物流、仓储、门店、消费者的全流程的供应链精益化,打造商品供应链全流程覆盖的"圆形自我中心模式",通过数字化创新挖掘消费者需求广度与深度,推动同供应商协同的嵌入式产品创新,实现大数据驱动的概率优化。把供应、需求、生产打造成为消费者为中心的"圆形闭环",从战略、战术到执行层面协同供应链计划系统。

资料来源：白冰峰,高峻峻,董北松.从迎难而上到后来居上,森马的供应链进化之路[EB/OL].(2020-08-28)[2022-04-10].https://www.sohu.com/a/415305105_120560044.

思考和训练

森马是如何进行供应链变革的？在这其中对于供应链需求是如何把握的？

技能训练

请同学们以小组为单位,选取一家企业,分析其供应链变革之路。

即测即评

项目 5　供应链的综合计划

教学目标

1. 知识目标
(1) 了解企业如何对供给进行管理。
(2) 了解综合计划在供应链管理中的重要性。
2. 技能目标
学会运用线性规划做综合计划。

案例导入

综合计划实现利润最大化

很多类型的造纸厂都面临季节性需求,需求从顾客到印刷厂到分销商到制造商不断波动。许多纸业面临春季的需求高峰,因为要印刷年报;秋季也是需求高峰期,因为要印刷新车广告。因为造纸厂的产能十分昂贵,所以建设一个能满足春秋旺季需求的工厂的成本过于昂贵。在供应链的另一端,优质纸业通常需要特殊的添加剂和涂料,这些材料经常供应不足。造纸厂必须应对这些约束,围绕它们使利润最大化。为了解决这些问题,工厂需要利用综合计划决定它们在淡季的生产和库存水平,在淡季建立库存以满足旺季超过产能的需求。这样,综合计划就使得工厂和供应链都能实现利润最大化。

案例分析

本案例介绍了一个优质纸业制造商通过对供应链进行综合计划,有效地解决了季节性需求和涂料供应不足的问题,体现了企业是怎样通过综合计划实现利润最大化的。

思考·讨论·训练

通过以上案例,体会供应链综合计划的重要性。

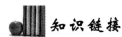
知识链接

一、综合计划概述

综合计划,顾名思义就是关于全局综合性的决策,而不是关于库存单位水平的决策。因此,综合计划是思考 3～18 个月这样的中等时间范围的决策问题的有效工具。在这段时间,以库存单位来决定生产水平有点过早,但对于建立一套新的生产设施又太晚,所以,综合计划回答了这样一个问题:"怎样才能最好利用现有设施?"

为了更有效,综合计划需要考虑供应链各个环节的信息,因为综合计划的结果对供应链的绩效产生重大影响。合作预测由多个供应链企业共同进行,是综合计划的主要输入。另外,很多综合计划的约束因素都来自企业外部的供应链伙伴。没有这些来自上下游的输入信息,综合计划就不能发挥它的最大潜力以创造价值。企业的生产计划决定了企业对供应商的需求,也决定了企业对顾客的供给约束。

综合计划制订人员的主要目标就是识别以下一些特定时间范围内的运作参数:生产速率、劳动力、加班量、机器产能水平、转包、延期交货需求、现有库存等。综合计划为生产运营提供了蓝图,为短期生产和分销决策的制定提供了必要的参数,使供应链可以有效改变资源配置和修订供应合同。

整个供应链都必须介入这个计划过程,如果一家制造商计划在一段给定时间范围内增加产量,那么供应商、运输商、仓储商都必须了解这个计划并对其自己的计划做出相应调整。理想情况下,供应链各环节的参与者共同合作拟订综合计划,以使供应链绩效最优。如果供应链各方参与者独立制订自己的计划,将很容易造成计划之间的相互冲突、缺乏协调,从而造成供应链的供给短缺或过剩。因此,在供应链中尽可能大的范围内使参与各方共同拟订综合计划是非常重要的。

二、供应链的供给管理

供应链中供给管理是指在准确界定影响供给不确定性因素的前提下,通过高水平的产品供给来提高供应链的反应速度和盈利能力并吸引客户,减少库存。

供给贯穿整个供应链流程,每个企业都是一个体现供需关系的节点。供给管理可以为供应链管理及其运作带来以下好处:缩短交易时间,节约交易成本;降低库存水平,减少库存成本;降低采购成本,减少牛鞭效应和市场不确定性,提高快速反应能力,促进同步化运作;缩短产品循环周期,缩短交货提前期。

通常来说,企业在进行供给管理时,可以采取不同的生产能力和库存的组合来改变产品的供给,目标是实现利润最大化。

1. 产能管理

公司控制产能以满足预计的可变性时,通常使用下列几种方法的组合:

(1)采用弹性工作制;

(2)使用季节性劳动力;

(3)使用转包合同;

(4)利用双重设施——专用设施和柔性设施;

(5)在生产过程的设计中融入产品柔性。

2. 库存管理

公司控制库存以满足预计的可变性时,通常采用下列两种方法的组合:

(1)多样产品使用通用零部件;

(2)为高需求产品或可预测需求产品建立库存。

三、综合计划的有关问题

综合计划的目的就是满足需求并实现利润最大化,我们将综合计划要解决的问题描述如下:在计划期每个时期的给定需求预测下,决定每期的生产水平、库存水平和产能(内部的和外包的)水平,以使企业利润最大化。

为了建立综合计划,企业必须确定计划的计划期。计划期指的是综合计划要产生一种结果的时间范围,通常为3~18个月。企业还必须确定计划期内每个周期的持续时间(比如周、月或季),通常采用月或季。然后,企业确定建立综合计划和制定决策的建议。

综合计划者需要如下信息。

(1)计划期内t个时期每个时期的需求预测F_t;

(2)生产成本;

(3)正常时间的劳动力成本(元/小时)和加班时间的劳动力成本(元/小时);

(4)转包生产成本(元/小时或元/单位);

(5)产能变更成本,特定地指,雇佣或解雇工人的成本(元/工人)和增加或减少机器产能的成本(元/机器);

(6)单位产品需要的劳动力工时或机器台时;

(7)库存持有成本;

(8)缺货或延期交货的成本;

(9)约束:加班的限制,解雇的限制,可用资本的限制,缺货和延期交货的限制,从供应商到企业的约束。

使用这些信息,公司可以通过综合计划制定下列决策。

(1)正常时间、加班时间和转包时间的生产量:用来确定员工数量和供应商购买水平。

(2)持有库存:确定仓库容量和运营资本的需要量。

(3)缺货或延期交付的数量:用来确定顾客服务水平。

(4)雇佣/解雇劳动力数量:用来处理可能遇到的劳资纠纷。

(5)机器产能的增加或减少:确定是否需要购买新的生产设备或闲置设备。

综合计划的质量对公司的盈利能力产生很大影响,如果综合计划没有使可用库存和产能满足需求,就会使得销售和利润降低。综合计划也可能使库存太大超过需求,使得成本增加。所以,综合计划是帮助供应链实现利润最大化非常重要的工具。

四、综合计划策略

综合计划者必须在产能、库存和延期交货成本之间进行权衡。增加其中一项成本的综合计划,一般会使得其他两项成本减少。从这层意义上讲,成本决策就代表着一种权衡:要降低库存成本,就必须增加产能和延期交货的成本。所以,计划制订者要在产能、库存和延期交货成本之间进行权衡。取得最大利润是综合计划的目标。因为需求随着时间不断改变,所以三种成本的相对水平导致其中的一项成本成为关键杠杆,计划者用它来使利润最大化。如果改变产能的成本较低,企业就不需要建立仓库或延期交货;如果改变产能的成本较高,则企业可以增加库存,或者将旺季的订单延期到淡季交货。

在这三项成本之间进行权衡,通常可以得到三种不同的综合计划策略,这些策略包括在资本投资、员工数量、工作时间、库存以及延期交货/失售损失之间的权衡。计划者实际使用的策略大多是这三者的结合,也就是所谓的剪裁式策略。三种策略具体如下:

(1)追逐策略——将产能作为杠杆。使用这种方法,当需求水平发生变化时,通过调整设备产能或者雇佣/解雇劳动力,生产水平就能够与需求保持同步。

(2)劳动力或产能的时间柔性策略——将利用率作为杠杆。这种策略用于存在过剩设备产能并且劳动力安排具有灵活性的情况。

(3)平稳策略——将库存作为杠杆。在这种策略中,保持稳定的设备产能和劳动力数量,以使产出均衡。

五、利用线性规划制订综合计划

综合计划的目的就是满足需求并实现利润最大化。每一个公司在努力满足顾客需求的过程中,都会受到一定的约束,如设备产能或劳动力的约束。当面临各种约束时,帮助企业在一系列约束条件下实现利润最大化的一个高效工具就是线性规划。线性规划能够找到既满足约束又创造高利润的方法。

具有以下三个特征的最优化问题称为线性规划问题。

第一,每个问题都有一组未知变量$(x_1, x_2, \cdots, x_n)$,这些未知变量的一组定值就表示一个具体方案,通常要求这些未知变量取值是非负的。我们称这些未知变量为决策变量。

第二,存在一定的限制条件(称为约束条件),这些限制条件都可以用一组线性等式或线性不等式来表达。

第三,都有一个目标要求,并且这个目标要求可以表示为一组未知变量的线性函数(称为目标函数)。按研究的实际问题要求目标函数实现最大化或最小化。

解决线性规划问题的步骤如下。

第一,把有待解决的实际问题的意义搞清楚,即明确该问题的经济背景,包括内部的经济结构和外部的各种条件。为了使模型不至于太复杂,往往应考虑主要因素,而去掉次要因素。

第二,确定要求解的决策变量。尽可能采用直接法设置决策变量,即问什么,就确定什么为决策变量。

第三,明确实际问题的目标函数,并写成决策变量的函数,是求该函数的最大值还是最小值。

第四,明确问题中所有限制条件,即约束条件,并用决策变量的方程组或不等式来表示。

线性规划问题可用数学语言描述如下:

$$\max(\text{或 min}) z = c_1 x_1 + c_2 x_2 + \cdots + c_n x_n \tag{5-1}$$

$$\begin{cases} a_{11} x_1 + a_{12} x_2 + \cdots + a_{1n} x_n \leqslant (=, \geqslant) b_1 \\ a_{21} x_1 + a_{22} x_2 + \cdots + a_{2n} x_n \leqslant (=, \geqslant) b_2 \\ \vdots \\ a_{m1} x_1 + a_{m2} x_2 + \cdots + a_{mn} x_n \leqslant (=, \geqslant) b_m \end{cases} \tag{5-2}$$

$$x_1, x_2, \cdots, x_n \geqslant 0 \tag{5-3}$$

这就是线性规划的数学模型,式(5-1)为目标函数,式(5-2)为约束条件,式(5-3)为非负条件。

练习与思考

1. 综合计划的重要性体现在哪里?
2. 做好综合计划有哪些基础条件?

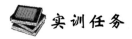 实训任务

用 Excel 进行综合计划

红番茄公司是墨西哥一个拥有设备制造园艺设施的小工厂,它的产品通过零售商在美国出售。红番茄公司的运营主要把购买的原材料装配成为多功能的园艺工具,因为生产线需要有限的设备和空间,所以红番茄公司的产能主要由员工数量决定。

红番茄公司的产品需求季节性很强,需求旺季是在春天人们整理自家花园时,该公司决定使用综合计划来克服需求季节性变动的障碍,同时实现利润最大化。红番茄公司应对季节性需求的方法有在旺季增加员工数量,签订转包合同,在淡季增加库存,将延期交货订单登记入册,以后再将产品送给客户。为了通过综合计划挑选出最好的方法,红番茄公司的供应链副总裁把建立需求预测(见表 5-1)作为第一项任务,尽管红番茄公司可以独立预测需求,但与公司的供应商合作能够产生更准确的预测结果。

表 5-1 红番茄公司的需求预测

月份	需求预测/件
1	1600
2	3000
3	3200
4	3800
5	2200
6	2200

红番茄公司以每件 40 美元的价格将工具出售给零售商,企业在 1 月建立的工具库存为 1000 件,企业有 80 名员工,计划每月工作 20 天,每个工人在正常工作时间每小时赚 4 美元,每天工作 8 小时,其他为加班时间。正如前面提到的,产能主要是由员工总的劳动时间决定的,机器产能不约束生产。根据劳动法规定,被雇佣者每月不允许加班 10 个小时以上,各种成本如表 5-2 所示。

表 5-2 红番茄公司的成本

成本项目	成本
原材料成本	10 美元/件
库存成本	2 美元/(件·月)
缺货或延期交货的边际成本	5 美元/(件·月)
雇佣或培训员工的成本	300 美元/人
解雇员工的成本	500 美元/人
需要的劳动时间	4 小时/件
正常工作成本	4 美元/时
加班成本	6 美元/时
转包成本	30 美元/件

现在红番茄公司没有转包、库存和延期交货方面的约束,所有缺货都被积累起来,由下一个月生产出来的产品来满足。供应链管理者的目标就是制订一个最理想的综合计划,使6月底没有缺货并至少有500件库存量。

最佳的综合计划使公司在6个月的计划范围内能够取得最大利润,现在假定红番茄公司要求高水准的客户服务,并且满足所有需求,即使这可能会导致延期。所以计划期内收入是固定的,成本最小化也就等同于利润最大化。在很多情况下,企业可能会选择不满足某些需求,或在综合计划的基础上确定不同的价格,在这类情况下,成本最小化不等同于利润最大化。

1. 确定决策变量

- $W_t = t$ 月的员工数量,$t=1,\cdots,6$
- $H_t = t$ 月初雇佣的员工数量,$t=1,\cdots,6$
- $L_t = t$ 月初解雇的员工数量,$t=1,\cdots,6$
- $P_t = t$ 月生产的产品数量,$t=1,\cdots,6$
- $I_t = t$ 月结束时的库存水平,$t=1,\cdots,6$
- $S_t = t$ 月结束时的缺货或延期交货量,$t=1,\cdots,6$
- $C_t = t$ 月的转包数量,$t=1,\cdots,6$
- $O_t = t$ 月的加班工时,$t=1,\cdots,6$

2. 定义目标函数

目标函数是使计划期内的总成本最小化(等同于需求都被满足而实现利润最大化)。成本由下面几部分组成:加班时间的劳动力成本,雇佣和解雇的成本,持有库存的成本,缺货的成本,转包的成本,原材料的成本。

- 正常工作时间的劳动力成本 $= \sum 640 W_t$
- 加班时间的劳动力成本 $= \sum 6 O_t$
- 雇佣和解雇的成本 $= \sum 300 H_t + \sum 500 L_t$
- 库存和缺货的成本 $= \sum 2 I_t + \sum 5 S_t$
- 原材料和转包的成本 $= \sum 10 P_t + \sum 30 C_t$
- 所有成本的和 $= \sum 640 W_t + \sum 6 O_t + \sum 300 H_t + \sum 500 L_t + \sum 2 I_t + \sum 5 S_t + \sum 10 P_t + \sum 30 C_t$

3. 约束条件

(1) 员工数量、雇佣和解雇员工数量的约束条件:

初始的员工数量为 $W_t = W_{t-1} + H_t - L_t \quad t=1,\cdots,6$

初始的员工数量为 $W_0 = 80$。

(2) 产能约束:

$$P_t \leq 40 W_t + O_t/4 \quad t=1,\cdots,6$$

(3) 库存平衡约束:

$$I_{t-1} + P_t + C_t = D_t + S_{t-1} + I_t - S_t \quad t=1,\cdots,6$$

起始的库存量为 $I_0 = 1000$,最终的库存水平至少要有500件(即 $I_6 \geq 500$),最初并没有延期交付量(即 $S_0 = 0$)。

(4) 加班约束:

$$O_t \leq 10 W_t \quad t=1,\cdots,6$$

除此之外,每个变量必须都是非负的,在第6期末不能有产品延期交付量(即 $S_6 = 0$)。

4. 利用 Excel 进行综合计划

第一步要建立一个包含所有决策变量的工作表。初期将所有的决策变量都设为 0。

第二步就是构建一个包含公式的所有约束条件的工作表。

第三步是构建一个包含目标函数的单元格。

第四步是使用规划求解参数。

思考和训练

用 Excel 完成红番茄公司的综合计划。

技能训练

请同学们以小组为单位,选取一家企业,制订综合计划。

即测即评

项目 6 供应链采购管理

教学目标

1. 知识目标

掌握采购管理的相关知识。

2. 技能目标

学会分析不同的采购方式。

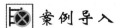

案例导入

海尔的采购供应链

对于供应链管理部门来说,以往的采购供应链意味着"进销存",而随着工业 4.0 时代的到来,整个供应链已变成上下游企业在物联网、大数据、人工智能、区块链等各种高科技运用的综合管理流程。

随着数字化智能采购的发展,采购供应链的不断升级和创新成为采购供应链解决方案中的核心关键环节,对于企业而言,供应链尤为重要。接下来以海尔的供应链管理为例,来分析采购供应链值得关注的地方。

1. 价值互交采购平台

海尔集团采购平台,是采购价值服务的引领者,通过运用物联网技术,将线上线下精准、高效地结合起来,这种价值互交平台的具体流程如下:全球一流模块商资源进入采购平台,用户对其进行评价,随后平台通过大数据服务,对用户的评价进行参与设计,与用户形成并联交互形式。

这个过程是用户资源积累的过程,当然也是一流资源越来越多的过程,最后随着用户的体验越来越接近最佳,采购价值也会越来越大,从而搭建了一个共创共赢的生态圈。

2. 集约采购

海尔采取的采购策略与传统的企业和供应商不同,在以往的采购过程中,都是站在买卖关系的对立面来进行交易的,而海尔集团通过成功转型,最终达成共同发展双赢的战略合作伙伴关系。在这种伙伴关系中,利用物联网的发展,集中购买,对于中小企业来说,海尔集团的采购策略可为中小企业提供质量成本交货期,解决中小企业订单碎片化、供需不对等的现象;对于海尔集团来说,通过规模优势,大大降低了采购成本,从而达到双赢发展。这简称为 SBD 模式,即共同发展供应业务。

SBD 模式有以下几个特点。①供货速度方面:即需即供;②资金周转方面:交付零延误;③质量检测方面:质量零缺陷;④合作沟通方面:通过云数据从而实现企业和资源方的直接沟通。

3. 模块发展

海尔的供应链的模式发展从传统的零件采购转变为模块采购,从串联流程转变为并联流程。过去的串联模式具有隔热墙的作用,也就是说传统采购通过设计—寻源—竞标—订单这个过程,供应商和一流资源没有直接的联系,这样可能会出现效率低下、产品与客户精准度不搭配等现象。

而在进行模式转型之后,也就是现如今的并联模式:开放平台,供应商与多个解决方案有一定的联系互动,整个供应链的反应速度大大加快,相互之间的信息交流加强,从而改进质量、加快更好的产品开发进度。

4. 大数据服务

在整个采购供应链过程中,海尔根据平台业务的整合,通过区块链技术、人工智能分析等对整个市场行情数据和产能预测都有一定的把握,这对整个海尔集团的供应链是极为重要的。

在整个大数据服务过程中,从刚开始的库存管理、需求寻源到最后的交付订单、财务结算,整个流程都是通过全生命周期来进行操作的,并且通过质量、模块、交付、成本、绩效策略等进行多维度服务,从而达到生产即时显示的目标。成本数据挖掘、精准营销、采购指数、其他数据的挖掘等都是通过大数据进行服务的。

5. 综合物流集成模式

物流作为供应链的其中环节之一,在整个供应链中是连接采购与生产、生产与销售的关键过程,而海尔物流作为全球最具竞争力的第三方物流服务,通过物流方面的创新,从内到外进行修正,使内部资源得到整合、外部资源得以优化,从而提高了整个供应链的生产效率,降低了生产成本。

资料来源:海尔采购与供应链方面,有哪些值得我们学习的地方? [EB/OL].(2021-01-06)[2022-04-20]. https://baijiahao.baidu.com/s?id=1688115871259858136&wfr=spider&for=pc.

案例分析

传统的供应链主要依靠销售数据和经验作为决策依据,但如今随着互联网集采业务的不断扩展,各电商已开始供应链线上交易云服务,这代表着物流链、信息链、价值链已开始进行"产业集群"模式发展,当然这些智能供应链更多地依赖于人工智能等技术,这也是越来越多的企业在高科技方面投入增加的原因。海尔集团的采购与供应链管理最能体现海尔集团的企业核心业务和企业竞争力,而且采购与供应链方面的创新也是海尔集团进入国际管理界前沿的经验之道,值得整个行业去学习借鉴。

思考·讨论·训练

海尔在采购与供应链方面,有哪些值得学习的地方?

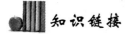

知识链接

一、供应链采购概述

(一)采购的定义

采购是指企业在一定的条件下从供应市场获取产品或服务作为企业的资源,以保证企业生产及经营活动开展的一项企业经营活动。采购管理包括了对新的供应商的资质认定、各种不同投入物的采购和对供应商表现的监督。采购管理是物流管理的重点内容之一,它在供应链企业之间原材料和半成品生产合作交流方面架起一座桥梁,沟通生产需求与物资供应商的关系。为使供应链系统能够实现无缝连接,并提高供应链企业的同步化运作效率,就必须加强采购管理。

在供应链管理模式下,采购工作要做到五个恰当:恰当的数量、恰当的时间、恰当的地点、恰当的价格、恰当的来源。

采购活动是连接制造商和供应商的纽带,制造商根据自己客户的订单制订出生产计划,然后根据生产计划生成物料需求计划,再根据物料需求计划生成采购计划。

(二)采购在供应链中的作用

在企业的快速发展过程中,采购正在作为一个独立的行业走向市场的前台。高效的采购对于企业优化运作、控制成本、提高质量以及获得持续性盈利等方面至关重要。随着全球市场一体化和信息时代的到来,专业生产能够更加发挥其巨大的作用,企业越来越关注自己的核心业务,而将非核心业务外包,从而增加了企业采购的比重,使得采购及其管理的作用提升到了一个新的高度。

采购既是企业内部供应链的起点,也是与外部供应链相联系的节点,企业通过采购与其上游供应商确立关系,经过询价议价、下达订单、来料验收等做好采购工作,并与供应商达成良好的供应关系。因此从供应的角度来说,采购是整体供应链管理中"上游控制"的主导力量。

1. 采购在供应链供应关系中的作用

为了实现供应链利益最大化和企业间利益的双赢,供应链关系强调信息共享以及建立战略伙伴关系。采购在供应链关系中扮演了不可或缺的作用。任何企业的最终目的都是满足客户的需求并获得最大的利润。企业要获取较大的利润需要采取很多措施,如降低管理费用、提高工作效率、加快物料和信息的流动、提高生产效率、缩减交货周期等,因此,企业可充分发挥采购"上游控制"主导力量的作用,选择恰当的供应商,同时将供应商纳入自身的生产经营过程,将采购及供应商的活动看作是自身供应链的一个有机组成,形成合作伙伴关系,进一步实现信息共享。

2. 采购在供应链成本中的作用

由于信息发达和世界经济高度自由化的结果,过去企业借助技术领先、市场垄断等所塑造的超额制造或销售利润正快速消失,加上消费主义风起云涌,偏高的产品售价,将在保护弱者的呼声下逐步退让,终于导致企业必须以"买"的途径——降低采购成本,来代替"卖"的方法——提高售价,达到提升利润的目的。

(三)基于供应链的采购管理和传统采购管理的比较

1. 基于供应链的采购管理模型

采购部门负责对整个采购过程进行组织、指挥、协调,它是企业与供应商联系的纽带。生产和技术部门通过企业内部的管理信息系统根据订单编制生产计划和物料需求计划。供应商通过信息交流,处理来自企业的信息,预测企业需求以便备货,当订单到达时按时发货,货物质量由供应商自己控制。这个模型的要点是以信息交流来实现降低库存,以降低库存来推动管理优化。畅通的信息流是实现该模型的必要条件。实现此模型的关键是畅通无阻的信息交流和企业与供应商签订的长期合作契约。

2. 基于供应链的采购管理和传统采购管理的区别

在供应链管理环境下企业的采购方式和传统的采购方式有所不同,这些差异主要体现在如下几个方面。

(1)从为库存而采购到为订单而采购的转变。

在传统的采购模式中,采购的目的很简单,就是补充库存,即为库存而采购。采购部门并不关心企业的生产过程,不了解生产的进度和产品需求的变化,因此采购过程缺乏主动性,采购部门制订的采购计划很难适应制造需求的变化。在供应链管理模式下,采购活动是以订单驱动方式进行的,制造订单是在用户需求订单的驱动下产生的,然后,制造订单驱动采购订单,采购订单再驱动供应商。这种准时化的订单驱动模式,使供应链系统得以准时响应用户的需求,从而降低了库存成本,提高了物流的速度和库存周转率。

订单驱动的采购方式有如下特点。

①由于供应商与制造商建立了战略合作伙伴关系,签订供应合同的手续大大简化,不再需要双方的询盘和报盘的反复协商,交易成本也因此大为降低。

②在同步化供应链计划的协调下,制造计划、采购计划、供应计划能够并行进行,缩短了用户响应时间,实现了供应链的同步化运作。采购与供应的重点在于协调各种计划的执行。

③采购物资直接进入制造部门,减少采购部门的工作压力和不增加价值的活动过程,实现供应链精细化运作。

④信息传递方式发生了变化。在供应链管理环境下,供应商能共享制造部门的信息,提高了供应商应变能力,减少信息失真。同时在订货过程中不断进行信息反馈,修正订货计划,使订货与需求保持同步。

⑤实现了面向过程的作业管理模式的转变。订单驱动的采购方式简化了采购工作流程,采购部门的作用主要是沟通供应与制造部门之间的联系,协调供应与制造的关系,为实现精细采购提供基础保障。

(2)从采购管理向外部资源管理转变。

一方面,在传统的采购模式中,供应商对采购部门的要求不能得到实时的响应;另一方面,关于产品的质量控制也只能进行事后把关,不能进行实时控制。这些缺陷使供应链企业无法实现同步化运作。为此,供应链管理采购模式的第二特点就是实施有效的外部资源管理。实施外部资源管理也是实施精细化生产、零库存生产的要求。

供应链管理中的一个重要思想是在生产控制中采用基于订单流的准时化生产模式,使供应链企业的业务流程朝着精细化生产努力,即实现生产过程的几个"零"化管理:零缺陷、零库存、零交货期、零故障、零(无)纸文书、零废料、零事故、零人力资源浪费。

供应链管理思想就是系统性、协调性、集成性、同步性,外部资源管理是实现供应链管理上述思想的一个重要步骤——企业集成。从供应链企业集成的过程来看,它是供应链企业从内部集成走向外部集成的重要一步。

要实现有效的外部资源管理,制造商的采购活动应从以下几个方面着手进行改进。

①和供应商建立一种长期的、互惠互利的合作关系。这种合作关系保证了供需双方能够有合作的诚意和参与双方共同解决问题的积极性。

②通过提供信息反馈和教育培训支持,在供应商之间促进质量改善和质量保证。产品的

质量是由顾客的要求决定的,而不是简单地通过事后把关所能解决的。因此在这样的情况下,质量管理工作需要下游企业提供相关质量要求,同时应及时把供应商的产品质量问题及时反馈给供应商,以便其及时改进。对个性化的产品质量要提供有关技术培训,使供应商能够按照要求提供合格的产品和服务。

③参与供应商的产品设计和产品质量控制过程。同步化运营是供应链管理的一个重要思想。通过同步化的供应链计划使供应链各企业在响应需求方面取得一致性的行动,增加供应链的敏捷性。实现同步化运营的措施是并行工程。制造商应该参与供应商的产品设计和质量控制过程,共同制定有关产品质量标准等,使需求信息能很好地在供应商的业务活动中体现出来。

④协调供应商的计划。一个供应商有可能同时参与多条供应链的业务活动,在资源有限的情况下必然会造成多方需求争夺供应商资源的局面。在这种情况下,下游企业的采购部门应主动参与供应商的协调计划。在资源共享的前提下,保证供应商不至于因为资源分配不公而出现供应商抬杠的矛盾,保证供应链的正常供应关系,维护企业的利益。

⑤建立一种新的、有不同层次的供应商网络,并通过逐步减少供应商的数量,致力于与供应商建立合作伙伴关系。在供应商的数量方面,一般而言,供应商越少越有利于双方的合作。但是企业的产品对零部件或原材料的需求是多样的,因此不同的企业供应商的数目不同,企业应该根据自己的情况选择适当数量的供应商,建立供应商网络,并逐步减少供应商的数量,致力于和少数供应商建立战略伙伴关系。

外部资源管理并不是采购一方(下游企业)的单方面努力就能取得成效的,需要供应商的配合与支持,为此,供应商也应该从以下几个方面提供协作。

①帮助拓展用户(下游企业)的多种战略;
②保证高质量的售后服务;
③对下游企业的问题做出快速反应;
④及时报告所发现的可能影响用户服务的内部问题;
⑤基于用户的需求,不断改进产品和服务质量;
⑥在满足自己的能力需求的前提下提供一部分能力给下游企业——能力外援。

(3)从一般买卖关系向战略协作伙伴关系转变。

基于战略伙伴关系的采购方式为解决全局性和战略性的问题创造了条件。第一个是库存问题。在传统的采购模式下,供应链的各级企业都无法共享库存信息,各级节点企业都独立地采用订货点技术进行库存决策,不可避免地产生需求信息的扭曲现象,因此供应链的整体效率得不到充分提高。但在供应链管理模式下,通过双方的合作伙伴关系,供应与需求双方可以共享库存数据,因此采购的决策过程变得更加透明,减少了需求信息的失真现象。第二个是风险问题。供需双方通过战略性合作关系,可以降低由于不可预测的需求变化带来的风险。第三个是合作伙伴关系问题。合作伙伴关系可以为双方共同解决问题提供便利的条件,通过合作伙伴关系,双方可以为制订战略性的采购供应计划共同协商,不必要为日常琐事消耗时间与精力。第四个是降低采购成本问题。通过合作伙伴关系,供需双方都从降低交易成本中获得好处:避免了许多不必要的手续和谈判过程,信息的共享避免了信息不对称决策可能造成的成本损失。第五个是准时采购问题。战略性的伙伴关系消除了供应过程的组织障碍,为实现准时化采购创造了条件。

二、采购流程

(一)发现需求

采购的起点是发现需求。对于一般企业而言,采购产生于企业的某一个部门的具体需求。比如,办公室需要办公用品,实验室需要实验器材,生产部门需要原材料等。每个部门具体负责业务活动的人员应该很清楚本部门的需求:需要什么、需要多少、何时需要等。为此每个具体的部门都要提出自己的采购需求计划,并在规定的时间里提供给采购部门,由采购部门进行集中采购来满足企业发展的需要。对于配送中心来说,采购的需求一方面来自中心内部各部门的实际需求,另一方面则来自客户的采购需求。配送中心的任务就是通过对采购需求的审核来确定采购计划,比如,采购多少、何处采购、何时采购等。

(二)编制采购计划

采购计划是指企业管理人员在了解市场供求情况、掌握企业物料消耗规律的基础上对计划期内物料采购活动所进行的部署和安排。它包括认证计划和订单计划两方面的内容。采购计划有广义和狭义之分。广义的采购计划是指为保证供应各项生产经营活动的物料的需要而编制的各种采购计划的总称。狭义的采购计划是指年度采购计划,是企业对计划年度内生产经营活动中所需要采购的各种物料的数量和时间所做出的安排。采购计划是企业生产计划的一部分,是企业年度计划与目标的组成部分。

(三)选择供应商

供应商的选择是采购管理成功的关键因素。一个合适的供应商能提供合适的、高质量的、足够数量的、合理价格的、准时交货的物资,并具有良好的售后服务。企业在供应商的选择方面必须做出基本的决策:一是决定自制还是外购;二是选择外购要进行一系列评估来确定供应商。为有效地进行采购,企业采购部门必须考虑供应商履行合同的情况、自己所购物料项目的分类表等。

(四)拟订采购订单

有些情况下,企业与供应商签有某种商品的销售协议,这样的话,双方就可以按销售协议供货了。如果没有销售协议,企业就要进行采购订单的拟订工作。

(五)货物跟催

采购订单发给供应商之后,采购部门要对货物订单进行跟踪或催货。在一些企业中甚至会设有专职的跟踪和催货人员。跟踪是对采购订单所做的例行追踪,以便确保供应商能够履行其货物发运的承诺。跟踪也有利于及时发现采购中的问题,如产品质量问题、发运环节问题等。企业发现问题后可以及时与供应商沟通,尽早解决问题。

催货是对供应商施加压力,使其更好地履行发运承诺。如果供应商不能很好地履行采购协议,企业应该采取相应的措施。一般来说供应商是经过严格程序选择的,因而其遵守采购协议的信用是可靠的,催货仅适用于采购订单的一小部分。但是,在物资匮乏或竞争激烈的时候,催货有很重要的意义。

(六)验收货物

许多企业都设立专门的验收货物的职能部门。货物验收的基本目的包括以下方面:确保发出订单采购的货物已经实际到达;检查到达的货物是否完好无损;确保到货的数量与订购数量一致;将货物运送到指定的仓库存储或转运。在货物验收时,有时会发生货物短缺现象。这一情况可能是运输过程丢失造成的,也可能是发运时数量就不足,所有这些情况验收部门要写出详细的报告交给供应商。

(七)支付货款和更新记录

货物验收完毕,采购部门将按照采购协议支付供应商的货款。此环节主要注意发票的审核。

经过以上所有步骤之后,对于一次完整的采购作业,最后还要更新采购部门的采购记录。这一工作是把采购部门与采购订单有关的文件副本进行汇集和归档,并把其中想保存的信息转化为相关的记录。需要保存的记录主要有采购订单目录、采购订单卷宗、采购商品文件、供应商历史文件、投标历史文件、采购协议(合同)等。

三、采购的类型

1. 按采购制度划分,可分为集中采购和分散采购

(1)集中采购:由公司总部采购部门统一进行的采购,如连锁药店、连锁超市等由总部进行统一采购。

(2)分散采购:由各门店或各商品部独立进行的采购。

2. 按采购方式划分,可分为直接渠道采购和间接渠道采购

(1)直接渠道采购:直接向商品生产厂商进行的采购。

(2)间接渠道采购:通过代理商或批发商向商品生产厂商进行的采购。

3. 按采购地区划分,可分为国内采购和国外采购

(1)国内采购:当国内商品的价格、品质、性能与国外同类商品相差无几时,应选择国内采购。国内采购机动性强,手续简单方便。

(2)国外采购:当国外商品价格低、品质高、性能好、综合成本比国内采购低时,可考虑国外采购。但在某些关系到民族前途的产业,如信息产业、通信产业等,应当不仅仅考虑当前利益,还应为长远着想,尽量在国内采购或支持有能力的供应商共同开发。

4. 按采购批量大小划分,可分为大量采购和零星采购

(1)大量采购:一次采购数量多的采购行为。

(2)零星采购:一次采购数量少的采购行为。

5. 按采购时间划分,可分为长期固定性采购、非固定性采购和紧急采购

(1)长期固定性采购:采购行为长期固定的采购。

(2)非固定性采购:采购行为不固定,需要时就采购的临时性采购。

(3)紧急采购:毫无计划的紧急采购行为。

6. 按采购订约方式划分,可分为订约采购、口头电话采购、书信电报采购和网络采购

(1)订约采购:买卖双方根据订立合约的方式进行的采购。

(2)口头电话采购:买卖双方不经过订约方式,而是以口头或电话洽谈方式进行的采购。

(3)书信电报采购:买卖双方借书信或电报的往返而进行的采购。

(4)网络采购:利用互联网等网络工具进行的现代化采购。

7. 按采购价格方式划分，可分为招标采购、询价现购、比价采购、议价采购

（1）招标采购：采购人员将采购商品的所有条件详细列明，刊登公告。投标供应商按公告的条件，在规定时间内，交纳投标押金，参加投标。招标采购按规定必须至少三家以上供应商报价，投标才可以开标，开标后原则上以报价最低的供应商中标，若中标的报价仍高过标底时，采购人员有权宣布废标，或征得监办人员的同意，以议价方式办理。

（2）询价现购：采购人员选取信用可靠的供应商将采购条件讲明，询问价格或寄询价单并促请对方报价，比较后现价采购。

（3）比价采购：采购人员请数家供应商提供价格，从中加以比较后，决定向哪家供应商进行采购。

（4）议价采购：采购人员与供应商经讨价还价后，议定价格进行采购。

一般来说，询价、比价和议价是结合使用的，很少单独进行。

8. 按采购主体的不同划分，可分为个人采购、企业采购、政府采购

（1）个人采购：个人生活用品的采购。个人采购的一般特征是单一品种、单次采购、单一决策，带有较大的主观性和随意性。

（2）企业采购：以企业为主体的采购。企业采购主要是为生产或转售等目的而进行的采购。企业是以营利为目的的实体，企业为了生产产品或转售产品，必须进行大量的采购。

（3）政府采购：以政府为主体，为满足社会公共需要而进行的采购。政府采购包括政府机关采购、公共事业单位采购、社会团体采购和军事采购等。政府采购与其他主体的采购最根本的区别在于政府采购实质上是社会公众的采购，是一种社会公众行为。

四、采购的原则

采购一般来说有5R原则。

（一）适价（right price）

大量采购与少量采购，长期采购与短期采购，价格往往有较大的差别。决定一个合适的价格要经过以下几个步骤。

（1）多渠道询价：多方面打探市场行情，包括市场最高价、最低价、一般价格等。

（2）比价：要分析各供应商提供商品的性能、规格、品质要求、用量等，以建立比价标准。

（3）自行估价：自己成立估价小组，由采购、技术人员、成本会计等人组成，估算出符合品质要求的、较为准确的底价资料。

（4）议价：根据底价的资料、市场的行情、供应商用料的不同、采购量的大小、付款期的长短等与供应商议定出一个双方都能接受的合理价格。

（二）适时（right time）

现代企业竞争非常激烈，时间就是金钱。采购计划的制订要非常准确，采购商品不依时间进来，造成店铺缺货，增加管理费用，影响销售和信誉；太早采购，又会造成商品和资金的积压、场地的浪费。所以依据销售计划制订采购计划，按采购计划适时地采购商品，既能使销售顺畅，又可以节约成本，提高市场竞争力。

（三）适质（right quality）

采购商品的成本是直接的，所以每个公司领导层都非常重视；而品质成本是间接的，所以就被许多公司领导层忽略了。"价廉物美"才是最佳的选择,偏重任何一头都会造成最终产品成本的增加。

(1)品质不良,造成经常性的退货,使各种管理费用增加。

(2)经常退货,造成经常性的销售计划变更,增加销售成本,影响交货期,降低信誉和产品竞争力。

(3)品质不良,需增加大量检验人员,增加成本。

(四)适量(right quantity)

采购量多,价格就便宜,但不是采购越多越好,资金的周转率、仓库储存的成本都直接影响采购总成本,所以应根据资金的周转率、储存成本等综合计算出最经济的采购量。

(五)适地(right place)

供应商离自己公司越近,运输费用就越低,机动性就越高,协调沟通就越方便,成本自然就越低;反之,成本就会高。

五、自制和外购决策

产品、零部件、原材料等是运用自身的设备和技术力量自制还是直接外购,是每个企业不可避免地要回答的问题。每个企业所涉及的产品、零部件、原材料的范围极为广泛,所幸的是,对其中的很大一部分实际上无须考虑去制造生产。像纸夹、铅笔和橡皮这样的文具,由于已实现了生产专业化,所以除它们的专门生产厂家外,对于别的企业来说,再去制造它们是不经济的。

在生产某个新产品,建立或改进一个生产系统之前,均需要对自制与外购做出决策。这些决策不仅影响工艺过程的选择、生产制造系统和管理系统的设计,而且关系到企业生产的经济效益。在做出自制与外购决策时,需要重点考虑以下因素。

1. 经济利益

在做出自制与外购决策时,首先应考虑的主要标准是成本。如果一个部件外购比自制更便宜,就采取外购政策。此时进行成本分析,依据的是增量成本(边际成本)分析原则,即只考虑那些随自制与外购决策而变动的成本。例如,对于有自制生产能力的企业,自制某零部件的增量成本只包括劳动力、材料等直接成本,以及动力、燃料等其他净增成本。其他不因决策而发生变动的成本,在进行费用比较时不用考虑。对于无自制生产能力,或需要增加部分生产能力的企业,其增量成本还应包括为增加生产能力所支付的成本。

2. 质量保证

控制自制零件的质量可以保证最终产品的质量。而采取外购政策时,对零部件质量的控制可能会有一定困难。若关系到最终产品的质量,则宁可放弃其经济利益。

3. 供应的可靠性

外购来源若不可靠,则应采取自制政策。若供应有可靠的保障,采取外购政策是十分有利的。需要注意的是要制定适当的采购政策,精选供应商,使企业处于主动地位。

4. 专利

由于专利原因,在法律上可能限制某些企业去从事某些零件的生产。对此,要么采取外购政策,要么在进行技术经济分析的基础上考虑购买专利。

5. 技能与材料

某些零件的制造技能可能非常专门化,或者所需材料非常稀缺,或者出于环境保护及政府政策的限制,某些零部件不易在本厂自制或某道工序不易在本厂加工,这样就只能采取外购。

6. 灵活性

自制零部件往往会限制产品设计的灵活性和降低生产系统的适应能力。如果一家企业在自制零部件上进行了很大的设备投资,就会限制企业在完全不同的新产品方面的灵活转移。而外购件、外协件较多的企业则不用担心投资过时的问题。环境变化往往会对企业生产系统的适应性提出更高的要求。当需求增加时,就会产生增加生产能力的要求;当产品品种组合发生重要变化时,就需要调整生产过程;当供应来源发生重大变化时,生产部门也要做出调整。因此,外购件或外协件较多的企业在生产系统的适应性方面也处于有利的地位。

7. 生产的专业化程度

对于加工装配类企业,生产的专业化程度越高,外购或外协零部件的数量就越多。

8. 其他因素

其他诸如营业秘密的控制、供需双方互惠和友谊关系的保持,以及政府的某些规定等,在一定程度上也会影响企业的自制与外购决策。企业在缓慢发展时期,为了利用闲置设备,自制可能更有利,然而会造成同供应商关系的紧张或中断,所以,为了保持与重要供应商的良好关系或互惠关系,往往放弃自制的打算。对于一些掌握特殊技术诀窍、工艺配方等的企业,出于保密考虑,也通常采用自制政策或部分自制政策。例如,某些电子行业的工厂,对于使用其产品关键技术、工艺生产的原材料和元器件等,均采用自制政策,其他均可采用外购、外加工、外装配等外购政策。

综上所述,企业在进行自制与外购决策时所采用的决策准则是基于多方面因素的。各种影响因素可以分为两大类:一类是经济利益因素,这是自制与外购决策的主要影响因素;另一类是非经济的和难以确定的因素,这些因素也是不可忽视的重要因素。正是这些因素,往往促使企业做出非经济上的最佳选择。从总体上看,自制与外购决策问题涉及企业的纵向一体化政策,正确的选择是企业保持长期成功的关键。

六、采购管理的发展趋势

(一)采购过程电子化

互联网+的时代让消费者进入"拇指"生活和娱乐阶段,简单、快捷、高效、低成本成为互联网迅速发展的理由,在竞争环境裂变的柔性供应链时刻,采购过程电子化是必然的趋势,客户需求、产品规范、设计研发、样品确认、工艺技术、供应商交付、绩效反馈等内容均可"一屏化"显示,还可进行预警、决策与处理,并有效反馈到相应的团队与人员。

(二)采购产品多元化

社会发展、技术进步、产业升级、消费迭代,产品愈加丰富,竞争也随之愈加激烈,必然促使市场竞争迭代。目前"快速、简单、便宜、个性"市场日渐呈现,就迫使企业转变产品生产与实现模式。个性化、定制化也逐渐成为一种消费趋势(这也是工业4.0触发点),从多变个性市场延伸到企业内部,动态性市场倒逼企业柔性供应链产生,也就导致未来采购产品多元化的必然。

(三)采购技术规范化

采购职业人员的非专业出身必然导致供应的风险性,难免导致非职业化的表现与决策,影响采购绩效。企业必须建立一套完整的采购手册,其中系统描述采购战略、采购流程、采购团队、绩效考核、价值反馈等,阐释企业采购规则,并深入采购人员的日常工作事务之中。这也就是"采购OTEP模型"提出的四维采购组织建设,从采购思维、采购绩效、采购操守和采购组织四个维度构建规范、阳光的采购技术与规范。

(四)采购对象客户化

采购职能一直被当成一个后勤部门,获得外部资源是其主要的任务。随着市场裂变与竞争周期的缩短,原来深居简出的采购也逐渐成为目标性供应链的构建者和经营者。采购拥有的外部资源与数据,采购在产业链中的角色在产品实现和客户化贡献率上越来越大,面向客户采购与面向采购设计已经成为一种必然趋势。

(五)采购运作金融化

供应链金融的迅猛发展让采购人员面对自身企业"支付困局"寻找到一个靓丽的出口。供应链金融融资方案,给企业采购所在供应链的生存、提高供应链资金运作的效力、提升供应商及时供应可行性和降低供应链整体的管理成本提供更多的可行性。采购人员不仅要采购相应的物质和服务,也开始为供应链可持续性提供融资方案。

(六)采购团队跨界化

采购从最原始的"单打独斗"买东西逐渐进入"团队群殴"增值响应阶段,企业为了获得更有竞争力的产品和服务,必然导致采购团队的跨界整合。设计、研发、采购、生产、工程、销售实现团队运营,由于采购对接内外资源,因此采购成为团队实现目标的整合者与领导者。

(七)采购范围全球化

中国经济发展和基础建设取得了很大成就,人民收入和物质生活水平极大提高,这是一个健康国家发展的必然。但伴随这种发展,对于企业意味着各种支出大幅增加,土地成本、管理成本、人工成本等不断提高,必然转化为企业产品价格的提高和竞争力的下降。采购开始转向低成本国家,采购全球化也就成为必然。

(八)采购渠道立体化

随着商业逐渐向专业化方向发展,采购渠道结构将会呈现立体化。采购商、厂商、渠道商、代理商、个体专业供应商,甚至消费者有机结合起来,构成一个有机的供应渠道网络和信息系统。通过建立采购供应渠道"面"的网络化与系统化,提高采购效率,最终实现供应渠道主体子系统及渠道客体主系统的优化,构建完整、立体化的自适应柔性供应链系统。

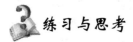

练习与思考

1. 为什么说采购在企业中具有重要的地位和作用?
2. 企业应该怎样做好采购工作?

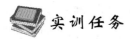

实训任务

华为的采购战略和"战略采购"

郭平于2018年在华为全球核心供应商大会上跟供应商伙伴分享了他对"战略采购"的理解,他认为华为未来的采购就是"战略采购",是以商业成功为目标,与核心供应商打造一种新型战略合作关系的采购。

在郭平看来,华为的"战略采购"具有以下特点。

第一,"战略采购"以支撑企业的商业成功为最终目标。只要供应商能够帮助华为实现战略目标,实现商业成功,华为就可以与之建立战略合作伙伴关系,建立研发、采购、市场、供应等跨功能领域的全面连接与合作。举例来说,华为与三星、高通、谷歌在市场上是亦友亦敌、既竞争又合作的特殊关系,华为会采购它们的产品或系统,因为它们能够让华为产品更容易地实现商业成功。不仅采购,华为还要和它们建立战略合作伙伴关系。

第二,与优秀供应商联合创新,共同引领产业发展。华为未来的"战略采购"必须解决产业链发展薄弱甚至空白的问题,这就要求华为与战略供应商敢于投入,与行业领袖或优秀企业联手,建立起鼓励联合创新的机制,支持产品持续领先,共同引领产业发展。

第三,与供应商建立起互信互助、长期共赢的关系。供应商健康、安全地发展不仅是供应商自身的需要,也是华为的需要。华为目前在某些领域已经进入"无人区",这意味着没有竞争对手,华为掌握自己的产品定价权,但华为不会用低价去打压市场,而是将价格定在合理区间,构建一个更加健康的商业生态和更加充分的盈利空间,让西方的竞争对手也能够进入该市场,让产业链上的各级供应商获取更多的利益,共同做大市场。

在某些供应商出现预测不准、产能扩大后市场需求不足的困境时,华为会采取提前付款等方式,帮助供应商渡过难关。与此同时,华为希望供应商在华为的困难时刻也能帮助华为,优先满足华为的需求。

第四,强调供应的韧性——供应商需要确保供应的安全和持续,保证业务的持续运营。所谓供应韧性,就是供应链能够应对各种极端的情况,关键时刻不断供、不掉链子。这就要求华为与供应商建立起完备的业务连续性管理(BCM)体系,建设强健的供应链。

过去三十年,华为坚持以客户为中心,在面对地震、洪水、战乱、疫情等突发事件时,不抛弃客户,始终与客户在一起,不惧困难和危险,分秒必争,抢通抢建,为灾后恢复做出最大努力。华为期望核心供应商在面对同样的境况时,也能坚持以客户为中心,积极、快速行动应对各类突发事件,建立完备的 BCM 体系,保障业务的持续。

第五,用数字化技术构建极简交易模式。未来的数字化智能时代,缺乏数字化业务战略的企业将很难生存,华为正在致力于通过数字化技术简化交易链条,与产业链上、中、下游的各层级供应商或合作伙伴通过极简的交易模式,实现资金流、信息流、物流的无缝连接和智能运营。

既然华为未来的采购都是"战略采购",那么这个战略该怎么做呢?华为在构思采购战略时,通常会有以下六个步骤。

第一步,对过往业务进行回顾。首先需要对过往一年甚至 3~5 年的采购情况做总结和回顾,包括过往采购工作所取得的成绩及不足之处。比如,对采购金额、数量、品类、成本控制等做趋势分析、归因分析,通过柱状图、曲线图、饼图等图表形式,清晰地总结出趋势和变化特点。

除了对采购进行分析,还需要对供应商进行分析。在纵向上对各个供应商的出货品类、数量、金额、成本、质量、准时交付率、技术能力等情况做出统计和分析,同时将供应商从不同维度进行横向比较和分析,包括质量绩效、准时交付绩效、技术能力、工程能力、成本差异等,按月或按季度进行评价,对供应商进行绩效评估,优胜劣汰。

此外,还需要对已实现的目标与年度工作计划进行差异分析。不管工作完成情况是好是坏,都需要找出真正的原因,以保持优势或避免再犯。

第二步,对供应市场进行分析。正如销售人员对目标客户市场进行需求分析一样,采购也同样需要对上游供应市场做出详细而精准的分析,借助各种分析模型和工具,如 PEST 模型、波特五力模型、供求关系模型、四象限分类模型、风险管理模型等,对行业、现状、品类和风险等进行分析,同时还要考虑到供应市场中的供应商、客户、竞争对手、替代者等,进行竞争分析。

第三步,对企业自身进行分析。除了对企业自身进行 SWOT 分析外,采购部门在与其他部门合作时,需要从各合作部门收集大家的诉求,识别出普遍性的痛点问题。通过之前的市场分析,发现供应市场的发展趋势;对照公司的战略目标,确定公司的战略机会;通过对内外部的检视和详细分析,确定采购和供应链如何协同,以找到公司战略的方向和突破口。

第四步,制定公司的采购和供应目标。以终为始,以始为终。采购千万不要忘记自己的使命是帮助公司实现经营目标和战略目标。需要对照公司的中长期经营目标,分别制定出采购和供应链管理部门的近期(1年)、中期(3~5年)和远期(5年以上)目标,包括质量目标、成本控制目标、交付目标、价值链目标和未来供应链的竞争优势目标等。

第五步,确定采购和供应策略。通过以上对内外部环境和关键要素的全面分析,基本可以制定出采购和供应策略了。采购和供应策略实际上就是采购为确保供应保障或供应安全而制定的策略,比如:采取什么样的采购政策;是否将采购作为公司的核心竞争力;内部资源能否向采购倾斜;采购原则上到底是质量优先还是成本优先;是阳光采购还是价值采购;如何设计商业模式;选择用 OEM 还是 ODM;选择 turnkey、consignment 还是 buy/sell 的方式管理物料;对供应商选择、合作和管理的策略是什么;选择谁作为战略供应商;如何建立战略合作伙伴关系;如何进行绩效评估;NPI 的策略是什么;在什么时候与什么工厂进行合作,怎样合作,做哪些工作;成本控制的策略和方法是什么;自动化和智能制造的策略和路径是什么;未来的战略布局、产能分布、供应网络设计、备份方案选择如何确定。

第六步,制订策略执行和能力提升计划。采购和供应策略制定完成后,不能停留在"纸上谈兵",还需要制订出使策略落地的执行计划。如果涉及团队能力,还需要制订能力提升计划,确保策略能够得到有效执行。对于不能落地或有困难的策略执行方案,还需要提供赋能方案,研究并制订对团队的赋能计划,或外聘,或培训,对执行团队提供方法论上的指引。

资料来源:辛童.华为供应链管理[M].杭州:浙江大学出版社,2020.

思考和训练

华为如何构思采购战略?

技能训练

请同学们以小组为单位,通过查找资料,分析华为采购体系的发展历程。

即测即评

项目 7 供应链库存管理

教学目标

1. 知识目标
(1)理解库存管理与控制在供应链管理中的重要地位与作用。
(2)掌握供应链管理中常用的几种库存管理策略与方法。

2. 技能目标
(1)理解供应链管理中库存控制存在的问题。
(2)掌握和运用库存管理与控制的基本策略与方法。

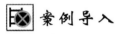
案例导入

宝洁供应链新动作:小批量多批次生产,加速周转更有效

一、小需求可视化,以"小批量多批次生产"降低库存

一直以来,库存积压都是代理商和零售店最为头疼的问题。宝洁为了尽可能地减少库存,通过大数据的分析,从需求端出发,使订单需求可视化,制订的库存计划同步反映客户需求。订单可视化对于整个供应链意义重大。"我们不是瞎猜,凭经验随便下个单,我们真的是通过数字化的方式把这个需求一步步地推到工厂,使我们的生产跟随着消费的需求而变化。"对于每一件货品,宝洁也努力通过系统实现数字化标签,每天查询产品去向,了解终端消费实情。

在生产方面,按照传统供应链,宝洁会将研发的新品进行大批量生产,作为库存分发于全国各大仓库,为销售做准备。而今,"这种传统的大批量供货已进化为小批量、多批次生产,这一做法有效地减少了分销商的库存压力,满足终端消费者的实际需求"。除了减少大批量的生产,宝洁还会根据客户需求及时转产,保持高度灵活性。

新零售时代,也意味着需要线上线下全渠道地保证产品的"有货率"。作为产品制造商,宝洁积极携手战略零售客户合作努力,针对不同客户的特点,梳理供应链,减少库存和供求的偏差,形成良性循环。CPFR 模型是关于提升货架有货率的行业通用指导模型。它通过与客户协同沟通、协同计划、协同预测、协同补货,形成良性的供应链链路。

在这个模式里,意愿与能力显得尤为重要。不管是宝洁还是零售商,都需要有联合价值创造的理念。它深深植根于双方,并且本着共赢的原则进行分享合作。在能力方面,组织架构、数据系统、运作管理流程是关键。举个例子,通过高效的 CPFR 模型,宝洁与一个战略合作客户用短短 6 个月,就使得客户订单满足率提升 9%,货架缺货率降低 2%,库存减少 9%。

二、酷炫"直供装":一条从生产车间就可直达消费者手中的产品线

除了制造端的灵活度,宝洁供应链的协同机制还体现在每一个环节。运用大数据分析,宝洁对库存、生产、包装、运输环节都实行灵活机制,实现供应链的全面"加速",而其中,电商领域创新成果最为突出。近年来,宝洁一直在探索线上供应链的优化。

传统模式下,一份产品在生产、分销、包装、发货过程中,也许会经过多次包装,并产生资源的浪费。而现在,宝洁通过运用商家电商直供装(ship in own container,SIOC)策略,让产品从生产线出来到消费者手上不需要再进行二次包装,大大提升了库存周转的速度。换句话说,当宝洁产品离开工厂的时候,它就已经满足快递发货标准,可以直接到达消费者手里。

同理,过往宝洁在发货时使用的是实物纸质收货单,客户在收货时通过卸货、清点以后才能知道收到的货物是什么,从而安排下一步。然而,这一切已经进化成为带板运输＋ASN(提前发货通知)。它通过电子发货清单,让客户提前确认这一批货物的具体产品、数量,提前做好上架后的安排。如此,效率再次获得提升。

资料来源:刘颖.宝洁供应链新动作:小批量多批次生产,加速周转更有效[EB/OL].(2017-06-13)[2022-04-25].https://www.jiemian.com/article/1392373.html.

案例分析

"真正的竞争不是企业与企业之间的竞争,而是供应链与供应链之间的竞争。"从生产工厂到零售门店,宝洁在以数字化打造智慧供应链的过程中,将"用得好、买得到、到得快"这三个以消费者为中心的关键词作为核心目标。而优化供应链的意义,不仅仅在于"省钱",还在于为消费者提供更多价值。

思考·讨论·训练

宝洁供应链在降低库存方面做了哪些改进?

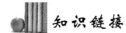

知识链接

随着科学技术的进步和生产力的发展,企业无国界经营的趋势越来越明显,整个市场需求的不确定性大大增加,企业间的竞争日益加剧。在此背景之下,供应链管理方式应运而生。供应链管理涵盖了从供应商到客户的全部过程,包括外购、制造分销、库存管理、运输、仓储、顾客服务等内容。在供应链上,从供应商、制造商、批发商到零售商,每个环节都存在库存,以应付各种各样的不确定性,保证供应链的正常运行。供应链成本的高低影响着供应链网络上各个企业的获利能力,其中库存成本是供应链成本的重要组成部分之一,在一定意义上成为左右供应链效益的关键。因此,研究供应链库存管理对于帮助企业提高服务水平和市场反应速度、实现低成本运营具有重大意义。

一、库存管理认知

(一)基本概念

1. 库存

库存是指企业用于未来的生产、服务或销售但暂时处于闲置状态的储存物品或商品。库存的形态主要包括原材料、零部件及半成品、产品等三大类。对企业来说,库存的存在有利有弊,一方面它占用了资金,减少了企业利润,甚至导致竞争性亏损;另一方面它能改善客户服务,有效缓解供需矛盾,有时甚至还有投机功能,为企业盈利。

2. 库存管理

库存管理是企业根据市场对库存的要求和企业订购的特点,预测、计划和执行一种补充库存的行为,并对这种行为进行控制,重点在于确定如何订货、订购多少、何时订货。

3. 供应链库存管理

供应链库存管理是指将库存管理置于供应链之中,以降低成本和提高企业市场反应能力为目的,从点到链、从链到面的库存管理方法。

(二)库存的分类

按照企业库存管理的目的不同,库存可以分为以下几种类型。

1. 周转库存

周转库存又称经常库存,是指为了满足日常需求而建立的库存。这种库存是不断变化的,当物品入库时达到最高库存量,随着生产消耗或销售,库存量逐渐减少,直到下一批物品入库前降到最小。周转库存通常有三个来源:购买、生产和运输。这三个方面通常都存在规模经济,因而会导致暂不使用或售出的存货的累积。

不同购买数量的价格折扣,促使企业一次性大量采购,从而产生了周转库存。企业在购买原材料或物资时,特别是在经济全球化的条件下,购买的数量很大,通常都可以获得折扣。因此只要因大量购买折扣而获得的货款上的节约大于因此而增加的存货持有成本,在市场需求量有保证的条件下,企业便会增加购买,这就意味着将存在很长一段时间才能用尽或售出的周转存货。

大规模运输的价格折扣,会降低企业的采购运输成本,也会促使企业一次性大量采购,从而产生了周转库存。运输的数量越大,运输公司越能节省理货或相关的集货成本,往往给运输大规模数量的货物提供运费方面的价格折扣。因此只要在运费支出方面的节约或运费与货款两项支出方面的节约大于由此而增加的存货持有成本,在市场需求量有保证的条件下,企业也会增加购买,这也意味着将存在很长一段时间才能用尽或售出的周转存货。

生产方面的规模经济和生产工艺的特性要求生产必须保证一定的批量和连续性,要求企业的原材料或零部件保持一定的存货。

2. 安全库存

安全库存是指为了防止由于不确定因素(如突发性大量订货或供应商延期交货)影响订货需求而准备的缓冲库存。所有的业务都面临着不确定性,这种不确定性来源各异。从需求或消费者一方来说,不确定性涉及消费者购买多少和什么时候进行购买。处理不确定性的一个习惯做法是预测需求,但从来都不能准确地预测出需求的大小。从供应来说,不确定性是获取零售商或厂商的需要,以及完成订单所要的时间。就交付的可靠性来说,不确定性可能来源于运输或其他因素。不确定性带来的结果通常是一样的:企业要备有安全存货来进行缓冲处理。

3. 加工库存和运输过程库存

加工库存是指处于加工或等待加工而处于暂时储存状态的商品。大量的库存可能积聚于生产设备上,特别是在装配操作上。对加工库存停置在一个生产设备,等待进入特殊产品流水线的时间长短的评价,应该在时间进度安排技术和实际的生产或装配技术的关系上仔细地进行。有些设备运营需要4~6小时的加工库存时间,而另外一些设备可能有10~15天的加工库存时间,这两种设备的库存成本存在相当大的区别。

运输过程库存是指处于运输状态(在途)而暂时处于储存状态的商品。不同的运输方式,速度和费用也不同。如速度最快的空运,其在途时间短,存货相应较小,但运输费用却很高,而铁路或水运的运输费用较低,但在途时间较长,因此会产生较高的存货成本。

4. 季节性库存

季节性库存是指为了满足特定季节中出现的特定需求而建立的库存,或指对季节性生产的商品在产出的季节大量收储所建立的库存。

5. 促销库存

促销库存是指为了应付企业促销活动产生的预期销售增加而建立的库存。

6. 时间效用库存

时间效用库存是指为了避免商品价格上涨造成损失,或者为了从商品价格上涨中获利而建立的库存。

7. 沉淀库存或积压库存

沉淀库存或积压库存是指因商品品质变坏或损坏,或者是因没有市场而滞销的商品库存,还包括超额储存的库存。

(三)供应链环境下库存控制的目标

供应链管理下的库存控制,是在动态中达到最优化的目标,在满足顾客服务要求的前提下,力求尽可能地降低库存,提高供应链的整体效益。具体而言,库存控制的目标如下。

1. 库存成本最低

这是企业需要通过降低库存成本以降低成本增加盈利和增强竞争能力所选择的目标。

2. 库存保证程度最高

企业有很多的销售机会,相比之下压低库存意义不大,这就特别强调库存对其他经营生产活动的保证,而不强调库存本身的效益。企业通过增加生产以扩大经营时,往往选择这种控制目标。

3. 不允许缺货

企业由于技术、工艺条件决定不允许停产,则必须以不缺货为控制目标,才能起到不停产的保证作用。企业某些重大合同必须以供货为保证,否则会产生巨额赔偿时,可制定不允许缺货的控制目标。

4. 限定资金

企业必须在限定资金预算前提下实现供应,这就需要以此为前提进行库存的一系列控制。

5. 快捷

库存控制不依本身经济性来确定目标,而依靠大的竞争环境系统要求确定目标,这常常出现以最快速度实现进出货为目标来控制库存。

(四)供应链中库存的作用

(1)供应链中存在库存是因为供给和需求的不匹配,库存管理最根本的目的是要保证供给和需求的平衡。

(2)供应链中存在库存是为了满足计划和期望的需求,这时需要建立预期库存。

(3)供应链中存在库存是为了有效地开拓市场。

(4)供应链中存在库存与生产和劳动力的稳定性以及设施的有效使用密切相关。

(5)供应链中存在库存还可以利用生产和销售过程中的经济规模来减少成本。

(五)供应链库存管理的优势

1. 营销与采购

在传统管理模式下,上游企业的营销与下游企业的采购是点对点式的接触,部门之间的业务关系仅仅解决"需要什么？什么时候需要？"这个问题。

在供应链环境下，上、下游企业间的对口部门实行全方位接触，订单的洽谈不仅仅是营销与采购部门之间的事，其他部门也要参与其中，如研发部门必须考虑满足高度定制化产品的最短设计时间，生产部门必须考虑最低成本的流程设计和快捷的原材料供给，等等。洽谈的订单还包括双方对库存产品的控制、运输方案的设计，以及对降低库存管理成本的规划等。

2. 联合库存

传统管理模式下，订货是单线式，下游企业根据本方的预计销售量和库存能力决定订货数量。各级组织均独立设置库存，自己决定库存数量，信息是封闭的。

在供应链环境下，库存成本驱动上下游企业间实行联合库存，如供应商的仓库库存往往是制造商的材料库存，而制造商的产品库存又往往是零售商的仓库库存，供料与补货一体化。

3. 信息共享和集成

供应链中各节点企业对市场需求的预测、库存情况、生产规划等都是重要的数据，这些数据分布在供应链上不同的组织间，必须进行及时快速的传递，才能对顾客的需要做出快速反应。然而在传统模式下，由于各企业信息封闭的特点，企业获取这些数据时往往耗时多、周期长，导致最后生产出的产品不再适应市场的需要，造成大量的产品积压。

与传统企业的信息封闭相比，供应链的优势之一就是可以通过信息共享和信息集成，对市场需求进行预测，进而积极组织和调整供应链各方对需求所采取的响应策略。

二、供应链环境下的库存问题

(一)供应链环境下库存存在的问题

供应链环境下的库存问题和传统的企业库存问题有许多不同之处，这些不同点体现在供应链管理思想对库存的影响。传统的企业库存管理侧重于优化单一的库存成本，从存储成本和订货成本出发确定经济订货量和订货点。从单一的库存角度看，这种库存管理方法有一定的适用性，但是从供应链整体的角度看，单一的企业库存管理的方法显然是不够的。

供应链环境下的库存控制存在的主要问题有三大类：信息类问题、供应链的运作问题、供应链的战略与规划问题。这些问题可综合为以下几个方面的内容。

1. 低效率的信息传递系统

在供应链中，各个供应链节点企业之间的需求预测、库存状态、生产计划等都是供应链管理的重要数据，这些数据分布在不同的供应链各组织之间，要做到有效地快速响应用户需求，必须实时地传递，为此需要对供应链的信息系统模型做相应的改变。通过系统集成的办法，供应链中的库存数据能够实时快速地传递。但是目前许多企业的信息系统并没有很好地集成起来，当供应商需要了解用户的需求信息时，常常得到的是延迟的信息和不准确的信息。

2. 不准确的交货状态数据

许多企业没有及时而准确地把订单交货的数据提供给用户，结果导致用户的不满和良好愿望的损失。

3. 忽视不确定性对库存的影响

供应链运作中存在许多的不确定因素，如订货提前期、货物运输状况、原材料的质量等。为了减少不确定性对供应链的影响，首先应该了解不确定性的来源和影响程度。很多企业没有认真研究和跟踪不确定性的来源和影响，错误估计供应链中物料的流动时间，造成有的物品库存增加而有的物品库存不足的现象。

4. 缺乏合作与协调

供应链是一个整体,需要协调各方活动,才能取得最佳的运作效果。问题在于,多厂商特别是全球化的供应链中,组织的协调涉及更多的利益群体,相互之间的信息透明度不高。在这样的情况下,企业不得不维持一个较高的安全库存,为此付出了较高的代价。

5. 产品的设计过程没有考虑供应链上库存的影响

现代产品设计与先进制造技术的出现,使产品的生产效率大幅度提高,而且具有较高的成本效益,但是供应链库存的复杂性常常被忽视了。结果所有节省下来的成本都被供应链上的分销与库存成本给抵销了。同样在引进新产品时,如果不进行供应链的规划,也会因运输时间过长、库存成本高等原因而无法获得成功。

6. 对用户服务的理解与定义不恰当

供应链管理的绩效好坏应该由用户来评价,或者通过对用户的反应能力来评价。但是对用户服务的理解与定义各不相同,导致对用户服务水平的差异。

7. 没有供应链的整体观念

虽然供应链的整体绩效取决于各个节点的节点绩效,但是各个部门都是各自独立的单元,都有各自独立的目标与使命。有些目标和供应链的整体目标是不相干的,甚至有可能是冲突的。一般的供应链系统都没有针对全局供应链的绩效评价指标,这是普遍存在的问题。

8. 库存控制策略简单化

无论是生产性企业还是物流企业,库存控制的目的都是保证供应链运行的连续性和应付不确定需求。但是许多企业对物品采用统一的库存控制策略,物品的分类没有反映供应与需求中的不确定性。

(二)牛鞭效应

1. 牛鞭效应的含义

营销过程中的需求变异放大现象被通俗地称为"牛鞭效应"。牛鞭效应是指供应链上的信息流从最终客户向原始供应商端传递时,由于无法有效地实现信息的共享,使得信息扭曲而逐渐放大,导致需求信息出现越来越大的波动。

牛鞭效应其实是在下游企业向上游企业传导信息的过程中发生信息失真,而这种失真被逐级放大的结果,从而波及企业的营销、物流、生产等领域。牛鞭效应成因于系统原因和管理原因,它们的共同作用提高了企业经营成本,对产品供应链造成消极影响,导致对市场变化的过激反应。当市场需求增加时,整个供应链的产能增加幅度超过市场需求增加幅度,超出部分则以库存形式积压在供应链的不同节点。一旦需求放缓或负增长,大量资金和产品将以库存形式积压,整个供应链可能资金周转不良,严重影响供应链的良好运作,甚至导致企业倒闭,尤其是处于供应链末端的小企业。

对市场的响应速度而言,牛鞭效应表明,越是处于供应链后端,企业响应速度越慢。其结果是,当市场需求增加的时候,供应商往往无法支持制造商;而当市场需求放缓时,供应商则往往继续过量生产,造成库存积压。由于牛鞭效应,伴随着过量生产的是整个供应链的生产能力过度膨胀。一旦经济不景气,整个供应链被迫大幅削减人员,关、停、并、转设备。

对整个宏观经济而言,牛鞭效应可以解释为什么有些行业比另一些行业提前衰退,或滞后复苏。拿半导体行业而言,供应链前端的芯片制造业先于后端的设备制造业衰退,而后者则滞后于前者复苏。而对于单个企业而言,当经济复苏时,不但要动员自身的生产能力,更重要的是动员各级供应商。这是因为由于牛鞭效应,后端供应商往往受到更大的经济影响,面临更大的资金压力,从而更难也更不情愿扩张生产能力。在行业腾飞、经济景气时,往往由于后端供应商没法及时扩张而影响整个供应链的销售业绩。

2. 牛鞭效应的成因

(1)多重需求预测。当处于供应链不同位置的企业预测需求时,都会包括一定的安全库存,以对付变化莫测的市场需求和供应商可能的供货中断。当供货周期长时,这种安全库存的数量将会非常显著。例如,一家计算机制造商预测到某型号计算机的市场需求是 10 万台,但可能向供应商下 11 万台的零件订单;同理,计算机零件供应商可能向其供应商订购 12 万台的原材料。以此类推,供应链各节点库存将逐级放大。

此外,有些预测方法也会系统地扭曲需求。拿移动平均法为例,前三个月的趋势是每月递增 10%,那第四个月的预测也将在前三个月的平均值上递增 10%。但市场增长不是无限的,总有一天实际需求会降低,其间的差额就成了多余库存。如果供应链上各个企业采用同样的预测方法,并且根据上级客户的预测需求来更新预测,这种系统性的放大将会非常明显。

(2)批量生产/订购。为了达到生产、运输上的规模效应,厂家往往批量生产或购货,以积压一定库存的代价换取较高的生产效率和较低成本。在市场需求减缓或产品升级换代时,代价往往巨大,导致库存积压,库存品过期,或二者兼具。

(3)价格浮动和促销。厂家为促销往往会推出各种促销措施,其结果是买方大批量买进而导致部分积压。这在零售业尤为显著,使市场需求更加不规则,人为加剧需求变化幅度,严重影响整个供应链的正常运作。研究表明,价格浮动和促销只能把未来的需求提前实现,到头来整个供应链中谁也无法从中获利。

(4)非理性预期。如果某种产品的需求大于供给,且这种情况可能持续一段时间,厂家给供应商的订单可能大于其实际需求,以期供应商能多分配一些产品给它,但同时也传递虚假需求信息,导致供应商错误地解读市场需求,从而过量生产。随着市场供需渐趋平衡,有些订单会消失或被取消,导致供应商多余库存,也使供应商更难判断需求趋势。等到供应商搞清实际需求已经为时过晚,成为又一个"计划跟不上变化"。这种现象在 2000 年前后的电子行业得到充分体现,整条供应链都深受其害,积压了大量库存和生产能力。

基于上述种种成因,除了批量生产与生产模式有关外,别的都可以通过整个供应链范围的信息共享和组织协调来解决。例如,企业之间共享市场需求信息,避免多重预测,减少信息的人为扭曲;在价格政策上,制造商应该固定产品价格,放弃价格促销,并与零售商共同实行"天天低价";在理性预期上,供应商在产品短缺时应以历史需求为基础分配产品,从而避免用户单位虚报需求;在生产方式上,供应商应采用精益生产,使达到最佳经济生产批量的数量减小,从而减少供应链库存,提高对市场需求变化的响应速度。

无论如何,因为供应链本身就有缺陷,只要有需求的变化和订货周期的存在,必然会引起需求预测的失效。供应链的层次越多,这种矛盾就越明显。但我们可以在管理上避免一些非理性的行为,比如为避免短缺而发出过大的订单从而误导了上游供应商,由此给供应链带来蝴蝶效应一样的灾难性后果。诸如此类一时兴起的举动只要尽量控制,就可以减轻牛鞭效应所带来的恶果。

3. 应对策略

牛鞭效应是供应链下库存管理的特点,采用传统的库存管理方法也不能很好地解决这一问题,只有采用创新的供应链库存管理办法才能解决。可以通过以下四个措施来减少牛鞭效应。

(1)实现信息共享。由于牛鞭效应主要是供应链各阶段按订单而不是按顾客需求进行预测造成的,而供应链的唯一需求是满足最终客户的需求,如果零售商与其他供应链成员共享销售时点系统(POS)数据,就能使各成员对实际顾客要求的变化做出响应。因此,在供应链上实行销售时点系统数据信息共享,使供应链每个阶段都能按照顾客要求进行更加准确的预测,从而减少需求预测变动性,减少牛鞭效应。同时,实行共同预测和共同计划,保证供应链各阶段的协调;从供应链整体出发,设计零售商的库存补充控制策略,由于零售商与最终顾客的购买有关,关键在于补充零售商的库存,常用供应商管理库存策略和连续补充策略。

(2)改善操作作业。改善操作作业,缩短提前期和减少订购批量来减少牛鞭效应。通过实行先进的通信技术缩短订单处理和信息传输的信息提前期,通过直接转运缩短运输提前期,通过柔性制造缩短制造提前期,通过实行提前发货通知(advance shipment notice,ASN)缩短订货提前期。提前期缩短了,需求的变动性相对减少了。要减少订购批量就要减少与固定订购费用有关的运输、订购、验收的费用,利用电子订货系统(EOS)和EDI减少订购费用。订购批量减少可以降低供应链上相邻两阶段积累起来的变动量,从而减少牛鞭效应。

(3)稳定价格。制定相应的价格策略,鼓励零售商进行小批量订购并减少提前购买行为以减少牛鞭效应。例如,把基于批量的折扣策略改为基于总量的折扣策略,即在一特定时期内(如一年内),按总的采购量来制定折扣政策,它可以使得每次的批量减少;实行天天平价政策和限制促销时采购量等方法,使价格稳定,减少预先购买行动,从而减少牛鞭效应。

(4)建立战略伙伴关系。通过建立战略伙伴关系,建立相互信任,实现信息共享,使供应链上的每个阶段供应与需求都能很好地匹配,降低交易成本。例如,供应商如果信任零售商的订单和预测信息,他就可以省去预测环节,类似地,如果零售商信任供应商的质量和配送,他就可以减少收货时的计数和检查环节。一般来说,供应链上各阶段的信任和良好关系可以减少重复努力,降低交易成本,减少牛鞭效应。沃尔玛和宝洁的战略伙伴关系使双方都获得良好的效益并减少了牛鞭效应。

(三)供应链中的不确定性对库存的影响

1. 供应链中的不确定性

供应链中的不确定性表现形式有两种:一是衔接不确定性。企业之间(或部门之间)不确定性,可以说是供应链的衔接不确定性,这种衔接不确定性主要表现在合作性上。为了消除衔接不确定性,需要增加企业之间或部门之间的合作性。二是运作不确定性。系统运行不稳定是组织内部缺乏有效的控制机制所致,控制失效是组织管理不稳定性的根源。为了消除运行中的不确定性需要增加组织的控制,提高系统的可靠性。

供应链的不确定性来源主要有三个方面:供应者不确定性、生产者不确定性、顾客不确定性。不同的原因造成的不确定性表现形式各不相同。

供应商的不确定性表现在提前期的不确定性、订货量的不确定性等方面。供应商不确定性的原因是多方面的,如供应商的生产系统发生故障延迟生产,供应商的供应商的延迟,意外的交通事故导致的运输延迟等。

生产者的不确定性主要源于制造商本身的生产系统的不可靠性,以及其故障计划执行的偏差等。

顾客不确定性原因主要有需求预测的偏差、购买力的波动、从众心理和个性特征等。

从本质上讲,供应链上的不确定性是三个方面的原因造成的:第一,需求预测水平的不确定性。预测水平与预测时间的长度有关,预测时间长,预测精度则差,另外还有预测的方法对预测的影响。第二,决策信息的可获得性、透明性、可靠性、信息的准确性对预测同样造成影响,下游企业与顾客接触的机会越多,可获得的有用信息就越多;相反,顾客需求、信息可获得性和准确性差,因而预测的可靠性差。第三,决策过程的影响,特别是决策人心理的影响。需求计划的取舍与修订,对信息的要求与共享,无不反映个人的心理偏好。

2. 供应链的不确定性与库存的关系

从需求放大现象中可以看到,供应链的库存与供应链的不确定性有很密切的关系。下面来分析供应链运行中的两种不确定性对供应链库存的影响。

(1)衔接不确定性对库存的影响。传统供应链的衔接不确定性普遍存在,集中表现在企业之间的独立信息体系(信息孤岛)现象。企业总是为了各自的利益而进行资源的自我封闭(包括物质资源和信息资源),企业之间的合作仅仅是贸易上的暂时性的合作,这人为地增加了企业之间的信息壁垒和沟通的障碍,企业不得不为了应付不测而建立库存,库存的存在实际就是信息的堵塞与封闭的结果。虽然企业各个部门和企业之间都有信息的交流和沟通,但这远远不够。企业的信息交流更多的是在企业内部而非企业之间进行交流。信息共享程度差是传统的供应链不确定性增加的一个主要原因。

(2)运作不确定性对库存的影响。供应链之间的衔接不确定性通过建立战略伙伴关系的供应链联盟或供应链协作而得以消减,同样,这种合作关系可以消除运作不确定性对库存的影响。当企业之间的合作关系得以改善时,企业的内部生产管理也将得以改善,因为企业之间的衔接不确定性因素减少时,企业的生产控制系统就能摆脱这种不确定因素的影响,使生产系统的控制达到实时、准确,也只有在供应链的条件下,企业才能获得对生产系统有效控制的有利条件,消除生产过程中不必要的库存现象。

通过分析不确定性对库存的影响可以知道:为了降低企业的库存水平,需要增加企业之间的信息交流与共享,减少不确定性因素对库存的影响,增加库存决策信息的透明性和可靠性。所有这些,需要企业之间的协调。

三、供应链环境下的库存管理策略

(一)影响供应链环境下的库存决策的因素

企业的生产在不断地消耗库存品,而企业又不断地购进物资,补充库存,所以企业的库存量总处于不断变化的状态之下,如何在保证生产的前提下,尽量减少库存积压,是库存控制的核心。

库存控制的目标是在企业现有资源的约束下,以最低的库存成本满足预期需求。库存控制的基本决策包括:确定相邻两次订货的间隔时间;确定每次订货的订货批量;确定每次订货的提前期;满足用户需求的服务水平。

要做好上述的库存控制决策,需考虑多方面的因素。

1. 需求特性

物品需求特性的不同对库存控制决策有着决定性的影响,具体表现为如下的几种情况。

(1)需求确定或不确定。若物品的需求是确定和已知的,那么可只在有需求时准备库存,库存的数量根据计划确定。若需求是不确定的,则需要保持经常的储备量,以供应随时发生的需求。

(2)需求有规律变化或随机变动。如果需求的变动存在着规律性,如季节性变动,则可以有计划地根据变动规律准备库存。如在旺季到来之前,准备较多的库存以备销售增长的需要。若需求变动没有一定规律,呈现为随机性变化,就需设置经常性库存,甚至准备一定的保险储备量来预防突然发生的需求。

(3)独立性需求或相关性需求。独立性需求一般指对最终产品的需求。最终产品的需求是随机发生的,是企业所不能控制的,只能用预测的方法得到,无法精确地计算出来。

相关性需求来自企业的内部,一般指零部件的需求。零部件的需求与最终产品的需求具有相关性:根据产品的需求计划,零部件的需求可以直接推算得到。

例如,某汽车装配企业,市场对其汽车的需求量是独立需求。公司需要依赖市场调查和以往销售数据来确定汽车的生产数量。而当汽车的需求计划确定以后,汽车轮胎、发动机、方向盘等部件的需求是可以推算出来的,这就属于相关需求。再比如汉堡店中番茄酱的需求量取决于汉堡和炸薯条的售出量,番茄酱的需求类型也为相关需求。

(4)需求的可替代性。有些物资如果可以用其他物资替代使用,那么它们的库存储备量可以适当少一些,万一发生缺货也可以使用替代物资来满足需求。对于没有替代材料的物资,则必须保持较多的库存才能保证预期的供应要求。

2. 订货/生产提前期

订货/生产提前期是指从订购或下达生产指令开始,到物资入库的时间周期。这一时间对库存量有显著的影响。如果从订货至交货这段时间相对较长,则必须存储更多的货品,特别是关键的重要物品。同样如果一个零件的生产时间长,也需要存储更多的货品。

在库存控制中,都是根据库存储备将要消耗完的时间,提前一个订货/生产提前期提出订货,以避免在订货到达之前发生缺货。在订货/生产提前期内应储备多少存货也是控制库存的一项重要决策。

3. 物资单价

产品物资的价格越高,占用的库存资金数额也就越多,对这样的产品物资是不应该掉以轻心的,那些杰出的企业会增加采购次数缩减库存量。这也是库存控制的手段之一。

4. 采购费用与保管费用

采购费用与订货次数呈正比,因此若采购费用大,应考虑减少订货次数。有了库存就必须进行保管,也就需要保管费用,显然保管费用数额与库存量呈正相关关系,所以对于保管费用高的产品物资应该把库存控制在适当的水平上。

5. 服务水平

服务水平一般是由企业领导部门根据经营的目标和战略而规定的。服务水平的高低影响到库存储备水平的选择。服务水平要求高,就需要有较多的储备来保证。服务水平的计量方式有若干种,如用户的百分数、订货数量的百分数等,但最常用的是按满足订货次数的百分比来规定服务水平。

如果库存能满足全部用户的订货需要,则其服务水平为100%。若每次订货只能满足95%的需求,则服务水平为95%,相应地,这时的缺货概率为5%。

服务水平可用于决定再订货点(reorder point,ROP)。再订货点是指在进行补充订货时现有的库存量。再订货点的确定是为了满足预先确定的服务水平。因此,在补充订货期间,对需求变化的了解一定要充分。当再订货点确定时,也同时确定了安全库存的水平。

(二)供应商管理库存策略

1. 供应商管理库存的定义

供应商管理库存(vendor managed inventory,VMI)是指供应商等上游企业基于其下游客户的生产经营、库存信息,对下游客户的库存进行管理与控制。它是一种在供应链环境下的库存运作模式,本质上,它是将多级供应链问题变成单级库存管理问题。相对于按照传统用户发出订单进行补货的传统做法,供应商管理库存是以实际或预测的消费需求和库存量,作为市场需求预测和库存补货的解决方法,即由销售资料得到消费需求信息,供应商可以更有效地计划、更快速地反应市场变化和消费需求。

2. 供应商管理库存实施的前期准备

(1)实施供应商管理库存的目标分析。根据供应商管理库存的经济效益和库存分析,双方企业的目标主要在以下几个方面:

①降低供应链上产品库存,抑制牛鞭效应;

②降低买方企业和供应商的成本,提升利润;

③保证企业的核心竞争力;

④提高双方合作程度和忠诚度。

(2)供应商管理库存协议的制订。制订供应商管理库存协议时,应考虑以下方面。

①整个供应商管理库存所做出额外投资的成本由买方企业和供应商按比例共同承担。

②实施供应商管理库存所带来的供应链利益的增加,应由双方共享。特别是在双方企业实施供应商管理库存的前期阶段,可能会使得供应链增加的利润大部分被买方企业所攫取,所以在短期内买方企业应该让渡部分利润给供应商来保证其实施供应商管理库存的积极性和信心。

③在整个供应商管理库存实施的过程中,规定一系列的条款来规范双方企业的行为。如例外条款的拟订,即一旦出现意外事件需要及时通告双方,以及通告的渠道和方式;付款条款的拟订,包括付款方式、付款期限的规定等;罚款条约的拟订,包括供应商如果在运输配送中出现差错将如何被罚款,买方企业如果传送错误的产品销售信息将如何被罚款等。

④关于操作层面的协议:供应商和买方企业通过协议,来确定实施供应商管理库存过程中的前置时间、订单处理时间、最低到货率、补货点等一系列操作层面的问题。

(3)实施供应商管理库存的资源准备。这是针对实施供应商管理库存所必需的一些支持,如一些信息网络的组建和IT技术的准备用于建立供应商管理库存信息决策支持系统。

①电子数据交换(EDI)系统。它可以降低成本,美国通用汽车通过实施EDI,每年大概可以获得12.5亿美元的成本节约。

②销售时点系统。实施销售时点系统提高了资金的周转率,可以避免缺货现象,使库存水平合理化。此外,它对于如何进行有效的其他管理也起着重要作用,对于供应商管理库存中实现真正的信息共享是必不可少的。

③条形码技术。它的应用不仅提供了一套可靠的代码标识体系,还为供应链各节点提供

了通用语言,解决了数据录入和数据采集经常出现的"瓶颈"问题,为供应商管理库存的实施提供了有力支持。

除此之外,资源准备还包括实施供应商管理库存所必需的物流方面的配套支持以及产品的仓储和运输配送等。

3. 供应商管理库存的实施

(1)实施供应商管理库存的信息沟通。实施供应商管理库存首先必须拥有一个良好的信息沟通平台,需要在企业原有的 EDI 的基础上,重新整合 EDI 资源来构建一个适合于供应商管理库存的信息沟通系统。

(2)供应商管理库存的工作流程设计。买方企业和供应商实施供应商管理库存后,必须设计针对供应商管理库存的工作流程来保证整个策略的实施。

整个供应商管理库存的实施都是透明化的,买方企业和供应商随时都可以监控。其主要分为两个部分。

①库存管理系统。它其实是由销售预测和库存管理以及供应商生产系统共同组成的,因为实施了供应商管理库存之后,这几个部分的工作主要由供应商和买方企业共同协调来完成,所以我们把它归为一种模块来处理。买方企业先获得产品的销售数据,然后和当时的库存水平相结合及时传送给供应商,再由供应商的库存管理系统做出决策。如果供应商现有的仓储系统能够满足库存管理系统做出决策所需要的产品数量,就直接由仓储与运输配送系统将产品直接及时配送给买方企业;如果供应商现有的仓储系统不能满足库存管理系统做出决策,就必须通知生产系统生产产品后再通过运输与配送系统及时将产品配送给买方企业。其中,在正式订单生成前,还应该交由买方企业核对,调整后再得出最后订单。

②仓储与运输配送系统。仓储与运输配送系统一方面负责产品的仓储,包括产品的分拣入库以及产品的保存;另一方面负责产品的运输配送:将产品按要求及时送达买方企业手中,同时负责编排尽量符合经济效益的运输配送计划,如批量运输和零担运输的选择、运输的线路和时间编排以及安排承载量等。

(3)供应商管理库存的组织结构调整。买方企业和供应商实施供应商管理库存后,为了适应新的管理模式,需要根据供应商管理库存的工作流程来对组织结构进行相应的调整。

因为供应商管理库存毕竟是对原有企业的管理策略的一种"否定",在双方企业之间肯定会有工作和职能上的合作和调整,所以为了保证供应商管理库存能够很好正常地运行,就有必要设立一个供应商管理库存协调与评估部门。其主要作用在于:

①原有企业之间的人员在实施供应商管理库存后,可能会因为工作上的合作而导致利益冲突,所以供应商管理库存协调与评估部门可以制定一系列的工作标准来协调和解决这些问题,可以作为双方企业之间沟通的桥梁。

②因为实施供应商管理库存后,原有工作岗位会适当合并和调整:如原有的买方企业库存和仓储人员的工作岗位再安排,他们可能会认为现有的供应商管理库存会威胁到自己饭碗,所以供应商管理库存协调与评估部门就应该做好他们的工作,对他们的工作做出适当的安排和调整。

③对供应商管理库存的实施进行监控和评估,以提供合理科学的管理信息给企业高层,作为企业高层对企业调整的重要依据。

(4)供应商管理库存实施过程中应注意的问题。

①双方企业合作模式的发展方向问题。双方企业管理高层应该进一步加强企业之间的合作和信任,供应商管理库存由快速反应(QR)、有效客户反应(ECR)等供应链管理策略发展而来。由于买方企业相对供应商来说是产品的需求方,所以在整个供应商管理库存策略实施中占主导地位,但随着双方企业合作越来越紧密,双方企业谁也离不开谁,所以随着时间的推移,双方企业相互之间的地位也会趋于均衡,所以供应商管理库存也应做出适当调整,一种新的供应商管理模式——协同计划、预测和补货(CPFR)很可能是供应商管理库存的发展方向。它和供应商管理库存主要的区别在于:它所涉及的双方企业的涵盖面更加宽广,不像供应商管理库存那样主要只涉及双方企业的销售、库存等系统,而且双方企业的地位更加均衡,可以说它是买方企业和供应商实施供应链策略的长期选择方向。

②产品采购数量和采购价格的调整问题。在实施供应商管理库存的期初阶段,由于客观市场环境的影响,终端市场产品的需求可能不会因为实施供应商管理库存后而发生比较大的影响,加上买方企业不会在刚刚实施供应商管理库存后,就对供应商的采购价格做出上升调整,所以期初阶段实施供应商管理库存所带来的利益大部分买方企业所攫取了,而在长期实施全面供应商管理库存后,买方会利用自己的核心竞争力——市场营销能力来调整自己的产品销售价格以获得更多市场份额,获得更多的消费者,这样的话,双方企业的采购价格和数量就会做出调整,调整的方式主要通过双方企业事先签署协议来达成,但在长期实施供应商管理库存过程中,调整的频率可能会比较大,所以双方企业都应该对采购的数量和价格频繁变化做好充分的准备,以免在签署协议时产生矛盾和不信任。

③长期利益分配问题。长期实施供应商管理库存后,双方企业的利润相对于实施供应商管理库存之前,都会得到提高,但买方企业和供应商增加的利益却"不平等"。从整个供应商管理库存实施的过程来看,供应商承担了大部分的工作,虽然双方企业在实施前达成协议对实施供应商管理库存所需要的投资共同分担,但大部分的好处仍然被买方企业据有。在长期全面实施供应商管理库存的过程中,双方企业应该对整个利润在责权对等的基础上进行分配。分配可以根据双方企业的会计财务系统,根据双方企业成本大小按比例通过签署协议来执行。分配的方式多种多样,可以通过实物如投资设备的分配、人员培训的分配或者直接现金的分配等。

④实际工作的不断调整问题。因为供应商管理库存所带来的效益并非一朝一夕就显现出来(买方企业可能除外),所以一旦实施,必将是一个长期的过程,因此,在长期实施供应商管理库存时,双方企业的实际工作应该不断地调整来适应整个供应商管理库存的实施,这主要有以下几点。

a. 产品管理应该向标准化、一致化发展。比如产品的包装、规格及质量体系应该统一口径,这样不但可以减少双方企业之间的误会,同时对产品的售后也有据可依。

b. 加强员工交流和培训。供应商管理库存是企业之间通过协议合作的模式,人员的交流和培训是必不可少的,双方企业可以定期互派员工到对方企业中参观和学习,进一步熟悉自己的合作伙伴,也可以通过员工之间的联谊来交流企业文化,以便增强双方企业之间的信任感,这些都可以通过企业之间的协调部门来执行。

c. 库存系统的进一步融合,真正做到JIT化的库存管理,如检查周期、库存维持水平、订货点水平、订单的处理和传送等一系列关于库存管理的内容应该根据双方企业信息系统提供的准确信息不断调整。

d. 提升仓储和运输配送系统。刚开始实施时,仓储和运输配送可以通过第三方物流形式来执行,也可以通过自己原有仓储和配送资源来执行,但从长远角度来看,可以考虑通过自己原有的资源来执行仓储和运输配送,因为这样和第三方物流的服务相比,双方企业的管理层可以更好地整合自己所有的资源,充分利用资源,减少资源的浪费和低效率。

4. 供应商管理库存主要的优点

(1)供应商受益表现在以下方面:

①通过销售时点数据透明化,简化了配送预测工作;

②结合当前存货情况,使促销工作易于实施;

③减少分销商的订货偏差,减少退货;

④需求拉动透明化,提高了配送效率,以有效补货避免缺货;

⑤有效的预测使其能更好地安排生产计划。

(2)分销商受益表现在以下方面:

①提高了供货速度;

②减少了缺货;

③降低了库存;

④将计划和订货工作转移给供应商,降低了运营费用;

⑤在恰当的时间,适量补货,提升了总体物流绩效。

(3)共同的利益表现在以下方面:

①通过计算机互联互通,减少了数据差错;

②提高了整体供应链处理速度;

③从各自角度,更专注于提供更优质的用户服务;

④避免缺货,使所有供应链成员受益;

⑤确立了真正意义上的供应链合作伙伴关系。

(三)联合库存管理战略

长期以来,供应链中的库存是各自为政的。供应链中的每个环节都有自己的库存控制策略,都是各自管理自己的库存。由于各自的库存控制策略不同,因此不可避免地产生需求的扭曲现象,即所谓的需求放大现象,形成了供应链中的牛鞭效应,加重了供应商的供应和库存风险。当前出现了一种新的供应链库存管理方法——联合库存管理,这种库存管理策略打破了传统的各自为政的库存管理模式,有效地控制了供应链中库存风险,体现了供应链的集成化管理思想,适应了市场变化的要求。

1. 联合库存管理的含义

为了克服供应商管理库存的局限性和规避传统库存控制中的牛鞭效应,联合库存管理(jointly managed inventory,JMI)随之而出。简单地说,联合库存管理是一种在供应商管理库存的基础上发展起来的上游企业和下游企业权利责任平衡和风险共担的库存管理模式。联合库存管理体现了战略供应商联盟的新型企业合作关系,强调了供应链企业之间的互利合作关系。

联合库存管理把供应链系统管理进一步集成为上游和下游两个协调管理中心,库存连接的供需双方从供应链整体的观念出发,同时参与,共同制订库存计划,实现供应链的同步化运作,从而部分消除了由于供应链环节之间的不确定性和需求信息扭曲现象导致的供应链的库存波动。联合库存管理在供应链中实施合理的风险、成本与效益平衡机制,建立合理的库存管理风险的预防和分担机制、合理的库存成本与运输成本分担机制以及与风险成本相对应的利益分配机制,在进行有效激励的同时,避免供需双方的短视行为及供应链局部最优现象的出现。

2. 联合库存管理的实施

(1)建立供应链协调管理机制。为了发挥联合库存管理的作用,供应链各方应从合作的精神出发,建立供应链协调管理的机制,建立合作沟通的渠道,明确各自的目标和责任,为联合库存管理提供有效的机制。没有一个协调的管理机制,就不可能进行有效的联合库存管理。建立供应链协调管理机制,要从以下几个方面着手。

①建立供应链共同愿景。要建立联合库存管理模式,首先供应链各方必须本着互惠互利的原则,建立共同的合作目标。为此,要理解供需双方在市场目标中的共同之处和冲突点,通过协商形成共同的共赢愿景。

②建立联合库存的协调控制方法。联合库存管理中心担负着协调供应链各方利益的角色,起协调整个供应链的作用。联合库存管理中心需要对库存优化的方法进行明确确定,包括库存如何在多个需求商之间调节与分配,库存的最大量和最低库存水平、安全库存的确定,需求的预测等。

③建立利益的分配、激励机制。要有效运行基于协调中心的库存管理,必须建立一种公平的利益分配制度,并对参与协调库存管理中心的各个企业、各级供应部门进行有效的激励,防止机会主义行为,增加协作性和协调性。

(2)建立信息沟通渠道。为了提高整个供应链的需求信息的一致性和稳定性,减少由于多重预测导致的需求信息扭曲,应增加供应链各方对需求信息获得的及时性和透明性。整个供应链通过构建库存管理网络系统,使所有的供应链信息与供应商的管理信息同步,提高供应链各方的协作效率,降低成本,提高质量。为此应建立一种信息沟通的渠道或系统,以保证需求信息在供应链中的畅通和准确性。要将条码技术、扫描技术、POS 和 EDI 集成起来,并且要充分利用互联网的优势,在供应链中建立畅通的信息沟通桥梁和联系纽带。

(3)发挥第三方物流系统的作用。实现联合库存可借助第三方物流具体实施。第三方物流也称物流服务提供商,它是由供方和需方以外的物流企业提供物流服务的业务模式。把库存管理的部分功能代理给第三方物流系统管理,可以使企业更加集中精力于自己的核心业务,第三方物流系统起到了供应商和用户之间联系的桥梁作用,为企业提供诸多好处。面向协调中心的第三方物流系统使供应链各方都取消了各自独立的库存,增加了供应链的敏捷性和协调性,并且能够大大改善供应链的用户服务水平和运作效率。

(4)选择合适的联合库存管理模式。

①集中库存模式。各个供应商的零部件都直接存入核心企业的原材料库中,就是变各个供应商的分散库存为核心企业的集中库存。集中库存要求供应商的运作方式是:按核心企业的订单或订货看板组织生产,产品完成时,立即实行小批量多频次的配送方式直接送到核心企业的仓库中补充库存。在这种模式下,库存管理的重点在于核心企业根据生产的需要,保持合理的库存量,既能满足需要,又要使库存总成本最小。

②无库存模式。供应商和核心企业都不设立库存,核心企业实行无库存的生产方式。此时供应商直接向核心企业的生产线上进行连续小批量多频次的补充货物,并与之实行同步生产、同步供货,从而实现"在需要的时候把所需要品种和数量的原材料送到需要的地点"的操作模式。这种准时化供货模式,由于完全取消了库存,所以效率最高、成本最低。但是对供应商和核心企业的运作标准化、配合程度、协作精神要求也高,操作过程要求也严格,而且二者的空

间距离不能太远。

3. 联合库存管理的优点

(1)由于联合库存管理将传统的多级别、多库存点的库存管理模式转化成对核心企业的库存管理,核心企业通过对各种原材料和产成品实施有效控制,就能达到对整个供应链库存的优化管理,简化了供应链库存管理运作程序。

(2)联合库存管理在减少物流环节、降低物流成本的同时,提高了供应链的整体工作效率。联合库存可使供应链库存层次简化和运输路线得到优化。在传统的库存管理模式下,供应链上各企业都设立自己的库存,随着核心企业的分厂数目的增加,库存物资的运输路线将呈几何级数增加,而且重复交错,这显然会使物资的运输距离和在途车辆数目增加,其运输成本也会大大增加。

(3)联合库存管理系统把供应链系统管理进一步集成为上游和下游两个协调管理中心,从而部分消除了由于供应链环节之间不确定性和需求信息扭曲现象导致的库存波动。通过协调管理中心,供需双方共享需求信息,因而提高了供应链的稳定性。

从供应链整体来看,联合库存管理减少了库存点和相应的库存设立费及仓储作业费,从而降低了供应链系统总的库存费用。

供应商的库存直接存放在核心企业的仓库中,不但保障核心企业原材料、零部件供应、取用方便,而且核心企业可以统一调度、统一管理、统一进行库存控制,为核心企业快速高效的生产运作提供了强有力的保障条件。

(4)这种库存控制模式也为其他科学的供应链物流管理如连续补充货物、快速反应、准时化供货等创造了条件。

(四)CPFR(协同计划、预测和补货)

1. CPFR 的含义

CPFR(collaborative planning, forecasting and replenishment)是在共同预测和补货(CFAR)的基础上,进一步推动共同计划的制订,即不仅合作企业实行共同预测和补货,同时将原来属于各企业内部事务的计划工作(如生产计划、库存计划、配送计划、销售计划等)也由供应链各企业共同参与,利用互联网实现跨越供应链的成员合作,更好地预测、计划和执行货物流通。

国家标准《供应链管理 第 2 部分:SCM 术语》(GB/T 26337.2—2011)对 CPFR 的定义是应用一系列的信息处理技术和模型技术,提供覆盖整个供应链的合作过程,通过共同管理业务过程和共享信息来改善零售商和供应商之间的计划协调性,提高预测精度,最终达到提高供应链效率、减少库存和提高客户满意程度为目的的供应链库存管理策略。

《管理科学技术名词》对 CPFR 的定义是供应链伙伴能够共同对从原材料的生产和交付到最终产品的生产和交付的关键供应链活动进行计划的协作方法。协作内容包括计划、销售预测以及补充原材料和成品所需的运作。

2. CPFR 的特点

(1)协同。从 CPFR 的基本思想看,供应链上下游企业只有确立起共同的目标,才能使各方的绩效都得到提升,取得综合性的效益。CPFR 这种新型的合作关系要求各方长期承诺公开沟通、信息分享,从而确立其协同性的经营战略,尽管这种战略的实施必须建立在信任和承诺的基础上,但是这是各方取得长远发展和良好绩效的唯一途径。正是因为如此,所以协同的第一步就是保密协议的签署、纠纷机制的建立、供应链计分卡的确立以及共同激励目标的形成（例如不仅包括销量，也同时确立双方的盈利率）。应当注意的是，在确立这种协同性目标时，不仅要建立起各方的效益目标，更要确立协同的盈利驱动性目标，只有这样，才能使协同性能体现在流程控制和价值创造的基础之上。

（2）规划。1995年沃尔玛与华纳-兰伯特公司等共同推动的CFAR为消费品行业推动双赢的供应链管理奠定了基础，此后当美国产业共同商务标准协会（VICS）定义项目公共标准时，认为需要在已有的结构上增加"P"，即合作规划（品类、品牌、分类、关键品种等）以及合作财务（销量、订单满足率、定价、库存、安全库存、毛利等）。此外，为了实现共同的目标，还需要双方协同制订促销计划、库存政策变化计划、产品导入和中止计划以及仓储分类计划。

（3）预测。任何一个企业或双方都能做出预测，但是CPFR强调买卖各方必须做出最终的协同预测，像季节因素和趋势管理信息等无论是对服装或相关品类的供应方还是销售方都是十分重要的，基于这类信息的共同预测能大大减少整个价值链体系的低效率、死库存，促进更好的产品销售，节约使用整个供应链的资源。与此同时，最终实现协同促销计划是实现预测精度提高的关键。CPFR所推动的协同预测还有一个特点是它不仅关注供应链双方共同做出最终预测，同时也强调双方都应参与预测反馈信息的处理和预测模型的制定和修正，特别是如何处理预测数据的波动等问题，只有把数据集成、预测和处理的所有方面都考虑清楚，才有可能真正实现共同的目标，使协同预测落在实处。

（4）补货。销售预测必须利用时间序列预测和需求规划系统转化为订单预测，并且供应方约束条件，如订单处理周期、前置时间、订单最小量、商品单元以及零售方长期形成的购买习惯等都需要供应链双方加以协商解决。协同运输计划也被认为是补货的主要因素，此外，例外状况的出现也需要转化为存货的百分比、预测精度、安全库存水准、订单实现的比例、前置时间以及订单批准的比例，所有这些都需要在双方公认的计分卡基础上定期协同审核。对于潜在的分歧，如基本供应量、过度承诺等，双方事先应及时加以解决。

3. CPFR的实施

（1）识别可比较的机遇。CPFR有赖于数据间的比较，这既包括企业间计划的比较，又包括一个组织内部新计划与旧计划，以及计划与实际绩效之间的比较，这种比较越详细，CPFR的潜在收益越大。

在识别可比较的机遇方面，关键在于以下内容。

①订单预测的整合：CPFR为补货订单预测和促销订单提供了整合、比较的平台，CPFR参与者应该搜集所有的数据资源，寻求一对一的比较。

②销售预测的协同：CPFR要求企业在周计划促销的基础上再做出客户销售预测，将这种预测与零售商的销售预测相对照，就可能有效地避免销售预测中没有考虑促销、季节因素等产生的差错。

CPFR的实施要求CPFR与其他供应和需求系统相整合。对于零售商，CPFR要求整合比较的资源有商品销售规划、分销系统、店铺运作系统。对于供应商而言，CPFR需要整合比较的资源有客户关系管理系统（CRM）、进阶生产规划及排程系统（APS）以及企业资源计划系统（ERP）。

CPFR的资源整合和比较，不一定都要求CPFR系统与其他应用系统直接相连，但是这种比较的基础至少是形成共同的企业数据库，即这种数据库的形成来源于不同企业计划系统在时间上的整合以及共同的数据处理。

(2)数据资源的整合运用。

①不同层面的预测比较。不同类型的企业由于自身利益驱使,计划的关注点各不相同,造成信息的来源不同,不同来源的信息常常产生不一致。

CPFR 要求协同团队寻求到不同层面的信息,并确定可比较的层次。例如,一个供应商提供四种不同水果香型的香水,但是零售商不可能对每一种香型的香水进行预测,这时供应商可以输入每种香型的预测数据,CPFR 解决方案将这些数据搜集起来,并与零售商的品类预测相比较。

②商品展示与促销包装的计划。CPFR 系统在数据整合运用方面一个最大的突破在于它对每一个产品进行追踪,直到店铺,并且销售报告以包含展示信息的形式反映出来,这样预测和订单的形式不再是需要多少产品,而且包含了不同品类、颜色及形状等特定展示信息的东西,这样数据之间的比较不再是预测与实际绩效的比较,而是建立在单品基础上、包含商品展示信息的比较。

③时间段的规定。CPFR 在整合利用数据资源时,非常强调时间段的统一,由于预测、计划等行为都是建立在一定时间段基础上的,所以如果交易双方对时间段的规定不统一,就必然造成交易双方的计划和预测很难协调。供应链参与者需要就管理时间段的规定进行协商统一,诸如预测周期、计划起始时间、补货周期等。

(3)组织评判。一旦供应链参与方有了可比较的数据资源,他们必须建立一个企业特定的组织框架体系以反映产品和地点层次、分销地区以及其他品类计划的特征。

通常企业往往在现实中采用多种组织管理方法,CPFR 能在企业清楚界定组织管理框架后,支持多体系的并存,体现不同框架的映射关系。

(4)商业规则界定。当所有的业务规范和支持资源的整合以及组织框架确立后,最后在实施 CPFR 的过程中需要决定的是供应链参与方的商业行为规则,这种规则主要表现在例外情况的界定和判断。

(五)多级库存优化与控制策略

1. 多级库存优化与控制的含义

多级库存优化与控制是一种对供应链资源全局优化的库存管理模式,一般至少包括供应—生产—分销三个层次。

实施多级库存优化的首要任务是明确控制目标,使供应链库存成本最小,即在存储成本、订货成本、缺货成本、丢单损失成本、运输成本之和达到最小的基础上,协调供应链上各节点的库存。在激烈的市场竞争环境下,供应链库存管理更强调敏捷制造和基于时间的竞争。但是,无论是基于成本的控制还是基于时间的控制,都要体现集成的、多级库存控制的思想,特别要注意的是,在输入库存信息时,要采用新的"级库存"概念。

2. 多级库存控制的方法

(1)中心化库存控制策略。中心化库存控制策略是将库存中心放在核心企业上,由核心企业对供应链系统进行控制,协调上游企业与下游企业的库存活动,这样,核心企业也同时成了供应链上的数据交换中心,担负着数据的集成与协调功能。在多级库存控制策略中,可采用"级库存"取代"点库存"来解决需求放大现象这个问题。在一个销售系统中,每一阶段或层次称为一级。系统每一阶段或层次的库存等于该级本库存加上所有下游库存。采用级库存控制策略后,每个库存点不但要检查本级库存点的库存数据,而且还要检查其下游需求方的库存数据。级库存控制策略的库存决策,是基于对其下游企业的库存状态掌握的基础上的,因此避免了信息扭曲现象。

(2)非中心化库存控制策略。非中心化库存控制策略是各个库存点独立地采取各自的库存策略。它把供应链的库存控制分为三个成本归结中心,即制造商成本中心、分销商成本中心和零售商成本中心。各个中心根据自己的库存成本最优化原则做出库存控制策略,订货点的确定可完全按照单点库存的订货策略进行。非中心化库存控制策略在管理上比较简单,能够使企业根据自己的情况独立地做出决策,有利于发挥企业的自主性和灵活性。

3. 供应链的多级库存控制应考虑的问题

(1)库存优化的目标是什么,是成本还是时间。传统的库存优化问题无一例外地进行库存成本优化,在强调敏捷制造、基于时间的竞争的条件下,这种成本优化策略是否适宜?供应链管理的两个基本策略,即 ECR 和 QR,都集中体现了顾客响应能力的基本要求,因此在实施供应链库存优化时要明确库存优化的目标是什么,是成本还是时间。成本是库存控制中必须考虑的因素,但是在现代市场竞争的环境下,仅优化成本这样一个参数显然是不够的,应该把时间(库存周转时间)的优化也作为库存优化的主要目标来考虑。

(2)明确库存优化的边界。供应链库存管理的边界即供应链的范围。在库存优化中,一定要明确所优化的库存范围是什么。供应链的结构有各种各样的形式,有全局的供应链,包括供应商、制造商、分销商和零售商各个部门;有局部的供应链,其中又分为上游供应链和下游供应链。在传统的所谓多级库存优化模型中,绝大多数的库存优化模型是下游供应链,即关于制造商(产品供应商)—分销中心(批发商)—零售商的三级库存优化。很少有关于零部件供应商和制造商之间的库存优化模型,在上游供应链中,主要考虑的问题是关于供应商的选择问题。

(3)多级库存优化的效率问题。理论上讲,如果所有的相关信息都是可获得的,并把所有的管理策略都考虑到目标函数中去,中心化的多级库存优化要比基于单级库存优化的策略(非中心化策略)要好。但是现实情况未必如此,当把组织与管理问题考虑进去时,现实的情况是,管理控制的幅度常常下放给各个供应链的部门独立进行,因此多级库存控制策略的好处也许会被组织与管理的考虑所抵消。因此简单的多级库存优化并不能真正产生优化的效果,需要对供应链的组织、管理进行优化,否则,多级库存优化策略效率是低下的。

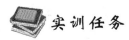

练习与思考

1. 什么是库存?什么是供应链库存管理?
2. 库存有哪些类型?
3. 供应链环境下的库存问题有哪些?
4. 供应链环境下的库存管理策略有哪几种?

实训任务

京东供应链效率持续提升

京东集团发布了 2020 年第三季度业绩,实现净收入 1742 亿元人民币,同比增长 29.2%,超出市场预期。基于对用户体验的持续升级以及下沉新兴市场的拓展,京东集团活跃用户数继续保持高增长。截至2020年9月30日，京东过去12个月的活跃购买用户数达到4.416亿，同比增长32.1%，增速创下过去三年来新高，2019年三季度以来一年净增了1亿多活跃用户。

囊括500万种商品的"智能大脑"

2020年最新财报显示，京东库存周转天数已降至34天。库存周转速度是零售业最核心的指标之一，沃尔玛和亚马逊的库存周转天数均超过40天。

相比之下，京东管理的自营SKU数量超过500万，是开市客的上千倍、沃尔玛的上百倍。随着SKU规模增长，库存管理难度呈指数级增长。管理数百万量级的SKU，库存周转天数仍能控制在低于35天，显然京东库存周转效率很高。

高效库存周转背后依托的是高效供应链。多年来，京东打造了覆盖商品采购、库存、履约等全流程的智能决策系统，从而构建起从供给侧到需求侧的高效通道。2020年双十一期间，京东平台与超过55%的品牌商产生数据协同，帮助超过500万种商品进行销售预测，每天给出超过30万条供应链智能决策。通过智能预测、自动调拨和智能履约，京东智能供应链支撑近200个城市的大促预售商品的前置决策。

正是在智能供应链支持下，目前京东运营500万SKU商品、750个仓库，现货率维持在95%以上，库存周转控制在35天以内，能够实现93%的自营商品24小时内送达。

在智能预测方面，京东智能供应链的需求预测系统每日负责提供千万级别SKU细化的销量预测结果。针对海量的影响因素，京东的预测算法做了大量创新，能够根据季节性、销量排名、新品与否等维度设计多种模型，开发差异化算法，自动为每个SKU匹配最合适的模型。除了销量预测，系统还提供单量预测，以保障物流运营排产的高效对接。

在自动调拨方面，京东自动补货系统根据总成本最小化这一指导性目标，计算出数百万种商品在数百个仓库中的最佳库存策略、最优库存水位、补货时间点和补货数量。目前京东自动补货系统支持了总采购量的一半以上，京东调拨自动化程度超过95%，能够提前将商品调到离客户最近的仓库。

在智能履约方面，京东具备其他平台所没有的后台履约能力，能够统筹京东与社会化渠道的商品流、信息流，平均节约50%以上的运营成本。这背后是京东零售的"智能履约决策大脑"在运转。比如京东的"物竞天择"项目，借助京东智能履约决策大脑，消费者下单时，订单会直接下发给系统计算出的综合因素最优的方案，实现最快15分钟送货上门的体验。

"未来的供应链将是需求驱动、开放协同和敏捷响应的供应链，"京东集团副总裁、京东零售集团生态业务中心负责人林琛认为，"未来供应链将聚焦于加强用户需求的洞察能力，扩大供应链协作节点的广度与深度，优化供应链协作节点之间的联动效率，从不确定中寻找确定性，从而提升整个供应链的效率和敏捷性。"

C2M超两倍增长，京东打造产业链闭环

有了高效供应链作为依托，零售、物流体系才有了坚固的基石，而不会是建在沙滩上的大厦。这也是为什么京东坚持十几年如一日，持续夯实自营供应链、自建物流体系的原因。而且京东供应链从构建之初，就着眼于以高起点的互联网技术来支撑，为供应链安装上"智能大脑"，从而使京东智能供应链从一开始就与世界领先水平同台竞技。

近年来，京东在智能供应链领域屡次斩获顶级奖项，"京东与美的协同型计划、预测及补货"项目荣膺"2015年中国ECR优秀案例"最高规格奖项白金奖；京东与雀巢合作的"雀巢京东联合预测补货"荣膺"2016年中国ECR优秀案例"白金奖；2019年5月，京东与沃尔玛合作的"全渠道履约和一体化库存为基础的京沃项目"获得 Gartner 2019 年零售业供应链创新奖,是中国零售行业首次荣膺此奖项,标志着中国在零售供应链创新领域已跻身全球领先水平。

通过锻造强大的智能供应链体系,京东不仅打通了零售行业的营销、交易、仓储、配送、售后等环节,而且为上游制造行业提供技术赋能,形成完整的产业链闭环。京东智能供应链不仅服务于自身,也不断向外界开放,帮助更多客户与合作伙伴提质增效,实现供应链高效协同的社会价值。

京东 C2M 模式通过对生产端与消费端的双重赋能,使新品到爆品转换加快,而且效率不断提升,覆盖面不断扩大,C2M 日益成为全行业数字化转型的标杆模式。

数据显示,2020 年京东双十一期间,京东反向定制(C2M)产品销量同比为 2019 年的 1.7 倍,成交额同比增长超过 2 倍,美的、海尔等品牌的多款 C2M 反向定制京品爆款家电产品全部登上各品类成交额排名的前五位。

2020 年双十一京东物流智能仓业务量同比增长 105%,预售环节预测准确率高达 95% 以上,超级物流大脑、30 座亚洲一号智能物流园区、高度自动化分拣中心和智能机器人等"新基建",帮助京东物流从容应对亿级订单。

在家电、服饰、消费品、家居等行业,京东物流供应链一体化解决方案为商家降本增效提供了有效助力。2020 年双十一京东物流开放业务单量同比增长 102%,农特产品业务量环比"618"增长近 5 倍。

国务院参事室特约研究员、银河证券前首席经济学左小蕾指出,数智化供应链建设是挖掘消费需求的发力点。京东供应链集成了广泛的"社会化"能力,服务对象不仅是京东自身的供应链,而是被集成到全社会的众多供应链中,向全社会提供高效优质的供应链服务,实现供应链高效协同的社会价值。

未来全球经济的比拼就是企业运营效率的比拼,是产业链竞争力的比拼,是供应链能效的比拼。只有以数字化、智能化创新技术不断推动社会供应链转型升级,中国企业的运营效率与竞争力才能持续提升,让中国经济立于不败之地。

资料来源:供应链效率持续提升 库存周转降至 34 天历史新低[EB/OL].(2020-11-16)[2022-04-20]. https://baijiahao.baidu.com/s?id=1683520764695314616&wfr=spider&for=pc.

思考和训练

1. 通过上述案例说明京东供应链的优势。
2. 你对京东供应链运营还有哪些好的建议?

技能训练

以小组为单位,分析我国零售业供应链的优点与缺点,然后在老师的指导下给出零售业供应链改进的相关建议,并且与其他小组成员进行交流。

即测即评

项目 8 供应链管理环境下的生产计划与控制

 **教学目标**

1. 知识目标

(1) 理解传统生产计划和控制模式与供应链管理思想的差距。

(2) 理解供应链管理环境下的企业生产计划与控制的特点。

2. 技能目标

(1) 理解生产计划与控制总体模型及其特点。

(2) 掌握供应链管理环境下生产系统的协调机制。

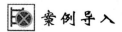 **案例导入**

美的持续推动供应链数字化转型

在全球加速进军数字时代的新形势下,如何进一步发挥工业互联网对传统产业转型升级的促进作用,对产业数字化转型发展的引擎作用是产业界面临的新课题。

作为美的工业互联网对外输出服务的载体——美云智数重磅发布了新品"供应链控制塔",揭秘美的集团在供应链管理领域数十年快速协同、高效供应的秘诀。

数字化时代,制造业面临着诸多挑战:市场需求多样化、柔性快反要求高、新技术层出不穷、数据价值挖掘难,加上制约公司盈利的"成本、效率、质量、交期"四大黑匣子始终没有被完全打开,企业利润空间难免不断被挤压。

同时,各种问题突显。第一,研产协同效率低:产品平台多,物料标准化和部件模块化低,可制造性差;第二,产销拉通不顺畅:依据历史数据和销售目标制订销售计划,生产不能针对市场需求的变化及时响应,造成结构性货源短期;第三,供方响应不及时:当需求变化时,供方未能按需求灵活调整生产,确保物料供应;第四,制造柔性快反差:因产线兼容性不足、工序差异多,工厂生产换型费时费力;第五,仓储物流效率低:仓储物流管理混乱,订单、生产信息与物流端割裂,沟通效率低,排车发运不及时;第六,质量异常追溯难:当产品出现质量问题时,无有效手段快速定位产品质量异常的根因,并锁定影响范围。

对此,企业也在不断固筑供应链的"护城河",挖掘端到端可视与洞察,提前预测交付风险,重塑调优智能流程,以达到集成化卓越运营的目的,期望通过价值链上下游高效协同或业务变革与创新来控制成本,实现内生式增长。作为数字化供应链的先行者,美的一直致力于通过数智化手段改善供应链管理中遇到的难题。

基于"T+3"供应链管理理念,美的集团围绕订单交付主链条,通过对营销、计划、采购、生产、物流、质量等多领域的拉通协同及诊断,实现了供应链管理的转型升级。

产销协同层面,通过拉通客户计划、销售计划、排产计划,提升订单准确率及有效性,通过均衡下单及排产,降低订单波动频次,为工厂管理的稳定性提供巨大支撑。此外逐步实现由"以产定销"到"以销定产"的转变,对制造业企业降库存、提效率、降成本均有重要意义。

采购拉通层面,通过数据拉通做到对供应商原材料库存的可视及与供方在库存、品质、物流方面的协同,降低断供风险;供应商也可以对企业的需求进行相对精准的预测,在出现计划外订单时也可以快速反应,解决插单急单的问题。

生产管控层面,通过齐套排产、生产、入库,提升制造柔性;通过生产信息拉通,实现销售部门、物流部门、客户对生产进度的可视化,不仅强化了部门间协同,也提升了客户满意度。

物流改善层面,通过库存管理的可视化,实现对全国仓库的在线管控,为全国范围内的调货提供数据支撑,真正实现全国一盘货。对物流配送的可视化,提升了销售部门、生产部门、客户对物流进度的了解,强化了部门间协同,也提升了客户满意度。

美的集团通过"供应链控制塔"实现了从"以产定销"到"以销定产",通过流程拉通及供应链管理断点改善,诠释了数字化供应链的魅力:需求预测提升35%,运营周期减少55%,订单满足率提高17%……以此为器,成效显著。

资料来源:曹雅丽.持续推动供应链数字化转型 美云智数发布"供应链控制塔"[N].中国工业报,2021-11-30(A3).

案例分析

当前,中国制造业正经历新一轮数智化转型升级,此时,需迎难而上,才有可能在新一轮洗牌中立于潮头。做大做强数字经济意义重大,是提升产业链供应链自主可控能力、打造未来竞争优势的迫切需要,也是抢占国际竞争制高点、把握发展主动权的战略选择。生产领域的数字化才是数字经济发展的主战场。对于制造业企业而言,面对困境,破解供应链数字化转型难题,寻求改变迫在眉睫,使数字化助力企业的精细化管理。作为数字化供应链的先行者,美的深耕数字化技术的研发与应用,无论是商业模式的变革,还是用户满意度提升方面,都具有借鉴意义。

思考·讨论·训练

供应链管理思想给生产带来了哪些影响?

知识链接

供应链管理思想对企业的最直接和最深刻的影响是企业家决策思维方式的转变:从传统、封闭的纵向思维方式向横向、开放思维方式转变。生产计划与控制是企业管理的主要内容之一,供应链管理思想无疑会对此带来很大的影响。与传统的企业生产计划与控制方法相比,在信息来源、信息的集成方法、计划的决策模式、计划的运行环境、生产控制的手段等许多方面,供应链管理模式下的生产计划与控制方法都有显著不同。

一、传统生产计划和控制与供应链管理思想的差距

供应链管理思想对企业管理的最大影响是对现行生产计划与控制模式的挑战,因为企业的经营活动是以顾客需求驱动的、以生产计划与控制活动为中心而展开的,只有通过建立面向

供应链管理的生产计划与控制系统,企业才能真正从传统的管理模式转向供应链管理模式。

传统的企业生产计划是以某个企业的物料需求为中心展开的,缺乏和供应商的协调,企业计划的制订没有考虑供应商以及分销商的实际情况,不确定性对库存和服务水平影响较大,库存控制策略也难以发挥作用。供应链上任何一个企业的生产和库存决策都会影响供应链上其他企业的决策,或者说,一个企业的生产计划与库存优化控制不但要考虑某企业内部的业务流程,更要从供应链的整体出发,进行全面的优化控制,跳出以某个企业物料需求为中心的生产管理界限,充分了解用户需求并与供应商在经营上协调一致,实现信息的共享与集成,以顾客化的需求驱动顾客化的生产计划,获得柔性敏捷的市场响应能力。

传统生产计划和控制模式与供应链管理思想的差距主要表现在如下几个方面。

1. 决策信息来源的差距(多源信息)

生产计划的制订要依据一定的决策信息,即基础数据。在传统的生产计划决策模式中,计划决策的信息来自两个方面,一方面是需求信息,另一方面是资源信息。需求信息又来自两个方面,一个是用户订单,另一个是需求预测。通过对这两方面信息的综合,得到制订生产计划所需要的需求信息。资源信息则是指生产计划决策的约束条件。供应链管理环境下需求信息和企业资源的概念与传统概念是不同的。信息多源化是供应链管理环境下的主要特征,多源信息是供应链环境下生产计划的特点。另外,在供应链管理环境下资源信息不仅仅来自企业内部,还来自供应商、分销商和用户。约束条件放宽了,资源的扩展使生产计划的优化空间扩大了。

2. 决策模式的差距(决策群体性、分布性)

传统的生产计划决策模式是一种集中式决策,而供应链管理环境下的决策模式是分布式的群体决策过程。基于多代理的供应链系统是立体的网络,各个节点企业具有相同的地位,有本地数据库和领域知识库,在形成供应链时,各节点企业拥有暂时性的监视权和决策权,每个节点企业的生产计划决策都受到其他企业生产计划决策的影响,需要一种协调机制和冲突解决机制。当一个企业的生产计划发生改变时需要其他企业的计划也做出相应的改变,这样供应链才能获得同步化的响应。

3. 信息反馈机制的差距(并行、网络反馈)

企业的计划能否得到很好的贯彻执行,需要有效的监督控制机制作为保证。要进行有效的监督控制必须建立一种信息反馈机制。传统的企业生产计划的信息反馈机制是一种链式反馈机制,形成和组织结构平行的信息递阶的传递模式。供应链管理环境下企业信息的传递模式和传统企业的信息传递模式不同。以团队工作为特征的多代理组织模式使供应链具有网络化结构特征,因此供应链管理模式是网络化管理。生产计划信息的传递不是沿着企业内部的递阶结构(权力结构)传递,而是沿着供应链不同的节点方向(网络结构)传递。为了做到供应链的同步化运作,供应链企业之间信息的交互频率也比传统企业信息传递的频率大得多,因此应采用并行化信息传递模式。

4. 计划运行环境的差异(不确定性、动态性)

供应链管理的目的是使企业能够适应剧烈多变的市场环境需要。复杂多变的环境,增加了企业生产计划运行的不确定性和动态性因素。供应链管理环境下的生产计划是在不稳定的运行环境下进行的,而且生产计划涉及的多是订单化生产,这种生产模式动态性更强。因此生产计划与控制要更多地考虑不确定性和动态性因素,使生产计划具有更高的柔性和敏捷性,使企业能对市场变化做出快速反应。

二、供应链管理环境下的企业生产计划与控制的特点

(一)供应链企业计划概述

供应链是一个跨越多厂家、多部门的网络化组织,一个有效的供应链企业计划系统必须保证企业能快速响应市场需求。有效的供应链计划系统集成企业所有的计划和决策业务,包括需求预测、库存计划、资源配置、设备管理、渠道优化、生产作业计划、物料需求与采购计划等。作为供应链的整体,以核心企业为龙头,把各个参与供应链的企业有效地组织起来,优化整个供应链的资源,以最低的成本和最快的速度生产最好的产品,最快地满足用户需求,以达到快速响应市场和用户需求的目的,这是供应链企业计划的最根本的目的和要求。

(二)供应链同步化计划的提出

在当今顾客驱动的环境下,制造商必须具有面对不确定性的事件不断修改计划的能力,要做到这一点,企业的制造加工过程、数据模型、信息系统和通信基础设施必须无缝地连接且实时地运作,因而供应链同步化计划的提出是企业最终实现敏捷供应链管理的必然选择。

供应链同步化计划使计划的修改或执行中的问题能在整个供应链上获得共享与支持,物料和其他资源的管理是在实时的牵引方式下进行而不是无限能力的推动过程。

供应链同步化计划的提出是为挑战供应链运行中的约束。供应链运行的约束有来自采购的约束,也有来自生产的约束,还有来自销售的约束,这些约束的不良后果会导致"组合约束爆炸"。因此要实现供应链同步化计划,一方面要建立起不同的供应链系统之间的有效通信标准,另一方面要建立起协调机制和冲突管理服务。供应链系统各个代理之间既有同步的协作功能,也有独立的自主功能,当供应链的整体利益和各个代理的个体利益相冲突时,必须快速地协商解决,供应链的同步化才能得以实现。因此建立分布的协调机制对供应链同步化计划的实现是非常重要的。

要实现供应链同步化计划,必须建立起代理之间透明的合作机制。供应链企业之间的合作方式主要有同时同地、同时异地、异时同地和异时异地等四种情形。因此供应链企业的合作模式表现为四种模式:同步模式、异步模式、分布式同步模式、分布式异步模式。基于多代理的供应链组织管理模式,由传统的递阶控制组织模式向扁平化网络组织过渡,实现了网络化管理。

(三)供应链管理环境下的生产计划

供应链管理环境下的生产计划与传统生产计划有显著不同,是因为在供应链管理环境下,与企业具有战略伙伴关系的企业的资源通过物流、信息流和资金流的紧密合作而成为企业制造资源的拓展。在制订生产计划的过程中,主要面临以下三方面的问题。

1. 柔性约束

柔性实际上是对承诺的一种完善。承诺是企业对合作伙伴的保证,只有在这一基础上企业间才能具有基本的信任,合作伙伴也因此获得了相对稳定的需求信息。承诺与柔性是供应合同签订的关键要素。

对生产计划而言,柔性具有多重含义:①显而易见,如果仅仅根据承诺的数量来制订计划

是容易的,但是柔性的存在使这一过程变得复杂了。柔性是双方共同制订的一个合同要素,对于需方而言,它代表着对未来变化的预期;而对供方而言,它是对自身所能承受的需求波动的估计。本质上供应合同使用有限的可预知的需求波动代替了可以预测但不可控制的需求波动。②下游企业的柔性对企业的计划产量造成的影响在于,企业必须选择一个在已知的需求波动下最为合理的产量。企业的产量不可能覆盖整个需求的变化区域,否则会造成不可避免的库存费用。在库存费用与缺货费用之间取得一个均衡点是确定产量的一个标准。③供应链是首尾相通的,企业在确定生产计划时还必须考虑上游企业的利益。在上游企业的供应合同之中,上游企业表达的含义除了对自身所能承受的需求波动的估计外,还表达了对自身生产能力的权衡。可以认为,上游企业合同中反映的是相对于该下游企业的最优产量。之所以提出是相对于该下游企业,上游企业可能同时为多家企业提供产品。因此,下游企业在制订生产计划时应该尽量使需求与合同的承诺量接近,帮助供应企业达到最优产量。

2. 生产进度

生产进度信息是企业检查生产计划执行状况的重要依据,也是滚动制订生产计划过程中用于修正原有计划和制订新计划的重要信息。在供应链管理环境下,生产进度计划属于可共享的信息。这一信息的作用体现在以下方面。

(1)供应链上游企业通过了解对方的生产进度情况实现准时供应。供应链企业可以借助现代网络技术,使实时的生产进度信息能为合作方所共享。上游企业可以通过网络和双方通用的软件了解下游企业真实需求信息,并准时提供物资。这种情况下,下游企业可以避免不必要的库存,而上游企业可以灵活主动地安排生产和调拨物资。

(2)原材料和零部件的供应是企业进行生产的首要条件之一,供应链上游企业修正原有计划时应该考虑到下游企业的生产状况。在供应链管理环境下,企业可以了解到上游企业的生产进度,然后适当调节生产计划,使供应链上的各个环节紧密地衔接在一起。其意义在于可以避免企业与企业之间出现供需脱节的现象,从而保证了供应链上的整体利益。

3. 生产能力

企业完成一份订单不能脱离上游企业的支持,因此,在编制生产计划时要尽可能借助外部资源,有必要考虑如何利用上游企业的生产能力。在上下游企业间稳定的供应关系形成后,上游企业从自身利益出发,更希望所有与之相关的下游企业在同一时期的总需求与自身的生产能力相匹配。

(四)供应链管理环境下生产计划的制订

在供应链管理环境下,企业的生产计划编制过程有了较大的变动,在原有的生产计划制订过程的基础上增添了新的特点。

1. 具有纵向和横向的信息集成过程

这里的纵向指供应链由下游向上游的信息集成,而横向指生产相同或类似产品的企业之间的信息共享。

在生产计划制订过程中,上游企业的生产能力信息在生产计划的能力分析中独立发挥作用。通过在主生产计划和投入产出计划中分别进行的粗、细能力平衡,上游企业承接订单的能力和意愿都反映到了下游企业的生产计划中。同时,上游企业的生产进度信息也和下游企业的生产进度信息一道作为滚动编制计划的依据,其目的在于保持上下游企业间生产活动的同步。

外包决策和外包生产进度分析是集中体现供应链横向集成的环节。企业在编制主生产计划时所面临的订单,在两种情况下可能转向外包:一是企业本身或其上游企业的生产能力无法承受需求波动所带来的负荷;二是所承接的订单通过外包所获得的利润大于企业自己进行生产的利润。同时,由于企业对该订单的客户有着直接的责任,因此也需要承接外包的企业的生产进度信息来确保对客户的供应。

2. 丰富了能力平衡在计划中的作用

在通常的概念中,能力平衡只是一种分析生产任务与生产能力之间差距的手段,需要根据能力平衡的结果对计划进行修正。在供应链管理环境下制订生产计划过程中,能力平衡发挥了以下作用:①为修正主生产计划和投入产出计划提供依据,这也是能力平衡的传统作用;②能力平衡是进行外包决策和零部件(原材料)急件外购的决策依据;③在主生产计划和投入产出计划中所使用的上游企业能力数据,反映了其在合作中所愿意承担的生产负荷,可以为供应链管理的高效运作提供保证;④在信息技术的支持下,对本企业和上游企业的能力状态的实时更新使生产计划具有较高的可行性。

3. 计划的循环过程突破了企业的限制

在企业独立运行生产计划系统时,一般有三个信息流的闭环,而且都在企业内部:
(1)主生产计划—粗能力平衡—主生产计划;
(2)投入产出计划—能力需求分析(细能力平衡)—投入产出计划;
(3)投入产出计划—车间作业计划—生产进度状态—投入产出计划。
在供应链管理环境下生产计划的信息流跨越了企业,从而增添了新的内容:
(1)主生产计划—供应链企业粗能力平衡—主生产计划;
(2)主生产计划—外包工程计划—外包工程进度—主生产计划;
(3)外包工程计划—主生产计划—供应链企业生产能力平衡—外包工程计划;
(4)投入产出计划—供应链企业能力需求分析(细能力平衡)—投入产出计划;
(5)投入产出计划—上游企业生产进度分析—投入产出计划;
(6)投入产出计划—车间作业计划—生产进度状态—投入产出计划。
需要说明的是,以上各循环中的信息流都只是各自循环所必需的信息流的一部分,但可对计划的某个方面起决定性的作用。

(五)供应链管理环境下的生产控制新特点

供应链管理环境下的企业生产控制和传统的企业生产控制模式不同。前者需要更多的协调机制(企业内部和企业之间的协调),体现了供应链的战略伙伴关系原则。供应链管理环境下的生产协调控制包括如下几个方面的内容。

1. 生产进度控制

生产进度控制的目的在于依据生产作业计划,检查零部件的投入和产出数量、产出时间和配套性,保证产品能准时装配出厂。供应链管理环境下的进度控制与传统生产模式的进度控制不同,因为许多产品是协作生产的和转包的业务,与传统的企业内部的进度控制比较来说,其控制的难度更大,必须建立一种有效的跟踪机制进行生产进度信息的跟踪和反馈。生产进度控制在供应链管理中有重要作用,因此必须研究解决供应链企业之间的信息跟踪机制和快速反应机制。

2. 供应链的生产节奏控制

供应链同步化计划需要解决供应链企业之间的生产同步化问题,只有供应链各企业之间以及企业内部各部门之间保持步调一致时,供应链的同步化才能实现。供应链形成的准时生产系统,要求上游企业准时为下游企业提供必需的零部件。供应链中任何一个企业不能准时交货,都会导致供应链不稳定或中断,导致供应链对用户的响应性下降,因此严格控制供应链的生产节奏对供应链的敏捷性是十分重要的。

3. 提前期管理

基于时间的竞争是 20 世纪 90 年代的一种竞争策略,具体到企业的运作层,主要体现为提前期的管理,这是实现 QR、ECR 策略的重要内容。供应链管理环境下的生产控制中,提前期管理是实现快速响应用户需求的有效途径。缩短提前期、提高交货期的准时性是保证供应链获得柔性和敏捷性的关键。缺乏对供应商不确定性的有效控制是供应链提前期管理中的一大难点,因此,建立有效的供应提前期的管理模式和交货期的设置系统是供应链提前期管理中值得研究的问题。

4. 库存控制和在制品管理

库存在应付需求不确定性时有其积极的作用,但是库存又是一种资源浪费。在供应链管理模式下,实施多级、多点、多方管理库存的策略,对提高库存管理水平、降低制造成本有着重要意义。这种库存管理模式涉及的部门不仅仅是企业内部。基于 JIT 的供应与采购、供应商管理库存、联合库存管理等是供应链库存管理的新方法,对降低库存都有重要作用。因此,建立供应链管理环境下的库存控制体系和运作模式对提高供应链的库存管理水平有重要作用,是供应链企业生产控制的重要手段。

三、供应链管理环境下的集成生产计划与控制系统的总体构想

在生产计划与控制系统的集成研究中,较完善的理论模型是马士华教授于 1995 年提出的一个三级集成计划与控制系统模型,即把主生产计划(MPS)、物料需求计划(MRP)和作业计划三级计划与订单控制、生产控制和作业控制三级控制系统集成于一体。该模型的核心在于提出了制造资源网络和能力状态集的概念,并对制造资源网络的建立和生产计划提前期的设置提出了相应模型和算法,并在制造资源计划(MRPⅡ)软件开发中运用了这一模型。

1. 供应链管理环境下的生产计划与控制系统中几个概念的新拓展

(1)供应链管理对资源(resource)概念内涵的拓展。传统的 MRPⅡ 对企业资源这一概念的界定是局限于企业内部的,并统称为物料(materials),因此 MRPⅡ 的核心是物料需求计划(MRP)。在供应链管理环境下,资源分为内部资源(in-source)和外部资源(out-source)。因此在供应链管理环境下,资源优化的空间由企业内部扩展到企业外部,即从供应链整体系统的角度进行资源的优化。

(2)供应链管理对能力(capacity)概念内涵的拓展。生产能力是企业资源的一种,在 MRPⅡ 系统中,常把资源问题归结为能力需求问题或能力平衡问题。但正如其对资源概念一样,MRPⅡ 对能力的利用也是局限于企业内部的。供应链管理把资源的范围扩展到供应链系统,其能力的利用范围也因此扩展到了供应链系统全过程。

(3)供应链管理对提前(lead time)概念内涵的扩展。提前期是生产计划中一个重要的变

量,在 MRP Ⅱ 系统中这是一个重要的设置参数。但 MRP Ⅱ 系统中一般把它作为一个静态的固定值来对待(为了反映不确定性,后来人们又提出了动态提前期的概念)。在供应链管理环境下,并不强调提前期的固定与否,重要的是交货期(delivery time),准时交货,即供应链管理强调准时:准时采购、准时生产、准时配送。

2. 供应链管理环境下生产管理组织模式

在供应链管理环境下,生产管理组织模式和传统生产管理组织模式一个显著的不同就是,供应链管理环境下生产管理是开放性的、以团队工作为组织单元的多代理制。在供应链联盟中,企业之间以合作生产的方式进行,企业生产决策信息通过 EDI/internet 实时地在供应链联盟中由企业代理通过协商决定,企业建立一个合作公告栏,实时地和合作企业进行信息交流。在供应链中要实现委托代理机制,对企业应建立一些行为规则:①自勉规则;②鼓励规则;③激励规则;④信托规则;⑤最佳伙伴规则。

企业内部也采取多代理制的团队工作模式,团队中有一位主管负责团队与团队之间的协调。协调是供应链管理的核心内容之一,供应链管理的协调主要有三种形式,即供应-生产协调、生产-分销协调、库存-销售协调。

3. 供应链管理环境下生产计划的信息组织与决策特征

供应链管理环境下的生产计划信息组织与决策过程具有如下几个方面的特征。

(1)开放性。经济全球化使企业进入全球开放市场,不管是基于虚拟企业的供应链还是基于供应链的虚拟企业,开放性是当今企业组织发展的趋势。供应链是一种网络化组织,供应链管理环境下的企业生产计划信息已跨越了组织的界限,形成开放性的信息系统。决策的信息资源来自企业的内部与外部,并与其他组织进行共享。

(2)动态性。供应链管理环境下的生产计划信息具有动态的特性,是市场经济发展的必然。为了适应不断变化的顾客需求,使企业具有敏捷性和柔性,生产计划的信息随市场需求的更新而变化,模糊的提前期和模糊的需求量要求生产计划具有更多的柔性和敏捷性。

(3)集成性。供应链是集成的企业,是扩展的企业模型,因此供应链环境下的企业生产计划信息是不同信息源的信息集成,集成了供应商、分销商的信息,甚至消费者和竞争对手的信息。

(4)群体性。供应链管理环境下的生产计划决策过程具有群体特征,是因为供应链是分布式的网络化组织,具有网络化管理的特征。供应链企业的生产计划决策过程是一种群体协商过程,企业在制订生产计划时不但要考虑企业本身的能力和利益,同时还要考虑合作企业的需求与利益。

(5)分布性。供应链企业的信息来源从地理上是分布的,信息资源跨越部门和企业,甚至全球化,通过 internet/intranet、EDI 等信息通信和交流工具,企业能够把分布在不同区域和不同组织的信息进行有机的集成与协调,使供应链活动同步进行。

四、供应链管理环境下生产系统的协调机制

(一)供应链的协调控制机制

要实现供应链的同步化运作,需要建立一种供应链的协调机制。协调供应链的目的在于使信息能无缝地、顺畅地在供应链中传递,减少因信息失真而导致过量生产、过量库存现象的

发生,使整个供应链能根据顾客的需求而步调一致,也就是使供应链获得同步化响应市场需求的变化。

供应链的协调机制有两种划分方法。根据协调的职能可划分为两类:一类是不同职能活动之间的协调与集成,如生产-供应协调、生产-销售协调、库存-销售协调等协调关系;另一类是同一职能不同层次活动的协调,如多个工厂之间的生产协调。根据协调的内容划分,供应链的协调可划分为信息协调和非信息协调。

(二)供应链的协调控制模式

供应链的协调控制模式分为中心化协调(集中协调)、非中心化协调(分散协调)和混合式协调三种。中心化协调控制模式把供应链作为一个整体纳入一个系统,采用集中方式决策,因而忽视了代理的自主性,也容易导致"组合约束爆炸",对不确定性的反应比较迟缓,很难适应市场需求的变化。分散协调控制过分强调代理模块的独立性,对资源的共享程度低,缺乏通信与交流,很难做到供应链的同步化。比较好的控制模式是分散与集中相结合的混合模式。各个代理一方面保持各自的独立性运作,另一方面参与整个供应链的同步化运作体系,保持了独立性与协调性的统一。

(三)供应链的信息跟踪机制

供应链各个企业之间的关系是服务与被服务的关系,服务信号的跟踪和反馈机制可使企业生产与供应关系同步进行,消除不确定性对供应链的影响。因此应该在供应链系统中建立服务跟踪机制以降低不确定性对供应链同步化的影响。

供应链的服务跟踪机制提供供应链两方面的协调辅助:非信息协调和信息协调。非信息协调主要指完善供应链运作的实物供需条件,采用JIT生产与采购、运输调度等;信息协调主要通过企业之间的生产进度的跟踪与反馈来协调各个企业的生产进度,保证按时完成用户的订单,及时交货。

供应链企业在生产系统中使用跟踪机制的根本目的是保证对下游企业的服务质量。在企业集成化管理的条件下,跟踪机制才能够发挥其最大的作用。跟踪机制在企业内部表现为客户的相关信息在企业生产系统中的渗透。其中,客户的需求信息(订单)成为贯穿企业生产系统的一条线索,成为生产计划、生产控制、物资供应相互衔接、协调的手段。

1. 跟踪机制的外部运行环境

供应链管理环境下企业间的信息集成从以下三个部门展开。

(1)采购部门与销售部门。采购部门与销售部门是企业间传递需求信息的接口。需求信息总是沿着供应链从下游传至上游,从一个企业的采购部门传向另一个企业的销售部门。由于我们讨论的是供应链管理下的销售与采购环节,稳定而长期的供应关系是必备的前提,所以可将注意力集中在需求信息的传递上。

销售部门在供应链上下游企业间的作用仅仅是一个信息的接口。它负责接收和管理有关下游企业需求的一切信息。除了单纯意义上的订单外,还有下游企业对产品的个性化要求,如质量、规格、交货渠道、交货方式等。这些信息是企业其他部门的工作所必需的。

在供应链管理环境下,采购部门的主要工作是将生产计划系统的采购计划转换为需求信息,以电子订单的形式传达给上游企业。同时,它还要从销售部门获取与所采购的零部件和原材料相关的客户个性化要求,并传达给上游企业。

(2)制造部门。制造部门的任务不仅仅是生产,还包括对采购物资的接收以及按计划对下游企业配套件的供应。在这里,制造部门实际上兼具运输服务和仓储管理两项辅助功能。制造部门能够完成如此复杂的工作,原因在于生产计划部门对上下游企业的信息集成,同时也依赖于战略伙伴关系中的质量保证体系。此外,制造部门还担负着在制造过程中实时收集订单的生产进度信息,经过分析后提供给生产计划部门。

(3)生产计划部门。在集成化管理中企业的生产计划部门肩负着大量的工作,集成了来自上下游生产计划部门、企业自身的销售部门和制造部门的信息。其主要功能如下。

①滚动编制生产计划。来自销售部门的新增订单信息、来自企业制造部门的订单生产进度信息和来自上游企业的外购物资的生产计划信息,以及来自下游企业的需求变动信息,这四部分信息共同构成了企业滚动编制生产计划的信息支柱。

②保证对下游企业的产品供应。下游企业的订单并非一成不变,从订单到达时起,供方和需方的内外环境就一直不断变化着,最终的供应时间实际上是双方不断协调的结果,其协调的工具就是双方不断滚动更新的生产计划。生产计划部门按照最终的协议指示制造部门对下游企业进行供应。这种供应是与下游企业生产计划相匹配的准时供应。由于生产出来的产品不断发往下游企业,制造部门不会有过多的在制品和成品库存压力。

③保证上游企业对本企业的供应。生产计划部门在制造部门提供的实时生产进度分析的基础上结合上游企业传来的生产计划(生产进度分析)信息,与上游企业协商确定各批订单的准确供货时间。上游企业将按照约定的时间将物资发送到本企业。采购零部件和原材料的准时供应降低了制造部门的库存压力。

2. 生产计划中的跟踪机制

(1)在接到下游企业的订单后,建立针对上游企业的订单档案,其中包含了用户对产品的个性化要求,如对规格、质量、交货期、交货方式等具体内容。

(2)主生产计划进行外包分析,将订单分解为外包子订单和自制件子订单。

订单与子订单的关系在于:订单通常是一个用户提出的订货要求,在同一个用户提出的要求中,可能有多个订货项,我们可以将同一订单中不同的订货项定义为子订单。

(3)主生产计划对子订单进行规划,改变子订单在期限与数量上的设定,但保持了子订单与订单的对应关系。

(4)投入产出计划中涉及跟踪机制的步骤如下。

①子订单的分解:结合产品结构文件和工艺文件以及提前期数据,倒排编制生产计划。对不同的子订单独立计算,即不允许进行跨子订单的计划记录合并。

②库存的分配:本步骤与步骤①是同时进行的,将计划期内可利用的库存分配给不同的子订单。在库存分配记录上注明子订单信息,保证专货专用。

③能力占用:结合工艺文件和设备文件计算各子订单计划周期内的能力占用。这一步骤使单独评价子订单对生产负荷的影响成为可能。在调整子订单时也无须重新计算整个计划所有记录的能力占用数据,仅需调整子订单的相关能力数据。

④调整:结合历史数据对整个计划周期内的能力占用状况进行评价和分析,找出可能的瓶颈。

(5)车间作业计划。车间作业计划用于指导具体的生产活动,具有高度的复杂性,一般难以严格按子订单的划分来调度生产,但可要求在加工路线单上注明本批生产任务的相关子订单信息和相关度信息。在整个生产过程中实时地收集和反馈子订单的生产数据,为跟踪机制的运行提供来自基层的数据。

(6)采购计划。采购部门接收的是按子订单下达的采购信息,他们可以使用不同的采购策略来完成采购计划。子订单的作用主要体现在以下两个方面。

①将采购部门与销售部门联系起来。下游企业在需求上的个性化要求可能涉及原材料和零部件的采购,采购部门可以利用子订单查询这一信息,并提供给各上游企业。

②建立需求与生产间的联系。采购部门的重要任务之一就是建立上游企业的生产过程与本企业子订单的对应关系。在这一条件下,企业可以了解到子订单生产所需要的物资在上游企业中的生产情况,还可以明确上游企业准确的供货时间。

3. 生产进度控制中的跟踪机制

生产控制是生产管理的重要职能,是实现生产计划和生产作业管理的重要手段。虽然生产计划和生产作业计划对生产活动已做了比较周密而具体的安排,但随着时间的推移,市场需求往往会发生变化。此外,各种生产准备工作不周全或生产现场偶然因素的影响,也会使计划产量和实际产量之间产生差异。因此,必须及时对生产过程进行监督和检查,发现偏差,进行调节和校正工作,以保证计划目标的实现。

生产进度控制的主要任务是依照预先制订的作业计划,检查各种零部件的投入和产出时间、数量以及配套性,保证产品能准时产出,按照订单上承诺的交货期将产品准时送到用户手中。

使用跟踪机制的作用在于对子订单的生产实施控制,保证对客户的服务质量。

(1)按优先级保证对客户的产品供应。子订单是订单的细化,只有保证子订单的准时完工才能保证订单的准时完工,这也就意味着对客户服务质量的保证。在一个企业中不同的子订单总是有着大量的相同或类似的零部件同时进行加工。在车间生产的复杂情况下,由于生产实际与生产计划的偏差,在制品未能按时到位的情况经常发生。在产品结构树中低层的零部件的缺件破坏了生产的成套性,必将导致高层零部件的生产计划无法执行,这是一个逐层向上的恶性循环。

较好的办法是将这种可能的混乱限制在优先级较低的子订单内,保证高优先级的子订单的生产成套性。在发生意外情况时,总是认为意外发生在低优先级的子订单内,高优先级的子订单能够获得物资上的保证。在低优先级订单的优先级不断上升的情况下,总是优先保证高优先级的订单,必然能够保证对客户的服务质量。相反,在不能区分子订单的条件下无法实现这种办法。"拆东墙补西墙"式的生产调度,会导致在同一时间加工却在不同时间使用的零部件互相挤占,为后续生产造成隐患。

(2)保证在企业间集成化管理的条件下下游企业所需要的实时计划信息。对于本企业而言,这一要求就意味着使用精确实时的生产进度数据修正预订单项对应的每一个子订单的相关计划记录,保持生产计划的有效性。在没有相应的跟踪机制的情况下,同一个生产计划、同一批半成品都可能对应着多份订单,实际上无法度量具体订单的生产进度。可见,生产控制系统必须建立跟踪机制才能实现面向订单的数据收集,生产计划系统才能够获得必要的信息以实现面向用户的实时计划修正。

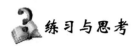

练习与思考

1. 什么是生产计划?
2. 供应链管理环境下的生产计划信息组织与决策过程具有哪些特征?
3. 简述供应链环境下生产系统的协调机制。

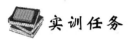

实训任务

灯塔工厂建设的五大核心途径

在大海上,灯塔是船舶航行的"指路明灯";在企业里,"灯塔工厂"是能够提供指导性范例的引路者。之所以被视为"灯塔",是因为它们在大规模应用新技术方面走在前沿,是智能制造的中的标杆和先行者、智能制造届的"奥斯卡"。

灯塔工厂这项称号的评价标准包括是否有自动化、工业互联网、数字化、大数据分析、5G等第四次工业革命所必备的新技术,并综合运用这些新技术实现商业模式、产品研发模式、生产模式、质量管理模式和消费者服务模式等全方位变革。

截至2022年3月30日,全球共有来自22个行业的103家工厂获此殊荣,其中有37家位于中国,占比超过1/3,总数位居世界第一!

灯塔工厂之所以能够成为行业的典范,是因为它们将数字化和制造业深度融合,在业务流程、管理系统等方面有着具体运用和实质性创新;更因为它们所探索的将"制造"提升至"智造"的共性规律,可以为其他制造企业提供宝贵的启示和借鉴。

1. 打通业务流程的信息化平台,实现数字化六流(人流、物流、过程流、技术流、信息流、资金流)管理,以数据驱动各个运营环节的价值协同

面向订单全生命周期管理,实现客户订单的实时动态跟踪;面向供应链管理,提高库存周转率,减少停机待料频率;面向仓库管理,优化仓库流程,减少人员差错;面向生产过程监控,实现可视、可追踪、高度柔性的生产过程监控。

2. 实现工厂自动化与智能化熄灯状态下的无人自主作业

利用云端平台连接机器;生产第一线配有机器人,无须特别配备工人,实现无人值守的制造;配备基于人工智能的设备自动优化系统、智能自我维护系统,减少60%的意外故障;使用人工智能自动测试,减少50%的误判;基于物联网技术的喷嘴状态监控,喷嘴寿命提高25倍。

3. 建设工业互联网平台软硬结合实现产业链协同

IT(信息技术)与OT(操作技术)融合,创新工业PaaS平台,形成灵活扩展、开发运营一体化的先进工业互联网平台,加速工业科技能力输出;实现安全连接,打造高度安全的纵深防护体系,为用户数据和平台运行提供全方位的安全保障;基于"全集成"的服务理念,利用自身丰富的智造知识、积累形成的完整产业生态,构建工业互联网,为产业全价值链、全要素数字化转型升级赋能。

4. 以敏捷组织为基础建设数字化组织

数字化组织具有学习型组织和敏捷型组织的能力特征,能够见"机"而行,快速迭代,为企业的战略实现持续服务。建设数字化组织可帮助企业创造产生价值和保护已有价值的能力。

5. 进行文化变革与持续人才培养

打造"灯塔学院"与"工业互联网学院",建设产学研三位一体的学习平台,从业务管理到技术应用,提供理论、实训及专业场景的实践,按照人才发展体系培养数字化人才,赋能制造业文化变革与持续的人才培养。

资料来源:"灯塔工厂"有何先进之处?给紧企带来了哪些启示?[EB/OL].(2022-04-06)[2022-04-18]. http://news.sohu.com/a/535727541_100052094.

思考和训练

灯塔工厂代表全球制造业领域智能制造和数字化最高水平,如何才能建设灯塔工厂?

技能训练

以小组为单位,选取一家灯塔工厂,分析其先进之处及其对其他企业的借鉴意义。

即测即评

项目 9　供应链成本管理

教学目标

1. 知识目标
(1) 理解成本控制在供应链管理中的作用。
(2) 掌握供应链管理中常用的几种成本管理与控制的策略与方法。

2. 技能目标
(1) 分析供应链管理中成本控制存在的问题。
(2) 运用成本管理与控制的基本策略与方法。

永辉超市持续夯实供应链优势

强大的供应链体系一直是永辉超市的撒手锏。自成立以来，永辉超市就在不断打磨自身的供应链，通过打通上游优质采购，配合强大的物流体系快速配送、冷链系统保鲜、门店到家，以及强大的智能中台，打造了高效的供应链体系，在控制成本的同时保证了产品品质。相关数据显示，行业的损耗率为20%～30%，而永辉超市生鲜损耗率仅为3%～4%。

在采购端，永辉超市围绕"品质、品牌、源头"三大核心原则，建立了"源头直采＋区域直采＋自有品牌"的三重模式，并成立了专门的买手公司，建立三层级采购体系，减低采购成本，减少流通环节的层层费用，减少长尾商品损耗。

不仅如此，永辉超市国际供应链布局也在不断推进。2016年，永辉超市深化与达曼国际、东展国贸的合作，整合全球供应链资源；2019年永辉超市设立一二三三国际供应链管理股份有限公司，打造S2B全球消费品供应链服务平台，进一步提升国外直采商品进口效率。

未来，永辉超市将持续以"品质、品牌、源头"为核心原则，搭建"源头直采＋区域直采＋自有品牌"的三重模式，推动供应链变革迭代。

资料来源：永辉超市持续夯实供应链优势 用品质打造品牌[EB/OL]. (2021-04-13)[2022-04-18]. https://baijiahao.baidu.com/s?id=1696896054325464977&wfr=spider&for=pc.

案例分析

随着人们对生鲜产品的需求不断增大，生鲜产品供应链的建设也逐渐加速。传统的生鲜供应链虽然能够促进产品在市场上的流通，但是周转次数多、流通时间长，容易导致生鲜产品损害严重以及销售价格过高等问题。永辉超市打造了高效的供应链体系，有效地控制了成本。

思考·讨论·训练

如何有效降低供应链成本？

知识链接

供应链的优化整合对成本的优化作用已经被更多的企业所接受。但目前中国的供应链研究多数仍处于定性的范畴,并没有提供更多可供运用的模式。但是作为一个原则,无论是供应链的选择和构筑、供应链流程的整合,还是供应链信息共享化的建立,都首先要建立在需求分析的前提之下。成本优化的观念应该摆脱传统意义上的采购价格降低和费用降低的层面,积极探索提高供应链整体性价比,从而提高具体竞争力的成本优化。中国企业正处于成本不断提高而销售价格不断下滑的相对困难时期,越是如此就更应该摆脱以往规模经济和相对廉价劳动力所带来的成本考核的思维定式,以供应链的角度分析成本和价值的关系,使得企业获得新的突破。

一、供应链成本管理认知

(一)供应链成本管理的背景

进入 21 世纪,竞争日益加剧,降价现象也许不是普遍趋势,但有一点是毫无疑问的,现在的市场比十年前面临着更激烈的价格竞争。在许多国家,商业街和购物城都在持续降价,不仅如此,包括上游的供货商在内,原材料和工业产品也都在降价。形成目前这种市场环境的因素主要有以下几方面。

第一,国外竞争者涌入市场,参与竞争,而他们的生产成本比较低。作为主要生产商中国的迅速崛起就是一个很好的例子。

第二,贸易壁垒的撤除、市场自由度的增加使得新的竞争者更加易于进入市场,这一现象使得许多行业的企业过剩,导致供给过剩,增加了降价的压力。

第三,互联网的应用使得价格信息的对比十分便捷。互联网同时使得拍卖和交易在整个行业范围内进行,这也助长了降价的趋势。

第四,顾客和消费者越来越看重产品的价值。曾经一度,品牌和供应商具有一定的价格号召力,因为当时市场认为不可能以较低的价格生产出高质量的产品。

为了缓解不断的降价压力,保证一定的利润水平,企业必须寻求降低成本的方法,以度过降价的危机。由于企业已经实施了许多降低成本的方法与策略,所以想寻找到新的成本降低方法将是一个很大的挑战。我们认为,降低成本最后的机会就存在于供应链而非企业自身的运作中。因此,加强供应链成本管理,降低包括物流成本在内的供应链总成本已经成为企业提高效益的重要途径。

在市场全球化和外包策略被广泛用来提升企业核心竞争能力的今天,许多企业都选择了以供应链作为获取竞争优势所必须采取的战略步骤。利益由成本驱动并产生,供应链成本将成为这些企业之间优势差异的新的突破潜力,由其产生的有效性不仅能导致更好的消费者价值实现,而且将大大消除企业一体化快速反应过程中的资源浪费。供应链管理中面临的诸如对客户价值方面的担忧、风险分担与利益共享、忠诚与信用等问题都可以通过供应链成本的有效实施加以解决。

(二)供应链成本基本概念

1. 供应链成本

供应链成本是指供应链在全运作流程和周期内的成本,主要包括物料成本、劳动成本、运输成本、设备成本和其他变动成本等。

2. 供应链成本管理

供应链成本管理包括企业在采购、生产、销售过程中为支撑供应链运转所发生的一切物料成本、劳动成本、运输成本、设备成本等。供应链成本管理可以说是以成本为手段的供应链管理方法,也是有效管理供应链的一种新思路。供应链成本管理是一种跨企业的成本管理,其视野超越了企业内部,而是将成本的含义延伸到了整个供应链上企业的作业成本和企业之间的交易成本,其目标是优化、降低整个供应链上的总成本。

(三)供应链成本管理的目标

供应链成本管理的总体目标是为企业的整体经营目标服务,包括为企业内外相关利益者提供所需的各种成本信息以供其决策和控制。该种管理方法的最终目标就是通过加强供应链上各节点企业之间的合作与配合,降低最终产品的成本。供应链成本管理的具体目标可以总结为以下方面。

(1)为消费者提供质量更高的产品以及更完善的服务。传统的成本管理并不在乎消费者的意思,而是以追求较低的成本为目标。消费者在进行消费时根本就没有选择的余地。而供应链成本管理是以消费者的意愿为导向的,制造企业会根据消费者的需求来安排生产。这种方法力争将提供高质量的产品和完善的售后服务两个方面同时实现。

(2)供应链成本管理的目标就是通过管理供应链上的所有活动,降低供应链上所有企业的成本,这样就可以提高整个供应链的核心竞争力。为了实现供应链成本的有效管理,企业必须将供应链上下游企业作为一个整体来控制和管理。为了整体能够达到最大效益,要努力配合及协调供应链上其他企业的工作,在自己发挥优势的同时,使它们也能够充分发挥优势。

(四)供应链成本的影响因素

1. 缺乏透明度

供应链成本一般都必须满足财务报告的需要,因此通常许多细节都没有被清晰地描述。在供应链环节中,成本涉及许多企业,这些企业都采用相同的会计法则,但对于降低成本却有着各自不同的要求。

2. 多变性

对于多变性问题,通常的方法是通过技术方案提高供应链的可视化。几乎所有的ERP、供应链、运输和仓库管理系统等都声称具有可视化的功能,但仅仅是提供了对结果的可视化——症状而非原因。

导致多变性的根本原因主要有两种,一是流程中固有的,二是管理行为导致的。前者可以通过工艺学解决,例如以流程的数字化为基础的六西格玛技术,通用电气和霍尼韦尔等公司都是采用这一方法。其他的方法包括采用更可靠的机械工具、流程控制、员工培训等。概括地说,有效的方法就是采用全方位的流程分析。由于工作的艰巨性,企业通常寻求技术解决方案。

管理行为导致的变化更加难以控制。例如，许多企业在最后一个季度想方设法增加财务报表上的收入，这导致供应链的扭曲，不能反映真实状况。正常的计划和安排都被打乱。这种类似"曲棍球杆"的行为非常普遍，但这都不是技术可以解决的。这需要对管理理念做出改变。

3. 产品设计

产品设计对供应链成本起到相当重要的作用。设计不合理的产品将会大大增加供应链的复杂程度——必须有一个更为精细复杂的系统用于跟踪。产品设计的不合理还会导致产品的多余和更多的不确定因素：使用不需要的零部件，生产的难度和装配的难度都大大增加，存在缺陷的产品由此也大为增加，导致复杂的退货流程。解决这一问题的方案是采用好的应用软件用于产品开发，而且必须强调的是，在新技术应用之前就采用。

4. 信息共享

供应链信息共享或者说供应链协同正在快速发展：通过共享，企业之间将逐步建立良好的合作关系。通常这是一种从上而下的程序，如从首席执行官（CEO）和首席技术官（CTO）之间开始。这里要说的是，一些较低技术层面的解决方案往往比那些较高层次的方案具有更为重要的意义。较好的方法是联合进行产品开发，共享预测和实际销售数据，并且致力于降低整个供应链的成本。

（五）供应链成本管理的基础理论

供应链成本管理虽然是20世纪90年代提出的一种新的成本管理模式，但追求其理论渊源，与前人关于成本管理的各种研究理论是分不开的。供应链成本管理理论基础主要包括价值链理论、委托代理理论、交易成本理论和组织间成本管理理论等。

1. 价值链理论

价值链概念由迈克尔·波特于1985年在其《竞争优势》一书中首先提出。他倡导运用价值链进行战略规划和管理，以帮助企业获取并维持竞争优势。价值链分析思想认为，每一个企业所从事的在经济上和技术上有明确界限的各项活动都是价值活动，这些相互联系的价值活动共同为企业创造价值，从而形成企业的价值链。比如，每一种产品从最初的原材料投入至到达最终消费者手中，要经历很多个相互联系的作业环节——作业链。这种作业链既是一种产品的生产过程，也是价值创造和增值的过程，从而形成竞争战略上的价值链。

价值链分为三种：企业内部价值链、行业价值链和竞争对手价值链。企业内部在运作过程中可以分解为多个单元价值链，每个单元价值链既会产生价值，也会消耗成本。某一个价值链单元是否创造价值，关键看它是否提供了后续价值链单元的所需，是否降低了后续价值链单元的成本。同时，任何一个企业均处于某行业价值链的某一段，价值链的上游是它的原材料或产品的供应商，下游是其分销商或最终顾客。这种价值链的相互联系成为降低价值链单元成本及最终成本的重要因素，而价值链中各个环节的成本降低则是企业竞争优势的来源。价值链分析对于成本管理理论的最大贡献就在于它拓展了成本管理的视角，将成本管理的重心延伸到了组织边界之外，不只是局限于企业内部，而是包括了价值链伙伴。

供应链描述了一种联盟结构，采购企业联盟—生产企业联盟—销售企业联盟，这是一种增值能力更强的价值链。

2. 委托代理理论

委托代理理论的核心是解决在利益相冲突和信息不对称情况下，委托人对代理人的激励问题,即代理问题,包括提高代理效果和降低代理成本。从广义上说,存在合作的地方就存在委托代理关系,而供应链成本管理强调的就是关系管理,也就是合作与协调,因此委托代理理论为其提供了分析的理论基础和方法框架。

根据委托代理理论来分析处于供应链中的企业,处于上游的企业所扮演的是代理方的角色,而下游企业是委托方角色。存在委托代理关系就必然要发生代理成本,包括激励成本、协调成本和代理人问题成本等。供应链成本管理中就需要对这些成本进行分析,以期降低代理成本,优化代理效果,使链条间企业的关系成本最低的同时达到良好的合作效果。

3. 交易成本理论

交易成本,又称交易费用,最早由罗纳德·哈里·科斯在研究企业性质时提出,是指交易过程中产生的成本。交易成本包括"发现相对价格的工作"、谈判、签约、激励、监督履约等的费用。毫无疑问,利用外部资源将带来大量的交易成本。这就需要一种"围绕核心企业,通过信息流、物流、资金流的控制,从采购原材料开始,制成中间产品以及最终产品,最后由销售网络把产品送到消费者手中的,将供应商、分销商、零销商,直到最终用户连成一个整体的功能性网链结构模式",这就是供应链。

根据交易成本理论对供应链成本进行分析,可以发现供应链企业之间的交易成本大致包括:①寻找价格的费用;②识别产品部件的信息费用;③考核费用;④贡献测度费用。

另外,供应链企业之间的长期合作建立在利益共享的基础上,利益共享的一个重要依据是各企业在供应链整体运作中的贡献。由于分解和考核各企业的贡献是困难的,这时会存在索取价格超过应得价格的情况,以至于代理人的仲裁必不可少,这也是供应链交易成本的内容之一。因此,为了降低整个供应链的交易成本,企业之间应该建立紧密的合作伙伴关系,彼此信任,通过信息网络技术实现信息共享。

4. 组织间成本管理理论

组织间成本管理(interorganizational cost management)是对供应链中有合作关系的相关企业进行的一种成本管理方法。目标是通过共同的努力来降低成本。为了完成这个目标,所有参与的企业应该认同"我们同坐一条船"这个观点,并且为提高整个供应链的效率而不是自身的效率而努力。如果整个供应链变得更加效率,那么他们分得的利润也就更多。因此,组织间成本管理是一种增加整个供应链利润的方法。由于它在很大程度上依赖于协调,所以它只适用于精细型供应链,因为在精细型供应链中,买卖双方互相影响,信息共享程度也很高。为了使组织间成本管理行之有效,任何改进措施取得的超额利润应该让所有参与的企业共享。这种共享可以刺激所有参与企业更好地共同合作。在供应链中,企业可以有三种途径来应用组织间成本管理以协调降低成本的活动。

第一,它可以帮助企业、顾客和供应商寻求到新的方法来设计产品,以使得企业可以在较低的成本下生产产品。

第二,它可以帮助企业和供应商寻求方法以在生产的过程中更进一步地降低产品成本。

第三,它可以帮助企业寻求方法使得企业间的交接更有效率。

当然,供应链成本管理理论基础除了上述的理论之外,还包括博弈论、约束理论、生命周期成本理论等。

二、供应链成本控制的方法

(一)目标成本法(target costing)

1. 目标成本法的含义

目标成本法以给定的竞争价格为基础决定产品的成本,以保证实现预期的利润,即首先确定客户会为产品/服务付多少钱,然后再回过头来设计能够产生期望利润水平的产品/服务和运营流程。

目标成本法使成本管理模式从"客户收入=成本价格+平均利润贡献"转变到"客户收入-目标利润贡献=目标成本"。目标成本计算与准时生产系统密切相关,它包括成本企划和成本改善两个阶段。

目标成本法是一种以市场导向(market-driven)对有独立的制造过程的产品进行利润计划和成本管理的方法。目标成本法的目的是在产品生命周期的研发及设计阶段设计好产品的成本,而不是试图在制造过程降低成本。

2. 目标成本法的实施程序

第一,以市场为导向设定目标成本。

根据新品计划和目标售价编制新品开发提案。一般新品上市前就要正式开始目标成本规划,每种新品设一名负责产品开发的经理,以产品开发经理为中心,对产品计划构想加以推敲。编制新品开发提案,内容包括新品样式规格、开发计划、目标售价及预计销量等。

其中,目标售价及预计销量是与业务部门充分讨论(考虑市场变化趋势、竞争产品情况、新品所增加新机能的价值等)后加以确定的。开发提案经高级主管所组成的产品规划委员会核准后,即进入制定目标成本阶段。

采用超部门团队方式,利用价值工程寻求最佳产品设计组合。进入开发设计阶段,为实现产品规划的目标,以产品开发经理为中心,邀请各部门一些人员加入,组成跨职能的成本规划委员会,成员包括来自设计、生产技术、采购、业务、管理、会计等部门的人员,是一个超越职能领域的横向组织,开展具体的成本规划活动,共同合作以达到目标。成本规划活动目标分解到各设计部后,各设计部就可以从事产品价值和价值工程分析。根据产品规划书,设计产出品原型。结合原型,把成本降低的目标分解到各个产品构件上。在分析各构件是否能满足性能的基础上,运用价值工程降低成本。如果成本的降低能够达到目标成本的要求,就可以转入基本设计阶段,否则还需要运用价值工程重新加以调整,以达到要求。

进入基本设计阶段,运用同样的方法,挤压成本,转入详细设计,最后进入工序设计。在工序设计阶段,成本降低额达到后,挤压成本暂时告一段落,可以转入试生产。试生产阶段是对前期成本规划与管理工作的分析与评价,致力于解决可能存在的潜在问题。一旦在试生产阶段发现产品成本超过目标成本要求,就得重新返回设计阶段,运用价值工程进行再次改进。只有在目标成本达到的前提下,才能进入最后的生产。

第二,在设计阶段实现目标成本,计算成本差距。

目标成本与公司目前相关估计产品成本(即在现有技术条件下,不积极从事降低成本活动下产生的成本)相比较,可以确定成本差距。由于新品开发往往很多都是借用件,并非全部零部件都会变更,通常变更需要重估的只是一部分,所以目前相关产品成本可以用现有产品加减其变更部分成本差额算出。目标成本与估计成本的差额为成本差距(成本规划目标),它是需要通过设计活动降低的成本目标值。

第三,在生产阶段运用持续改善成本法以达到设定的目标成本。

新品进入生产阶段三个月后,检查目标成本的实际达成情况,进行成本规划实绩的评估,确认责任归属,以评价目标成本规划活动的成果。至此,新品目标成本规划活动正式告一段落。进入生产阶段,成本管理即转向成本维持和持续改善,使之能够对成本对象耗费企业资源的状况更适当地加以计量和核算,使目标成本处于正常控制状态。

3. 目标成本法的原理

为了更有效地实现供应链管理的目标,使客户需求得到最大程度的满足,成本管理应从战略的高度分析,与战略目标相结合,使成本管理与企业经营管理全过程的资源消耗和资源配置协调起来,因而产生了适应供应链管理的目标成本法。

目标成本法是一种全过程、全方位、全人员的成本管理方法。全过程是指供应链上从原材料采购、产品生产到售后服务的一切活动,包括供应商、制造商、分销商在内的各个环节;全方位是指从生产过程管理到后勤保障、质量控制、企业战略、员工培训、财务监督等企业内部各职能部门各方面的工作以及企业竞争环境的评估、内外部价值链和供应链管理、知识管理等;全人员是指从高层经理人员到中层管理人员、基层服务人员、一线生产员工。目标成本法在作业成本法的基础上来考察作业的效率、人员的业绩、产品的成本,弄清楚每一项资源的来龙去脉,每一项作业对整体目标的贡献。总之,传统成本法局限于事后的成本反映,而没有对成本形成的全过程进行监控;作业成本法局限于对现有作业的成本监控,没有将供应链的作业环节与客户的需求紧密结合;而目标成本法则保证供应链成员企业的产品以特定的功能、成本及质量生产,然后以特定的价格销售,并获得令人满意的利润。

目标成本法是由三大环节形成的一个紧密联系的闭环成本管理体系:①确定目标,层层分解;②实施目标,监控考绩;③评定目标,奖惩兑现。

与传统成本管理方法的明显差异在于,目标成本法不局限于企业内部来计算成本。因此,它需要更多的信息,如企业的竞争战略、产品战略以及供应链战略。一旦有了这些信息,企业就可以从产品开发、设计阶段到制造阶段,以及整个供应链物流的各环节进行成本管理。在目标成本法引用的早期,通常企业首先通过市场调查来收集信息,了解客户愿意为这种产品所支付的价格,以及期望的功能、质量,同时还应掌握竞争对手所能提供的产品状况。公司根据市场调查得到的价格,扣除所需要得到的利润以及为继续开发产品所需的研究经费,这样计算出来的结果就是产品在制造、分销和产品加工处理过程中所允许的最大成本,即目标成本,用公式表示为

$$产品目标成本 = 售价 - 利润$$

一旦建立了目标成本,企业就应想方设法来实现目标成本。为此,要应用价值工程等方法,重新设计产品及其制造工艺与分销物流服务体系。一旦企业寻找到在目标成本点满足客户需求的方法,或者企业产品被淘汰以后,目标成本法的工作流程也就宣告结束。

目标成本法将客户需求置于企业制定和实施产品战略的中心地位,将满足和超越在产品品质、功能和价格等方面的客户需求作为实现和保持产品竞争优势的关键。

4. 目标成本法的三种形式

供应链成员企业间的合作关系不同,所选择的目标成本法也不一样。一般说来,目标成本法主要有三种形式,即基于价格的目标成本法、基于价值的目标成本法、基于作业成本管理的目标成本法。

(1)基于价格的目标成本法。这种方法最适用于契约型供应链关系,而且供应链客户的需求相对稳定。在这种情况下,供应链企业所提供的产品或服务变化较少,也就很少引入新产品。目标成本法的主要任务就是在获取准确的市场信息的基础上,明确产品的市场接受价格和所能得到的利润,并且为供应链成员的利益分配提供较为合理的方案。

在基于价格的目标成本法的实施过程中,供应链成员企业之间达成利益水平和分配时间的一致是最具成效和最关键的步骤:应该使所有的供应链成员企业都获得利益,但利益总和不得超过最大许可的产品成本;而且,达成的价格应能充分保障供应链成员企业的长期利益和可持续发展。

(2)基于价值的目标成本法。通常,市场需求变化较快,需要供应链有相当的柔性和灵活性,特别是在交易型供应链关系的情况下,往往采用这种方法。为了满足客户的需要,要求供应链企业向市场提供具有差异性的高价值的产品,这些产品的生命周期也多半不长,这就增大了供应链运作的风险。因此,必须重构供应链,以使供应链成员企业的核心能力与客户的现实需求完全匹配。有效地实施基于价值的目标成本法,通过对客户需求的快速反应,能够实质性地增强供应链的整体竞争能力。然而,为了实现供应链成员企业冲突的最小化以及减少参与供应链合作的阻力,供应链成员企业必须始终保持公平的合作关系。

基于价值的目标成本法以所能实现的价值为导向,进行目标成本管理,即按照供应链上各种作业活动创造价值的比例分摊目标成本。这种按比例分摊的成本成为支付给供应链成员企业的价格。一旦确定了供应链作业活动的价格或成本,就可以运用这种目标成本法来识别能够在许可成本水平完成供应链作业活动的成员企业,并由最有能力完成作业活动的成员企业构建供应链,共同运作,直到客户需求发生进一步的变化需要重构供应链为止。

由于供应链成员企业始终处于客户需求不断变化的环境中,因此变换供应链成员的成本非常高。要使供应链存续与发展,成员企业必须找到满足总在变化的客户需求的方法。在这样的环境条件下,基于价值的目标成本法仍可按照价值比例分摊法在供应链作业活动间分配成本。供应链成员企业必须共同参与重构活动,以保证每个成员的价值贡献正好与许可的目标成本相一致。

(3)基于作业成本管理的目标成本法。这种方法适用于紧密型或一体化型供应链关系,要求供应链客户的需求是一致的、稳定的和已知的,通过协同安排实现供应链关系的长期稳定。为有效运用这种方法,要求供应链能够控制和减少总成本,并使得成员企业都能由此而获益。因此,供应链成员企业必须尽最大的努力以建立跨企业的供应链作业成本模型,并通过对整体供应链的作业分析,找出其中不增值部分,进而从供应链作业成本模型中扣除不增值作业,以设计联合改善成本管理的作业方案,实现供应链总成本的合理化。

目标成本法的作用在于激发和整合成员企业的努力,以连续提升供应链的成本竞争力。因此,基于作业成本管理的目标成本法实质上是以成本加成定价法的方式运作,供应链成员企业之间的价格由去除浪费后的完成供应链作业活动的成本加市场利润构成。这种定价方法促使供应链成员企业剔除基于自身利益的无效作业活动。诚然,供应链成员企业通过利益共享获得的利益必须足以使它们致力于供应链关系的完善与发展,而不为优化局部成本的力量所左右。

(二)作业成本法(activity based costing)

1. 作业成本法的含义

作业成本法又称作业成本分析法、作业成本计算法、作业成本核算法,是基于活动的成本核算系统。

作业成本法以作业为成本核算对象,基于这样的理念:作业消耗资源,产品和服务耗费作业。其目标是将成本动因引起的资源消耗更合理地分配到产品或服务中去。企业可以通过作业成本法识别出那些与最终顾客的效用无关的作业,并通过减少或完全剔除这类无增值作业来降低成本,这样企业就可以更好地对市场需求做出反应并增强自身的竞争力。

供应链成本主要包括企业内部发生的直接成本、间接成本以及企业间的交易成本。因此,供应链作业成本法应该站在供应链的视角上,以作业和交易为基础分析间接费用来优化产品或服务的总成本。企业内部的间接成本以作业为成本动因进行分析,而企业间的间接成本(交易成本)就需要以企业间发生的各种交易行为,如谈判、买卖等,为基础进行分析。

作业成本法引入了许多新概念,图9-1显示了作业成本计算中各概念之间的关系。资源按资源动因分配到作业或作业中心,作业成本按作业动因分配到产品。分配到作业的资源构成该作业的成本要素(图中的黑点),多个成本要素构成作业成本池(中间的小方框),多个作业构成作业中心(中间的椭圆)。成本动因包括资源动因和作业动因,分别是将资源和作业成本进行分配的依据。

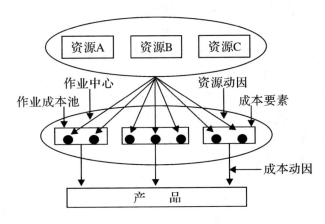

图9-1 作业成本计算各概念之间的关系

2. 作业成本法的过程

(1)定义业务和成本核算对象(通常是产品,有时也可能是顾客、产品市场等)。这一过程很耗时间。如果两种产品满足的是顾客的同一种需求,那么在定义业务时,选择顾客要比选择单个产品更为恰当。

(2)确定每种业务的成本动因(即成本的决定因素,如订单的数量)。

(3)将成本分配给每一成本核算对象,对各对象的成本和价格进行比较,从而确定其盈利能力的高低。

3. 作业成本法的实施步骤

(1)设定作业成本法实施的目标、范围,组成实施小组;

(2)了解企业的运作流程,收集相关信息;

(3)建立企业的作业成本核算模型;

(4)选择/开发作业成本实施工具系统;

(5)进行作业成本运行;

(6)分析解释作业成本运行结果;

(7)采取行动。

企业是一个变化的实体,在作业成本正常运行后,还需要对作业成本核算模型进行维护,以使其能够反映企业的发展变化。伴随企业的运行,作业成本的运行、解释和行动是一个循环的过程。

(三)生命周期成本法(life cycle costing,LCC)

1. 生命周期成本法的含义

生命周期成本是指产品在整个生命周期中所有支出费用的总和,包括原料的获取、产品的使用费用等,即指企业生产成本与用户使用成本之和。

生命周期成本法源于20世纪60年代美国国防部对军工产品的成本计算。随着价值工程、成本企划等先进管理模式的诞生,生命周期成本法在成本管理中越来越多地被运用,它可以满足企业定价决策、新产品开发决策、战略成本管理、业绩评价等的需要。

生命周期成本法是一种计算发生在生命周期内的全部成本的方法,通常被理解为产品生产周期成本法,以此来量化产品生命周期内的所有成本。值得一提的是,企业生产体系设计的中心环节是系统地衡量产品、资产和劳动力等生产要素,并组合成一体化的功能单元。因此,对于资产和劳动力,同样可以采用生命周期成本法来分析其成本构成。

2. 生命周期成本法的分析步骤

按照布兰查德(Blanchard)的成本细分结构方法,生命周期成本法可以按以下步骤分析。

(1)从生产特点出发,确定基本成本分类;

(2)细分基本的成本分类;

(3)定义和量化成本组成要素;

(4)估计生产体系的经济寿命;

(5)加总成本。

简单地说,生命周期成本法的关键就是确定生命周期和成本分类。

3. 生命周期成本法的具体应用

(1)产品生命周期成本法。产品生命周期成本法在成本企划、价值工程乃至成本工程中得到了很好的运用。例如,价值工程的核心就是以最低的成本来可靠地实现产品或服务的必要功能。这里所说的成本特指产品生命周期成本,包括产品从设计到淘汰整个生命周期的成本。通俗地讲,产品生命周期成本法的计算内容涉及产品生产前、生产中、生产后三个阶段。

具体来说,产品生命周期会历经三个阶段:生产—使用—报废。从生产者的角度看,一个产品经历研究与开发、设计、试制、小批量生产、大批量生产直到停止生产的整个过程,这个过程可称为产品生命周期过程。从顾客的角度看,自产品购入经过使用直至报废的过程,是产品的使用和报废期,也是生产者售后服务的过程。

以产品生命周期跨度为基础,按照成本细分结构模式,产品生命周期成本的结构划分如下。

①生产者成本。生产者成本包括研究开发成本、制造成本和营销成本。研究开发成本是企业研究开发新产品、新技术、新工艺所发生的产品设计费、工艺规程制定费、原材料和半成品试验费等。产品研制的结果具有不确定性,其开发设计成本能否得到补偿不易确定,所以在会计上将其在当期列为支出是合乎情理的,但在成本管理中必须对其进行单独归集以供有关决策之用。制造成本是产品在制造过程中发生的料、工、费等成本。营销成本是为推销产品和提高顾客满意度而发生的成本。

②消费者成本。消费者成本是从顾客的角度来确认产品进入消费领域后发生的各种成本,包括产品的运行成本、维修成本和养护成本等。

③社会责任成本。社会责任成本是立足于产品生命周期终了时的成本。企业必须对产品生命周期终了时的废弃处置成本进行确认和分配,以保证产品在使用期满后得到适当的处置。例如,德国要求在其境内销售产品的公司回收其包装物。这种做法把处置产品和元件的成本转移到生产商身上,扩大了成本计量的会计主体范围和会计期间,对于实现整体的竞争优势具有重要意义。

(2)资产生命周期成本法。资产生命周期成本法以项目投资为对象,从时间价值的角度拓展生命周期成本法的应用。在资产投资决策中,不能简单地选择初始购买成本最低的方案,而应该从资产获得直到最终报废整个生命周期的角度来进行投资决策。因此,以生命周期的长期观点来进行投资决策,资产生命周期成本法就应该从时间价值的角度全面分析其成本构成要素,以便将生命周期不同时期内的成本还原到项目投资的源头,为投资决策服务。

从时间价值的角度分析资产生命周期成本,不仅要考虑不同时期成本的构成和周期的跨度,还要考虑折现。决策者首先要确定所有的未来成本和效益,并通过折现方法将其还原为现值,这样才能评价投资项目的经济价值。所以,在资产生命周期成本法下应确定周期成本、周期跨度和贴现率。资产生命周期成本划分如下。

①初始投资成本。初始投资成本包括购买成本、融资成本、其他成本。购买成本是对土地、厂房、设备等的估价,该成本可以根据供应商的报价确定。融资成本是指为筹集资金所发生的成本。其他成本主要有机器设备的安装成本和操作人员的培训成本。

②运行维护成本。运行维护成本的控制对于整个资产生命周期成本的降低是至关重要的,其控制的重点是对运行维护成本与停工维修成本的权衡。有计划和预防性的维护措施可以降低停工维修成本,但同时又消耗了企业的资源。另外,如果减少了运行维护成本,又会增加停工维修成本。可见,最关键的是寻找运行维护的最佳成本水平,追求资产生命周期成本最小化。

③处置成本。企业要计算资产生命周期终了时的处置成本,并将其从资产的剩余价值中扣除。

周期跨度和贴现率的确定是资产生命周期成本法的关键,因项目和投资环境而异。周期的含义可以理解为功能周期、物理周期、技术周期、经济周期和社会周期等。而贴现率不仅反映投资获利能力,也反映通货膨胀的影响。关于贴现率的选择存在着不同的观点,主要有:借入资金的当前利率或预期利率,期望的投资报酬率,财务状况稳定的企业借款的最低利率,长期国库券的利率减去预期的通货膨胀率。

(3)劳动力生命周期成本法。类似于产品和资产,对于企业生产体系中的另一要素——劳动力,也可以运用生命周期成本法分析其成本构成。劳动力生命周期成本法计算的是员工从应聘到离职整个雇佣期间的全部成本。这个雇佣期间同样可以划分为三个阶段:招聘—工作—离职。按照成本细分结构模式,劳动力生命周期成本的结构划分如下。

①雇佣成本。劳动力生命周期初期的成本相对较高,其中包括招聘成本和新员工的培训成本。雇佣成本好比资产投资项目的初始购买、安装成本。

②操作成本。新员工掌握生产技能后就可以进入实际操作阶段,这时的劳动力成本逐渐下降,趋向平均工资水平。该阶段的劳动力成本主要是员工工资和奖金,还有一般的管理费用。操作成本好比资产的运行维护成本。

③工作环境成本。如果工作非常繁重且单调乏味,员工就会很快疲惫不堪以致离开工作岗位。这样的工作环境会给企业带来额外的并且可能会随时间推移而递增的成本,如旷工成本、医疗开支、伤残抚恤金等。工作环境成本好比资产的维修成本和最终的处置成本。

(四)改善成本法(kaizen costing)

1. 改善成本法的含义

改善成本法是供应链上各企业在产品生产阶段的最主要的成本约束机制。改善成本法也是一种前馈型的成本管理方法,它是通过预期的成本降低需要来制定产品成本的降低目标,而不是当成本超标已经发生后才做出反应。改善成本法的实施可以使成本降低压力持续于整个的产品生命周期。

将改善成本法局限于某个企业内部,将忽视供应链上游和下游企业进一步节约成本的潜力。改善成本法在供应链上各企业间的跨组织应用是通过大量的信息共享和合作机制,挖掘所有的成本降低机会。改善成本法可以看作是目标成本法在产品生产阶段的延伸,在跨组织成本管理中改善成本法的应用与目标成本法有一些相似之处。

首先,改善成本法同样是一种需要购货商和供应商共同合作的成本管理方法。在产品生产过程中,供应链上的所有成员企业都将共同实施改善成本法。这种合作使得企业可以实现在单独进行成本管理时所不能达到的成本节约。改善成本法的跨组织应用既可以由购货商发起,也可以由供应商发起。例如,购货商可以向供应商委派设计工程师或提供技术支持,供应商可以在购货商的配合下寻求新的部件设计方法。

其次,"价格传递机制"在改善成本法中依然有效。购货商的改善成本管理体系同样可以通过确定供应商的改善成本降低目标,将市场压力传递给它的供应商。所以,制定合理的改善成本降低目标是至关重要的,否则"价格传递机制"将失去效用。但是,在改善成本法中,购货商并不是针对性地降低某一特定产品的成本,而是对所有的外包部件规定一个统一的成本降低比率。所以,供应链的改善成本管理在企业之间是相关联的,而不是像目标成本管理那样在相关企业间实现首尾连接。

2. 改善成本法的影响因素

(1)全面质量管理(total quality management,TQM)。全面质量管理是由全面质量控制

(TQC)演变而来的。早期的TQC只强调各工艺过程中的质量控制享有优先权,即全面的质量控制;而现在的TQM则把企业的各个方面都包括了进来。

人们不应仅仅把TQC/TQM看作是控制质量的活动,它还可以通过不断改善各个方面的工作,而被作为企业提升竞争力和盈利潜能的发展战略。TQC/TQM中的"Q"意味着质量——优先权,同时也包含了成本和交货期的控制目标。"T"代表"全面、全员",也就是说企业内的全部员工包括从企业最高领导到中层领导,直至生产线操作工人都要参与进来。另外,供应商、代理商和销售商也都加入。"T"还表示高质量的管理,它要求企业的高层领导对企业内实施TQC/TQM的成功负有管理的责任和义务。"C"代表控制(control),也就是对过程的控制。借助于TQC/TQM人们可以弄清过程的本质,监控并不断完善它,以取得成功的改善。企业领导在TQC/TQM活动中的任务就是借助于结果对过程进行评估,这个评估的结果是对过程进行完善的基础,而不是批评员工的理由。TQC/TQM理论包含了以下工作方法或工具:企业战略重组、质量保证体系、标准化、培训、成本管理和质量小组活动等。

(2)全面生产维护(total productive maintenance,TPM)。推行全面生产维护模式现已渐成风尚。全面质量管理的重点从总体上来说是改进企业的效率,具体来说是改善产品质量;而全面生产维护则着重于提高设备的效率,它的目标就是通过全员的努力,建立以预防为主的设备管理及维护体制,以延长设备寿命并使设备整体效率达到最大化。TQM要求整个企业全体员工的参与,而TPM则需要与生产有关的全体员工包括生产人员和维修人员等的参与。关于清洁和次序的5S活动(即整理、整顿、清扫、清洁、素养)是TPM的基础,仅执行5S活动就可以给企业带来令人惊喜的效果。

(3)准时生产体制(丰田生产体制)。准时制源自日本丰田汽车公司,它的目的是通过消除企业内部每项不能增值的活动,创造一种能够随市场需求变化而灵活应对的扁平化的生产体制。建立准时生产体制所用到的方法或策略如下:节拍时间和周期时间的调整、单件流动、"拉"型生产、设备停机隐患的消除、"U"形生产结构、"看板"以及装备时间的减少等。

为了实现这种理想的准时生产体制,需要连续不断地推动持续改善并由此消除生产线上所有不能产生增值的工作过程。准时生产体制对企业降低成本成效显著,同时还能保证产品的交货期,并提高企业的盈利水准。

(4)战略规划(policy deployment,PD)。尽管持续改善的目标着重于完善,但如果不对持续改善确定目标而任其发展,那么它的作用也就很有限。在进行持续改善活动的过程中,企业领导应积极制定明确目标并承担领导责任,来保证达到预定的目标。在持续改善的导入期应进行周密的准备以及控制。企业的最高领导层必须首先规划出一个长期的发展战略,然后再将其细化为中期和年度目标。

企业的最高领导层还必须根据其长期发展战略制订出相应的实施计划,然后将其通过组织结构自上而下层层细化分解,而逐渐形成行动计划。比如,一个企业的目标如果是"为了保持竞争力,必须将成本降低10%",那么可以通过提高生产能力、降低库存和废品率或改善生产流程等实现。没有制定目标的持续改善就像没有目的地的旅行一样。如果大家都向共同的目标努力,而这个目标又受到企业领导的支持,那么持续改善才是最高效的。

(5)合理化建议(rationalization proposal)。合理化建议是持续改善战略的组成部分,它可以通过员工的积极参与来提高其职业道德素养。日本企业界看重合理化建议的原因是它能够提高员工参与持续改善的兴趣,他们鼓励员工尽可能多地提出合理化建议,尽管有时有些建议看起来几乎没有作用。企业领导也不期望每个建议会给企业带来巨大的利益。对他们重要的是由此培养出积极参与持续改善并有自律性的员工。西方企业界对合理化建议的看法则主要着重于它们所能带来的经济利益。

(6)小组活动(activities of groups)。小组一般是指在企业内部为实现一定的目标而由某种具体的工作联系起来的非正式组织。其中最著名的形式是质量圈(小组)。

质量小组不仅仅致力于质量,还有成本、安全以及生产能力。

企业领导的首要任务就是保证产品质量——通过质量保证体系,员工培训,企业战略目标的规划、制定和执行,各系统的互联等,使整个企业达到预定的质量、成本和交货期的目标。

如果企业质量小组的活动取得成功,则可以说明企业领导对这种小组活动的支持。

总之,改善成本法的最终目标就是通过跨部门的计划来同时实现企业质量、成本和交货期等方面要求的控制目标。

3. 改善成本法的实施手段

(1)标准化。为了达到质量、成本和交货期的控制目标,企业必须合理利用一切可用资源,对人员、信息、设备和原材料的使用,每天都需做出计划,利用关于使用这些资源的标准有助于提高计划的效率。如果在计划的执行中出现问题或偏差,企业领导应及时找出问题的真正原因,并将现有标准修改或完善以避免问题的再次出现。标准是持续改善的固定组成部分,它为进一步完善提供基础。工作领域标准化的含义就是指将工程师的工艺或设计要求转换成工人们每天必须遵守的工作指令。

(2)5S 活动。

①seiri:整理,即将需要的物品与不需要的物品分开,除去不需要的物品;

②seiton:整顿,即恰当地放置物品以便使用;

③seiso:清扫,即把工作地弄干净;

④seiketsu:清洁,意指常抓不懈、坚持到底;

⑤shitsuke:素养,意指自觉遵守、养成习惯。

(3)消除浪费(muda)。企业要消除以下浪费。

①过量生产引起的浪费;

②库存引起的浪费;

③次品/返工引起的浪费;

④动作(行动)的浪费;

⑤生产中的浪费;

⑥等待所产生的浪费;

⑦运输过程中的浪费。

(4)五条"黄金"法则。

①如果发生问题,首先去现场;

②检查发生问题的对象;

③立刻采取暂时性的措施;

④查找问题产生的真正原因;

⑤使应对措施标准化,以避免类似问题再次发生。

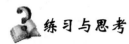

1. 什么是供应链成本?
2. 供应链成本管理的基础理论有哪些?
3. 供应链成本控制的方法有哪些?

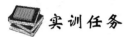

基于区块链技术的京东商城供应链成本控制分析

一、京东商城区块链技术的运用

京东商城作为中国最大的自营式电商企业,早在2016我国揭开区块链的神秘面纱时,就开始布局区块链,创立了两个神秘的部门叫X事业部和Y事业部,被称为京东未来发展的大脑,前者致力于智能物流,后者打造智慧供应链。京东相继发布区块链白皮书,将区块链称为"链接器",结合自身在云计算、大数据、人工智能、物联网等新技术上积累的经验,构建一体化的智慧供应链、金融、保险防欺诈、大数据安全、政务及公共领域等不同场景的区块链应用,让区块链应用遍地开花,目前已成为全球少数具有丰富区块链技术的企业之一。

二、基于区块链技术的京东商城供应链成本控制现状

1. 数字化采购,节约采购成本

采购环节处于供应链的顶端,是问题最容易爆发的阶段,也是供应链成本控制最薄弱的环节。京东集团携中国太平洋保险集团打造首个利用区块链技术实现增值税专用发票电子化项目——E采平台,企业与供应商将计划采购信息记入区块链中,若记录信息一致,自动生成订单和采购合同,原料产品实现一物一码并将二维码信息录入区块链,经送达之后,由企业扫描二维码验证,并将信息录入区块链,信息一致,则合约自动执行,采购款自动汇入供应商账户。整个过程实现一人接收、自动入账、自动扣除释放预算、自动生成结算单,彻底取消传统订单、发票、接收单匹配环节,直接通过电子发票在系统内进行结算、核验、报销。

通过区块链专票数字化应用,推动双方互联网采购全流程电子化,提高采购效率,改善对账支付环节纸质发票及报销的传统难题,大幅降低了专票纸张、人工及邮寄成本,减少了大量人工耗费和时间浪费,节约采购成本,打造高效、透明和数字化的采购管理体系。

2. 合理化仓储,节约库存成本

库存成本在供应链成本构成中占着举足轻重的地位,区块链技术削弱供应链的"牛鞭效应",避免了消费者需求信息不对称,数据可以实时无缝地在供应链流程之间流动,各方可以在消费者层面的需求中获得即时可见性。京东商城利用区块链可以更准确地预测市场需求,并积极主动补充,而不是简单地对缺货做出反应,这保证了京东商城总是有合适的产品类型和库存量以满足消费者需求,做到有限的超额,减少不必要的仓储空间,消除无效率的作业,保持合适的库存水平,通过合理化的仓储达到库存成本的有效控制。

3. 透明化配送,节约物流成本

京东物流与时俱进,深入推进区块链创新,推出自主研发的区块链服务平台——智臻链,

助力开发"链上签""京源链"等区块链应用,为传统物流出现人工耗费、包裹丢失、损坏等问题提出了解决思路。"链上签"依托区块链分布式账本技术与数字签名技术实现与重要客户的智能对账服务,缩短结算账期,提升资金周转率,打造出"高信任、低成本、高效率"的运营模式。"京源链"实现了从生产到消费整个供应链的全流程跟踪,保证供应链流程透明,严格把控包裹运送状态。从可追溯与可识别的角度来说,商家注重货物安全,商城注重物流服务,消费者注重货真价实且隐私安全,区块链可以同时满足三者复杂的需求,同时节省相对烦琐的人工流程,提升物流效率,降低配送成本,实现物流环节的优化和可控。

资料来源:孙雪茹.基于区块链技术的电子商务企业供应链成本控制研究:以京东商城为例[J].商业经济,2020(4):99-101.

思考和训练

1. 通过上述案例说明京东商城如何进行供应链成本控制。
2. 你对供应链成本控制还有哪些好的建议?

技能训练

以小组为单位,分析供应链企业成本控制的优点与缺点,然后给出改进的相关建议,并且与其他小组成员进行交流。

即测即评

项目 10　供应链合作伙伴选择

教学目标

1. 知识目标

(1) 理解供应链合作伙伴关系的概念及特征。

(2) 掌握供应链合作伙伴选择的原则及方法。

2. 技能目标

(1) 运用供应链合作伙伴选择的方法。

(2) 对供应链合作伙伴进行评价。

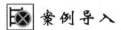案例导入

海底捞背后的供应链

大部分人认为，无微不至的服务是海底捞最突出的优势，实则不然，其布局于整个产业链的公司集群才是真正的核心价值所在。

海底捞从火锅门店起家，经过数十年的积累，逐步塑造起自身品牌及 C 端影响力。但如果海底捞仅仅作为餐饮门店存在，仅仅利用其品牌进行门店扩张，其价值将大打折扣。

越来越精细的社会化分工是大势所趋，且与前端直接面向消费者的餐饮门店业务相比，后端供应链及各类与餐饮相关的面向企业的业务在服务、管理环节上更易把控，在市场上也具有更高的价值认可度。

因此，海底捞以门店为基础，并将多年经营过程中对内部门店提供服务的能力，如调味品加工、供应链服务、门店装修、服务人员培训等，进行整合配置，在提供内部服务的同时，逐渐向外部开放。

海底捞创始人张勇曾提到，"我们最强的地方其实是供应链"。

美国供应链巨头公司西斯科(Sysco)已经做到 400 亿美元的年销售额，这让蜀海看到了供应链生意里的巨大商机，它提出"做中国版 Sysco"的目标。蜀海最初为海底捞提供食材采购、净菜加工等后端供应链服务，后来逐渐面向其他餐饮企业开放，发展成为集采购、生产、品保、仓储、物流、金融、信息、智能化为一体的蜀海供应链集团。

蜀海供应链在对外开放以后，2017 年拿到了外部客户约 10 亿元的营收。目前，蜀海供应链已在全国部署十多个物流中心，为 300 多家连锁餐饮旗下 2000 多家门店供应食材，为包括 7-11、江边城外、金鼎轩、北京航食、青年餐厅、西贝、胡大、很久以前、韩时烤肉等众多企业提供供应链整体解决方案。

(1) 商品服务：蜀海提供的商品品类丰富，有专业的采购队伍负责采购食材，对供应商进行

严格的资质审核和品控管理。

(2)信息服务：餐饮企业用手机或者电脑登入蜀海后台系统，能够在线下单，实时查看商品库存，日清日结、方便对账，操作简单便利。此外，蜀海还为餐饮企业客户提供数据分析服务，为餐饮企业经营决策提供参考。

(3)仓储配送服务：蜀海在全国有十多个物流中心，通过全国布点，蜀海能够满足连锁餐饮企业异地扩张和跨区域经营的需求。除了从商品采买到物流配送的"一站式服务"，蜀海还能提供多样化的配送服务。

(4)研发加工服务：蜀海在北京、上海、成都、西安、郑州、武汉和东莞等多地建有生产加工基地，不仅能够提供标准化商品，还可以根据餐饮企业的配方制作个性化菜品，甚至和餐饮企业联合研发新菜。除了为餐饮企业做研发，蜀海还为7-11便利店生产便当，涉足便利店餐饮的后端加工。

(5)金融服务：蜀海作为第三方平台，通过保理融资、存货质押、仓单质押和待采融资等四种成型的融资模式，帮助上游原料供应商和下游餐饮企业解决资金问题，为供应链产销两端均提供金融助力。

季节性采买需要一大笔资金，如果餐饮企业把钱款全部用于后端采购，就无法为前端开新店提供资金支持，而中小餐企担保难、贷款难，蜀海的"仓单质押"服务能够有效解决这个难题。在上游供应商方面，蜀海同样帮助供应商获取银行贷款。供应商无须找餐饮企业催款，这样就不会出现销售端不付款、生产端没钱生存，生产端不得不抬高价格的恶性局面，避免餐饮企业为成本买单。蜀海通过自身的信用体系，促成供应链产销两端的良性循环。

21世纪的餐饮竞争，不是品牌与品牌之间的竞争，而是供应链与供应链之间的竞争。餐饮供应链是餐饮企业永续经营的安全阀，是餐饮企业开疆拓土的能量源。

案例分析

海底捞的成功，不仅仅在于我们最初熟知的服务至上，更来源于良好的供应链合作关系。首先，对于消费者而言，可以更好地服务于用户，提升消费体验。其次，对于企业来说，服务、管理环节上更易把控，在市场上也具有更高的价值认可度。最后，对于合作者而言，通过合作实现供应链上的伙伴共赢。

思考·讨论·训练

海底捞与蜀海在供应链方面是如何合作的？

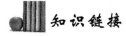 **知识链接**

一、供应链合作伙伴关系概述

(一)供应链合作伙伴关系的概念

供应链合作伙伴关系(supply chain partnership,SCP)一般是指在供应链内部两个或两个以上独立的成员之间形成的一种协调关系，以保证实现某个特定的目标或效益。建立供应链合作伙伴关系的目的，在于通过提高信息共享水平，减少整个供应链产品的库存总量、降低成本和提高整个供应链的运作绩效。供应链合作伙伴关系可以定义为供应商与制造商之间、制造商与销售商之间在一定时期内共享信息、共担风险、共同获利的协作关系。

随着市场需求不确定性的增强,合作各方要尽可能削弱需求不确定性的影响和风险。供应链合作伙伴关系绝不应该仅考虑企业之间的交易价格本身,还有很多方面值得关注。比如,制造商总是期望供应商完善服务,搞好技术创新,实现产品的优化设计,等等。供应链合作伙伴关系的潜在效益,往往在合作伙伴关系建立后三年左右甚至更长的时间,才能转化成实际利润或效益。企业只有着眼于供应链管理整体竞争优势的提高和长期的市场战略并能忍耐一定时间,才能从供应链的合作伙伴关系中获得更大效益。

(二)供应链合作伙伴关系的产生

从传统的企业关系过渡到创新的合作企业关系模式,经历了从以生产物流相结合为特征的物流关系,到以战略协作为特征的合作伙伴关系这样的过程(见图10-1)。

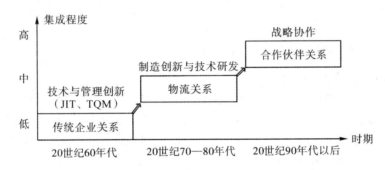

图10-1　企业关系演变过程

(1)传统企业关系:以传统的产品买卖为特征的短期合同关系。

(2)物流关系:以加强基于产品质量和服务的物流关系为特征,物料从供应链上游到下游的转换过程进行集成,注重服务的质量和可靠性,供应商在产品、柔性、准时等方面的要求较高。

(3)合作伙伴关系:企业与其合作伙伴在信息共享、服务支持、并行工程、群体决策等方面合作,强调基于时间和基于价值的供应链管理。

(三)供应链合作伙伴关系的特征及与传统关系的比较

1. 供应链合作关系的特征

供应链合作伙伴关系具有以下几个鲜明的特征。

(1)建立双方高度的信任机制;

(2)双方有效地共享信息;

(3)需方直接参与供方的产品研制等,共同寻求解决问题和分歧的途径,并判断是否需要寻找新的合作伙伴;

(4)签订长期稳定的共赢合同;

(5)以实现双赢为目标。

2. 供应链合作伙伴关系与传统供应商关系的比较

供应链合作伙伴关系与传统供应商关系模式有很大的区别,见表10-1。

表 10-1　供应链合作伙伴关系与传统供应商关系的比较

比较内容	传统供应商关系	供应链合作伙伴关系
相互交换的主体	物料	物料、服务
供应商选择标准	强调价格	多标准并行考虑(交货的质量和可靠性等)
稳定性	变化频繁	长期、稳定、紧密合作
合同性质	单一	开放合同(长期)
供应批量	小	大
供应商数量	大量	少(少而精,可以长期紧密合作)
供应商规模	小	大
供应商的定位	当地	国内和国外
信息交流	信息专有	信息共享(电子化连接、共享各种信息)
质量控制	输入检查控制	质量保证(供应商对产品质量负全责)
选择范围	投标评估	广泛评估可增值的供应商

(四)建立供应链合作伙伴关系的重要意义

1. 对抗激烈的市场竞争的需要

随着市场全球化进程的快速推进和竞争压力的增加,供应商、零售商、中介商等开始纷纷建立战略合作伙伴关系以面对日趋激烈的市场竞争。通过战略合作伙伴关系的建立,供应链各方可以采用协作管理的方法来进行双优或多方最优博弈,以追求更多的利润。比如现在的民用飞机制造业中,机头、机身、电子与导航系统及机翼等在不同的国家生产,那么它们之间的协调及最后的装配都必须依靠有效的供应链管理来完成。

2. 可以提高企业的核心竞争力

传统"纵向一体化"的管理模式已经不能适应目前技术更新快、投资成本高、竞争全球化的制造环境,现代企业应更注重于高价值生产模式,更强调速度、专门知识、灵活性和革新。与传统的"纵向一体化"控制和完成所有业务的做法相比,实行业务外包的企业更强调集中企业资源与经过仔细挑选的少数具有竞争力的核心业务,也就是集中在那些使其真正区别于竞争对手的技能和知识上,即核心竞争力上,以便获取最大的投资回报。而把其他一些重要的但不是核心的业务职能外包给世界范围内的专家企业,并与这些企业保持紧密合作的关系。这些企业就可以把自己企业的整个运作提高到世界级水平,获取最大的竞争优势。

3. 可以降低交易成本,增加供应链的整体长期利润

一个供应链想要在激烈的商业竞争中生存,就必须不断地降低成本,提高利润,否则此供应链将被市场所淘汰。而发展供应链合作伙伴关系,能使整个供应链的交易成本显著降低,利润增加。可见,降低交易成本,加大供应链的整体长期利润是供应链发展战略合作伙伴关系的内在原因。

合作伙伴关系对普遍降低交易成本所做的贡献可以从交易过程和交易主体行为的考察中得到进一步证实。一方面,从交易的全过程看,供应链合作伙伴之间的交易能大大减少相关交易费用。由于供应链合作伙伴之间经常沟通与合作,可使搜索交易对象信息方面的费用大为降低,提供个性化服务建立起来的相互信任和承诺,可以减少各种履约风险;即便在服务过程中产生冲突,也因为合同时效的长期性而通过协商加以解决,从而避免仲裁、法律诉讼等行为所产生的费用。另一方面,从交易主体行为来看,合作伙伴之间的互通性,提高了双方对不确定性环境的认识能力,减少因交易主体的"有限理性"而产生的交易费用。供应链合作伙伴之间的长期合作将会很大程度上抑制交易双方之间的机会主义行为,这使得交易双方机会主义交易费用有望控制在最低限度(见图10-2)。

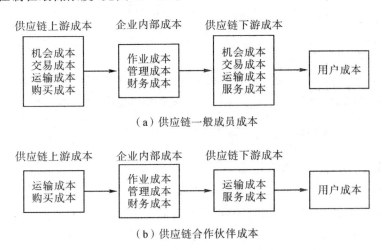

图10-2 供应链合作伙伴成本与一般成员成本比较

4. 能够给制造商/买主、供应商/卖主及双方带来利益

(1)对于制造商/买主的利益。
①降低成本;
②实现数量折扣,获得稳定而有竞争力的价格;
③提高产品质量和降低库存水平;
④改善时间管理;
⑤缩短交货提前期和提高可靠性;
⑥获得更好的产品设计和对产品变化更快的反应速度;
⑦强化数据信息的获取和管理控制。

(2)对于供应商/卖主的利益。
①保证有稳定的市场需求;
②对用户需求有更好的了解和理解;
③提高运作质量;
④提高零部件生产质量;
⑤降低生产成本;
⑥提高对买主交货期改变的反应速度和柔性;
⑦获得更高的利润。

(3)对于双方的利益。
①改善相互之间的交流;
②实现共同的期望和目标;
③共担风险和共享利益;

④共同参与产品和工艺开发,实现相互之间的工艺集成、技术和物理集成;
⑤减少外在因素的影响及其造成的风险;
⑥降低投机思想和投机概率;
⑦增强矛盾冲突解决能力;
⑧在订单、生产、运输上实现规模效益以降低成本;
⑨减少管理成本;
⑩提高资产利用率。

可以看出供应链合作伙伴能够以较低的成本,给用户提供同样的服务和产品,或者同样的成本能够提供更好的服务和产品,此供应链就能在激烈的竞争中取得优势。

二、供应链合作伙伴的选择与评价

(一)供应链合作伙伴选择的方法

1. 直观判断法

直观判断法是根据征询和调查所得的资料,并结合人的分析判断,对合作伙伴进行分析评价的一种方法。这种方法主要是倾听和采纳有经验的采购人员意见,或者直接由采购人员凭经验做出判断,常用于选择企业非主要原材料的合作伙伴。

2. 招标法

当订购数量大、合作伙伴竞争激烈时,可以采用招标法来选择适当的合作伙伴。它是由企业提出招标条件,各招标合作伙伴进行竞标,然后由企业决标,与提出最有利条件的合作伙伴签订合同或协议。招标法可以是公开招标,也可以是指定竞标。

3. 协商选择法

在供货方较多、企业难以抉择时,也可以采用协商选择的方法,即由企业先选出供应条件较为有利的几个合作伙伴,同他们分别进行协商,再确定适当的合作伙伴。与招标法相比,协商选择法由于供需双方能充分协商,在物资质量、交货日期和售后服务等方面较有保证。

4. 采购成本比较法

对质量和交货期都能满足要求的合作伙伴,则需要通过计算采购成本来进行比较分析。采购成本一般包括售价、采购费用、运输费用等各项支出的总和。采购成本比较法是通过计算分析针对各个不同合作伙伴的采购成本,选择采购成本比较低的合作伙伴的一种方法。

5. 作业成本法

通过计算合作伙伴的总成本来选择合作伙伴。这个成本模型用于分析企业因采购活动而产生的直接和间接的成本的大小。

6. 层次分析法

它的基本原理是根据具有递阶结构的目标、子目标、约束条件、部门等来评价方案,采用两两比较的方法确定判断矩阵,然后把判断矩阵的最大特征相对应的特征向量的分量作为相应的系数,最后综合给出各方案的权重。

(二)供应链合作伙伴选择的原则

1. 基本考虑

(1)合作伙伴必须拥有各自的核心竞争力。

(2)拥有相同的价值观和战略思想。

2. 原则

(1)考虑工艺与技术的连贯性。

(2)考虑企业的业绩和经营状况。

(3)进行有效的交流和信息共享。

(4)合作伙伴不要求过多,而在于少而精。

(三)合作伙伴的综合评价

1. 合作伙伴综合评价步骤

(1)分析市场竞争环境。市场需求是企业一切活动的驱动源。建立供应链长期合作关系,必须首先分析市场环境和竞争环境,确认是否有建立供应链合作关系的必要;如已建立供应链合作关系,则要研究市场环境和竞争环境的变化,确认供应链合作关系调整变化的必要性,从而确认合作伙伴评价选择的必要性。

(2)确立合作伙伴选择目标。企业必须确定合作伙伴评价程序如何实施,信息流程如何运作,谁负责,而且必须建立实质性、实际的目标。其中,降低成本,提高核心竞争能力,是主要目标之一。合作伙伴评价和选择不仅仅只是一个简单的评价、选择过程,也是企业自身和企业与企业之间的一次业务流程重构过程,这个过程的实施会带来一系列的利益。

(3)制定合作伙伴评价标准。合作伙伴综合评价的指标体系是企业对合作伙伴进行综合评价的依据和标准,是反映企业本身和环境所构成的复杂系统不同属性的指标按隶属关系层次结构有序组成的集合。根据系统全面性、简明科学性、稳定可比性、灵活可操作性的原则,建立集成化供应链管理环境下合作伙伴的综合评价指标体系。

(4)成立评价小组。小组成员以来自采购、质量控制、生产管理、工程设计等与供应链合作关系密切的部门为主,组员必须有团队合作精神,具有一定的专业技能。同时,其必须得到核心企业和合作伙伴企业最高领导层的支持,以控制和实施合作伙伴评价。

(5)合作伙伴参与。一旦决定进行合作伙伴评价,评价小组必须与初步选定的合作伙伴取得联系,以确认他们是否愿意与企业建立供应合作伙伴关系,是否有获得更高业绩水平的愿望。企业应尽可能早让合作伙伴参与到评价的设计过程中来。然而因为企业的力量和资源是有限的,企业只能与少数的、关键的合作伙伴保持紧密合作,所以参与的合作伙伴不能太多。

(6)评价合作伙伴。评价合作伙伴的一个主要工作是调查、收集有关合作伙伴的生产运作等全方位的信息。在收集合作伙伴信息的基础上,就可以利用一定的工具和技术方法进行合作伙伴的评价。在评价的过程中有一个决策点,根据一定的技术方法选择合作伙伴,如果选择成功,则可开始实施供应链合作关系,如果没有合适的合作伙伴可选,则返回步骤(2),重新开始评价选择。

(7)建立供应链合作伙伴关系。在建立供应链合作伙伴关系的过程中,市场需求将不断变化,企业可以根据实际情况的需要及时修改合作伙伴评价标准,或重新开始合作伙伴选择。在重新选择合作伙伴的时候,应给予旧合作伙伴足够的时间适应变化。

2. 综合评价指标体系的设置原则

(1)系统全面性原则。综合评价指标体系必须全面反映供应商企业目前的综合水平,并包括企业发展前景的各方面指标。

(2)简明科学性原则。综合评价指标体系的大小也必须适宜,亦即指标体系的设置应有一定的科学性。如果指标体系过大,指标层次过多、指标过细,势必将评价者的注意力吸引到细小的问题上;而指标体系过小,指标层次过少、指标过粗,又不能充分反映供应商的水平。

(3)稳定可比性原则。综合评价指标体系的设置还应考虑到易与国内其他指标体系相比。

(4)灵活可操作性原则。综合评价指标体系应具有足够的灵活性,以使企业能根据自己的特点以及实际情况,对指标灵活运用。

3. 综合评价指标体系结构

根据企业调查研究,影响合作伙伴选择的主要因素可以归纳为四类:企业业绩、业务结构与生产能力、质量系统和企业环境。我们可以框架性地构建三个层次的综合评价指标体系,对合作伙伴进行有效的评价、选择(见图10-3)。

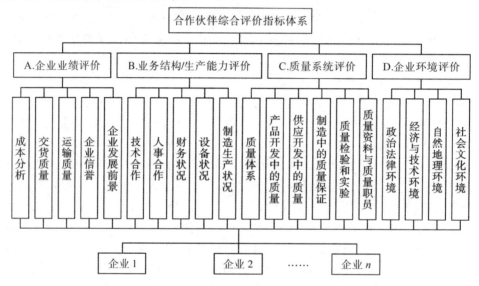

图10-3 合作伙伴综合评价指标体系结构图

(四)建立供应链合作伙伴关系需要注意的问题

1. 建立信任

信任对任何合作伙伴和联盟都是至关重要的,信任能够使组织之间互换有价值的信息,投入时间和资源去理解相互的业务,获得超过个体所能实现的结果。拥有信任,合作双方就更愿意在一起工作,找到解决问题的折中办法,从长期来讲,愿意达到互惠互利的结局,从短期来讲,愿意做任何帮助别人的事情。

2. 分享企业愿景和目标

所有的合作伙伴都应该明确各自的预期和目标,并将它们分解到合作当中。合作双方必须分享,并接受对方的愿景和目标。许多联盟和合作伙伴关系的破裂,是因为他们各自的目标没有很好地统一在一起,或者过于乐观。双方的关注点必须越过现实的问题,多从战略合作的角度去考虑。如果合作伙伴双方具备平等的决策权,那么合作成功的概率就会更高。

3. 个人关系

在买家-供应商合作伙伴关系中,人与人之间的关系非常重要,因为联络和执行都需要人去做。

4. 共同的利益和需求

当企业之间有一致的需求时，双方的合作导致双赢的结局。共同的需求不仅会产生有利于协作的环境，还为创新提供了机会。当合作双方分享利益时，他们的合作就会积极和长久。

5. 承诺和高层管理支持

首先，找到一个合适的合作伙伴需要付出大量的时间和艰苦的工作，找到以后，双方都需要投入时间、人员和精力去建设成功的合作伙伴关系。承诺必须从高层开始，当高层管理人员支持合作伙伴关系时，这种关系就可以成功。由企业高层所表现出来的合作和参与程度，就相当于为复杂问题的解决定了基调。成功的合作会使双方不断发现一些业务发展的机会。为了联盟的成功，高级管理层需要在公司内部确立正确的态度。在合作的道路上双方会发生一些碰撞，高层对此应采取协作的方式来解决冲突，而不是指责对方。

6. 变革管理

变革带来压力，会导致关注点的转移。因此，企业必须避免由合作伙伴变化带来的偏离核心业务的影响，准备应对由新合作伙伴带来的变化。

7. 信息共享和沟通渠道

为了使信息顺畅地流通，应该建立正式的和非正式的沟通渠道。如果具备高度的信任，信息系统就可以完全针对客户的需求，为彼此提供高效的服务。当信息沟通渠道打开后，许多冲突都可以解决。成功的信息共享重在质量和准确而不在数量。

8. 能力

长期通过跨平台团队来解决问题的组织以及内部职员之间能成功协作的企业，在对外合作中也具备这种能力。因此，企业必须愿意承担责任，并有能力改正错误。主要的供应商必须具备正确的技术和能力，来满足成本、质量和运送方面的需求。另外，供应商还要对快速变化的客户需求有足够的适应性。在建立合作伙伴关系之前，企业必须对供应商的能力和核心竞争力进行全面的调查。企业所中意的供应商，需要有技术和专家来支持新产品和服务的开发，培育企业在市场中的竞争优势。

9. 绩效标准

有关质量、运送和机动性的这些指标一般被用来考察供应商的运作情况。在整个供应链中，供应商绩效评价用来提高效率。因此一个好的运营评估体系会提供可以理解的评测指标，容易衡量，并关注供应商共同的价值实现。

10. 持续改进

对供应商的运营评估建立在相互认可的评估体系之上，这为持续改进提供了机会。买家和供应商都必须持续地改进他们的能力，以满足客户在成本、质量、运送和技术方面的要求。合作伙伴不仅要改正错误，更应该事先准备从而彻底消灭错误。

练习与思考

1. 供应链合作伙伴关系有哪些特征？
2. 建立供应链合作伙伴关系有什么意义？
3. 简述供应链合作伙伴选择的方法。
4. 简述供应链合作伙伴的综合评价。

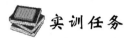 **实训任务**

宝马公司建立供应商指标体系,多维度评估供应商

从2020年下半年开始,全球集成电路制造产能持续紧张,各行各业陆续出现"缺芯"的问题,在某些领域,甚至改变了企业与供应商的议价权角色,"企业现在要看供应商的脸色了"成为行业内经常出现的一句调侃。在此背景下,供应链协同的重要性越发凸显,建立更加紧密的供应商协同关系成为必然。特别是对汽车行业来说,需要大量供应商提供数以千计的汽车零部件,用来组装汽车。同时供应商也有自己的上级供应商,上级供应商还有自己的供应商,于是供应链就出现多个层级,如第一级、第二级、第三级等。因此,汽车装配工厂的输入供应链是比较复杂的。

对此,宝马公司通过供应商关系管理(SRM)平台实现对供应商的数字化管理,持续与供应商保持密切沟通,根据特殊时期供应商生产管理核对清单,通过库存储备、异地生产线重置、全球资源调配及替换件审核等超过27个核对审查标准,对超过200家供应商进行疫情期间生产能力评估考核,以帮助供应商迅速恢复生产。其基于汽配企业供应链上游采购和供应商关系管理环节深度集成,实现了需求计划、采购过程、合同管理、付款结算、成本分析、预警识别等业务的全线融合,降低了整体购买成本。

资料来源:宝马公司:如何在"芯荒"浪潮中保持稳定增长[EB/OL].(2021-09-18)[2022-04-15]. https://baijiahao.baidu.com/s?id=1711226068038599310&wfr=spider&for=pc.

思考和训练

供应链上有很多企业,核心企业如何维护与其供应商的关系?

技能训练

请同学们以小组为单位,选取一家企业,分析其与供应链上合作伙伴的关系。

即测即评

项目 11 供应链风险管理

1. 知识目标
(1)理解供应链风险的含义及分类。
(2)掌握供应链风险管理与风险防范。

2. 能力目标
(1)分析供应链产生的来源。
(2)防范供应链风险的产生。

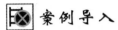

新冠肺炎疫情冲击全球供应链

全球供应链中断问题愈演愈烈

疫情下困扰全球制造商和零售商的供应链问题日益突出。全球尤其是美英等西方国家供应链紧张状况愈演愈烈,一边是制造商和零售商疲于满足日益增长的消费需求,但在许多商场、超市货品严重短缺,货架上空空荡荡;另一边则是港口拥堵、运力不足、货船滞留越来越严重,港口集装箱堆积如山。供应链中断给这些国家的社会经济生活带来严重困扰和冲击。

世界多国陷入供应链瓶颈困局。美国供应链与物流体系紊乱已持续数月。由于经济重启后需求快速增长,但供应链持续趋紧,企业面临原材料短缺的窘境,严重影响生产经营。美国里士满联储的一份调查显示,近3/4的大小企业都面临供应链不畅问题,其中原材料供应、运输问题、生产延迟是最常被提到的挑战。自2021年9月开始,美国居民抢购、囤货现象严重。美国的零售巨头纷纷公开表态遭受供应链瓶颈影响,并开启涨价潮。商场和超市里的货架空荡,网络购物配送时间越来越长,民众更多感受到供应链的紧张。为应对潜在的库存短缺问题,零售商都在降低打折幅度,并希望通过鼓励顾客提前购物来加大销售时间跨度。美国的企业和消费者担忧经济正面临1973年石油危机以来范围最广的供应短缺。供应短缺的问题同时也出现在英国、德国、日本、韩国等国家。

全球多个重要港口堵塞严重。2021年3月,苏伊士运河发生拥塞事件,导致国际货运价格上涨,大量货物在港口积压,一度引发对全球物流供应链"断链"的思考。此后,货船堵塞、到港滞留、供货延误更是频频发生,港口和码头成为船舶的"停车场",全球港口拥堵状况持续恶化。在供应链受阻中,港口积压是全球大港共同面临的问题。由于货船在港口平均等待时间延长,船运滞留不断刷新历史纪录,由此产生高额滞留费、附加费,并且导致各种联运延误。此外,港口拥堵使得集装箱周转不畅,全球货运集装箱一箱难求,集装箱运费飙升。

供应链中断是多重因素共同作用的结果

导致全球供应链中断的原因错综复杂,因极端天气、自然灾害、疫情流行、突发事件、产能不足、供应短缺、劳动力短缺、物流瓶颈、港口效率低下、地缘政治等因素,全球供应链会变得不稳定甚至中断。若从上中下游来看,供应链中断的主要表现是,供应链上游环节呈现产能不足,中间环节表现为运输能力受挫,下游环节则是库存低位等。综合分析,导致本轮全球供应链中断的主要原因如下。

其一,疫情全球大流行对全球供应链造成破坏。疫情造成的封锁和阻隔对供给和需求两端同时造成巨大冲击。为遏制疫情采取的大隔离、大封锁,客观上造成全球产业链供应链断裂、受阻事实,暴露出全球产业链供应链的脆弱性。2020年新冠肺炎疫情在全球肆虐、2021年全球又遭受德尔塔变异毒株等冲击,全球疫情持续反复、边境限制、港口关闭、航空及其他商业运输的可用性降低等因素对全球生产和供应链运转造成不利影响。在疫情延宕反复下,原材料生产和供应出现不稳定状况,特别是全球供应链关键地区暴发疫情,造成供应链中断时间超出预期。疫情反复扰动期间,印度、越南等制造业集中的东南亚国家产能严重受限,加剧了全球供应紧张局面。

其二,不同经济体经济复苏分化导致供需错配。由于疫苗接种不均衡、政策支持力度和经济修复能力等差异,不同经济体复苏分化显著。发达经济体经济恢复态势明显领先新兴经济体和发展中国家。美国联邦政府实施了数轮大规模的抗疫经济纾困支出法案,加之经济重新开放,国内消费需求急剧回升。但由于工人短缺、关键部件和原材料短缺等原因,美国国内生产能力和供应及物流水平未能及时恢复,出现了供不应求的问题。作为全球工业品的主要生产国,发展中国家经济恢复、产能修复缓慢,对全球供应链造成影响。美国是典型的消费社会,生产端基本分布于境外,各种生活必需品和耐用消费品几乎完全依赖进口。海外生产地因疫情停工停产,加剧了供应短缺。尽管各国在逐步恢复生产,但供应链问题依然是一个重要的"后遗症"。

其三,国际物流不畅、港口效率低下制约供应链正常运转。物流瓶颈对供应链的影响很大,尤其是与供应链紧密相连的劳动力市场、集装箱、港口、海运、卡车运输、航运、公路和仓库等众多方面。在疫情延宕影响下,全球运输能力受挫,供应链中间环节运转被破坏,从而制约了全球供应链的正常传导。航运咨询机构Sea-Intelligence的分析报告指出,由于港口拥堵、船舶延误,全球12.5%的运力无法使用,运价随之飙升。现在世界多个重要港口和物流的运转效率低下,大量船只压港,码头难以正常作业,这些情况极大干扰了供应链的整体运转。

其四,劳动力短缺加剧供应链中断问题。疫情对全球劳动力市场带来持久冲击,很多国家都出现了劳动力短缺情况。在美国,由于对疫情流行的担忧以及对工资收入的不满,数百万劳动人口退出了劳动力市场。全社会就业参与率下降,而那些辛苦的底层码头工人、仓储工人、卡车司机、零售店和餐厅服务员、护士等工作岗位首当其冲。就物流行业而言,一个典型例子就是一些国家没有足够的卡车司机将港口堆积如山的集装箱运送到目的地,美国、英国等国家均面临卡车司机不足问题。劳动力短缺制约了各国生产产能恢复,对全球运力及港口工作效率造成冲击。

供应链中断成为世界经济面临的一个主要风险

供应链是一个环环相接的整体流程,一个环节受阻,其他环节运转效率就会下降。供应链的上游产能受挫,连接各环节的全球运输体系不畅,加之下游环节的库存准备不足,都加剧了现阶段全球供应链问题。供应链紊乱问题在不少发达国家普遍存在,其所带来的影响已日渐显著。

一方面,供应链中断对经济复苏的影响持续显现。

供应链中断成为推升通胀的主要因素。2021年以来,世界经济面临高通胀压力,其中美国、欧元区和英国的通胀上升速度更快。而全球供应链中断导致成本和价格上升是推升各国通胀水平的主要因素之一。疫情后,许多制造业企业面临全球供应瓶颈和物流不畅导致的成本上升,这些企业多选择用涨价来缓解对利润的打击,而消费者不得不面对更高物价,最终导致通胀风险上升。在美国,供应瓶颈导致供不应求,进而推高消费价格。从食品饮料到家具汽车,各类商品正在普遍涨价。自2021年4月以来,美国通胀率持续攀升,2021年11月美国消费者价格指数(CPI)同比上涨6.8%,为1982年6月以来的最高纪录。另外,劳动力短缺又抬升了工资水平,导致工资-物价螺旋上涨的循环,为居高不下的通胀火上浇油。美联储表示,供应链瓶颈限制了经济在短期内应对需求反弹的能力,导致物价大幅上涨,总体通胀率远超2%的设定目标。

运输成本上升对进出口贸易产生负面影响。疫情对全球经贸格局和航运市场产生了深刻影响。在疫情之下,传统航运周期被打破,国际航运业瓶颈问题格外突出。全球运输能力疲弱、集装箱周转不畅、港口超负荷、劳动力短缺等,造成主要港口严重拥堵,货物运输长期延误,港口承受着极大运营压力。货物滞留加重了航运系统的压力,航运价格、集装箱价格随之飙升。在高运价、交付压力增大和集装箱前景不明朗的情况下,航运公司主动削减运力,也进一步助推货物运输成本上涨。全球航运市场变得非常动荡,对相关各方带来极大的经营压力,对进出口贸易产生不利影响。有不少供应商因运费成本飙涨以及无法按合约如期交付货物,被迫结束生意。

供应链中断持续拖累经济复苏。受供应链中断影响,发达经济体的经济形势变得艰难。美国商务部公布数值显示,2021年第三季度美国GDP按年率计算仅增长2%,比第一和第二季度的6.3%和6.7%大幅下滑。供应链瓶颈是抑制美国经济复苏的重要因素。由于供应链瓶颈持续以及劳动力和原材料短缺问题加剧,美国制造业活动在2021年10月份放缓。制造业各个方面都受到了创纪录的原材料交货时间、关键材料持续短缺、商品价格上涨和产品运输困难的影响。

从全球经济看,由于全球供应链关键环节出现中断且中断时间超过预期,很多经济体的通胀形势严峻,经济复苏面临的风险加剧,政策应对难度加大。供应链持续紊乱导致经济活动放缓,目前已成为许多国家政府面临的重要挑战之一。

另一方面,全球供应链短期内恐难修复。

从供应短缺,到港口拥堵,再到劳动力短缺等,每一个问题都不易解决。而快速复苏的消费需求和滞后的供应之间的矛盾,也难以在短期解决。航运咨询机构Sea-Intelligence认为,全球供应链至少要到2022年底才能完全恢复正常。国际信用评级机构穆迪分析,由于各国抗击疫情措施和效果存在差异,全球缺乏协调一致的努力以确保全球物流和运输网络平稳运行,供应链中断问题还可能"变得更糟"。

资料来源:陆燕.全球供应链梗阻下的中国外贸形势解析[J].人民论坛,2022(1):66-70.

案例分析

供应链中存在着很多不稳定性,而这些不稳定性将可能导致供应链存在风险。供应链上的各个环节是相互影响、相互作用的,任何一个环节出问题都会波及整个供应链的正常运作。无论是由内因还是外因所引起的风险,企业只有规避风险,平时做好预防,在重大事件爆发时才能抢得先机,在行业中稳定向前。

思考·讨论·训练

新冠肺炎疫情下供应链的风险有哪些?

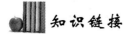知识链接

一、供应链风险的含义与来源

(一)供应链风险的含义

在经济全球化的今天,任何企业单凭自身实力生存发展日趋困难,所以紧密地联系相关的上下游企业,成为企业提高竞争力的必要手段。通过供应链管理,可以为企业创造更大的利润空间,这样企业之间的竞争就成了供应链之间的竞争。

供应链的管理本质上是基于价值链的业务流程重构,它围绕业务流程组织节点企业,通过对流程的整体控制与协调获得流程的综合经济效应。尽管供应链能给当中的企业带来诸多好处,供应链整体环节中的企业仍是市场中的独立经济实体,彼此之间仍存有潜在利益冲突和信息的不对称。在这种不稳定的供应链系统内,各个节点是通过不完全契约方式来实现企业之间的协调,这种协调有时候依赖于诚信的合作关系,因而供应链管理中必然存在着风险。

供应链风险概念的提出,最初是基于对供应风险概念的研究。至于供应链风险的定义,相关的说法很多,目前没有统一的认识,一些专家、学者从不同的角度对供应链风险进行了界定。

根据德勒(Deloitte)公司2004年发布的一项供应链研究报告,供应链风险是指对一个或多个供应链成员产生不利影响或破坏供应链运行,使其达不到预期目标甚至导致供应链失败的不确定性因素或意外事件。

我国著名供应链管理专家马士华教授从供应链外在环境和内在结构的不确定性出发,认为在供应链企业之间的协调与合作过程中,存在着各种产生内生不确定性和外生不确定性的因素,并认为只要存在不确定性,就存在一定的风险,不确定性总是和风险联系在一起的。丁伟东等指出供应链风险是一种供应链潜在的威胁,会导致供应链系统的脆弱性,对供应链系统造成破坏,给上下游企业以及整个供应链带来损失和损害。供应链上的各环节是环环相扣的,彼此依赖,相互影响,任何一个环节出现问题,都可能波及其他环节,影响整个供应链的正常运作。马林总结性地提出,供应链风险是影响和破坏供应链安全运行,达不到供应链管理预期目标,造成供应链效率下降、成本增加,导致供应链网络失败和解体的不确定因素和意外事件。

(二)供应链风险的来源

供应链风险的来源主要是各种不确定性因素的存在。根据国内外学者对供应链风险的诸多研究,可将供应链风险形成的原因概括为外生原因和内生原因两大方面。

1. 外生原因

外生原因,即外界的不确定性因素,主要存在于供应链之外,这些因素常常具有不可预测和抗拒性。

(1)自然灾害。自然灾害,包括地震、火山爆发、火灾、洪水等,或者导致供应源中断,整条供应链因缺乏原料而无法正常运行;或者使交通系统瘫痪,致使原材料、成品物资难以调运,不

能及时送达；或者破坏生产，引起生产中断，无力供应产品；或者直接摧毁产品，使链上的企业无力履约。

（2）政治动荡、意外的战争和恐怖主义。政治动荡和战争每年在全球范围内都会不定期地发生，尤其是近些年恐怖主义活动猖獗，给货物和商品的流通造成了很大的危害。现代战争强调打击敌人后勤，往往通过轰炸道路、机场、铁路、仓库、输油管线等基础设施类物流载体，车辆、飞机、搬运机械设备类物流载体，以及炼油厂、发电厂、机械厂等生产基地，致使敌方无法得到急需的物资等，进而达到不战而胜的目的。这无疑导致了更多供应链的中断。

（3）政策的不确定性。一方面，宏观政策和金融危机存在着一定的偏差，导致了经济危机的发生，造成众多企业破产，给供应链带来致命的打击。另一方面，对政府经济政策的预期会影响供应链中上下游实体之间的策略行为。

（4）市场的不确定性。企业目标的实现最终取决于其产品市场价值的实现。面对日益激烈的竞争，供应链如何识别并及时以合理的成本满足最终顾客的需求是整个供应链管理成功的关键。然而由于供应链自身的种种缺陷，最终产品与最终顾客需求之间总会出现偏差，产品不为市场接受的局面经常出现，这就是市场的不确定性。由于市场不确定性的存在，一旦出现不可预料的不利因素就可能导致市场出现逆转，销售下滑，货物积压，资金短缺，企业间的正常运营就会受到影响。

（5）社会信用机制的缺失。近年来，企业见利忘义、恶意违约的也不在少数，对市场经济秩序的负面影响不断增加。尽管大家普遍把失信行为看作是企业的个体行为，但实际上失信更是一种社会行为，是一个社会问题，是与当前社会环境息息相关的。从根本上讲，目前我国企业恶意违约的主要原因就是违约成本太低。当节点企业违约带来的收益大于违约成本时，就有违约倾向。信息不对称问题使恶意违约更加肆无忌惮，从声誉方面降低违约成本。而完善信用机制将会减少信息不对称现象，从声誉上增加违约成本；同时，健全的法律法规也将会增加违约成本。

2. 内生原因

内生原因，即存在于供应链内部的因素，这些因素增加了供应链的风险。

（1）信息方面的不确定性。在供应链中，从上游到下游节点企业数目众多，结构繁杂，要使供应链能够担负起对最终用户需求的快速反应，建立起一条贯穿所有节点企业的信息高速通道是必需的。由于供应链上的企业都是理性的，为了保证自己的利益最大化，他们会隐藏一些商业信息，将相关信息当作商业秘密加以封闭，不愿意与上下游企业共享，结果导致整个供应链的信息不能顺畅流通。另外，链中企业多依据毗邻企业的需求进行独立决策，并不和其他成员进行协商，这就会产生所谓的牛鞭效应。牛鞭效应的需求信息偏差增加了供应链的库存，占用了企业资金，降低了反应能力，增加了风险发生的可能。

（2）经营方面的不确定性。供应链是动态的，节点企业所拥有的核心能力不会永远占有优势。随着科技的进步，技术的更新加快，当竞争对手采用新技术或新方法使效率大大提高时，若某些企业仍满足于维持原状，能力未及时更新，原先的优势可能不再突出，也存在无法按照客户需求进行快速反应的可能性。另外，供应链中的企业在长时间的合作中形成了大量的专用性投资，限制了供应链对市场需求变换的反应速度。这都增加了供应链风险特别是供应商风险发生的可能性，最终制约了供应链发展。

（3）制度方面的不确定性。一系列健全的管理制度是企业成功的重要因素，因为制度上的缺陷也会增加企业风险发生的概率。比如,库存控制制度不规范,造成无法按时按量供货;需求预测不可靠,造成货物积压,资金回笼困难,导致还款滞后;采购过程控制不科学,造成供货企业有时会出现无法按量按质供货;财务制度有缺陷,企业财务状况恶化,无法按约供货或还款等。

(4)运输方面的不确定性。现在经济环境具有全球化的鲜明时代特征,许多供应链都是跨越区界与国界的,实施全球采购、全球生产和全球销售的战略,这对供应链各环节上的商品运输带来了很大挑战。链上企业可能会因为交通条件不好、运输距离较远或运输技术水平不高、运输工具不当而造成货物破损率高或供货延迟等问题,提高了风险。

(5)利益分配方面的不确定性。供应链系统是一个利益共同体,节点企业为了获得利益而走到一起,他们都有各自不同的背景与不同的利益要求,都有追求自身利益最大化的本能;各企业在技术水平、管理水平、人员素质等方面难免存在着差异,这些差异不同程度地影响着各个合作企业的获利多少,其间的平衡与否决定着供应链的稳定与否。另外,节点企业之间的协调主要是通过战略联盟这种暂时性安排来实现的,成员之间也许有协议,但这种协议往往不具备法律约束力,联盟也缺乏监督与惩罚机制,合作的成功主要依赖于相互之间的信任。在如今的微利时代,创造有效利润空间难度的加大导致了风险更为突出。

(6)企业文化差异方面的不确定性。供应链为了获取高利润,一般不会局限于某一区域经营,供应链中各环节在地理位置跨度上是很大的,尤其是经济日趋全球化的今天,这些不同的企业特别是不同地域的企业文化差别很大,它既表现在企业经营理念和文化制度上,也表现在员工的职业素养和敬业精神等方面。不同的企业文化会导致对相同问题的不同看法,从而采取有差异的处理手法,最后产生不同的结果。

(7)通信网络技术方面的不确定性。供应链的实施是建立在现代通信网络技术的基础上的,网络技术以及先进的通信技术给供应链管理的成功实施带来了极大的便利,但其安全隐患也在一定程度上给供应链管理的有效运作蒙上了一层阴影。因此,通信网络技术的缺陷会制约供应链作用的发挥,如网络传输速度、服务器的稳定性和运行速度、软件设计中的缺陷、病毒等。另外,使用跨组织的信息系统也会带来技术风险。对于应用主体来说,开发跨组织的信息系统的应用程序软件的技术风险是很大的。因为技术风险会随着区域的扩大和成员的增多而增大。特别是多个国家间的这种信息系统必须要适应不同国家的电信基础设施,这将会导致不同的网络可靠性。

无论外生还是内生的因素,都提高了供应链风险,影响着供应链整体竞争能力和获利能力,并决定着供应链的稳定性。

二、供应链风险的类型与特点

(一)供应链风险的类型

从不同的角度、按照不同的标准,供应链风险有不同的分类结果。

1. 按照供应链风险的起因来划分

按照供应链风险的起因来划分,供应链风险可分为外部风险和内部风险。

(1)外部风险。外部风险是指由外界的不确定性因素导致的风险,这些风险一般是难以控制和预测的,也被称为环境风险。外部风险包括以下几类。①自然界风险。这主要包括地震、火山爆发、洪水等以及其他各种不可抗拒的自然灾害原因,给供应链成员带来的风险。②社会冲突、恐怖事件和社会动荡风险。这主要指由于社会冲突、恐怖事件和社会动荡的存在,给货物和商品的流通造成了很大的危害,增加了许多供应链企业的风险,导致了更多供应链的中断。③社会环境风险。这主要包括工厂水污染、电力供应中断、火灾风险、传染性疾病等产生的风险。④政策风险。政策风险主要如下:一是由于宏观政策和金融危机存在着一定的偏差,导致经济危机的发生,企业破产,造成企业违约。二是对政府经济政策的预期会影响供应链中上下游实体之间的策略行为,也有增加节点企业风险的可能。⑤市场风险。这主要包括源于顾客核心需求识别不足和市场不稳定所导致的风险。⑥社会信用风险。这主要包括由于社会信用机制的缺失,导致社会信息流通不畅,企业恶意违约的成本不大而带来的风险。

(2)内部风险。内部风险包括:①信息风险,主要包括源于信息不完全或信息阻塞的风险;②经营风险,主要是指合作伙伴经营过程中的不确定性导致的风险;③制度风险,主要是指制度方面的不确定性导致的风险;④运输风险,主要是指运输方面的不确定性导致的风险;⑤利益分配风险,主要是指利益分配不均导致的风险;⑥企业文化风险,主要是指企业经营理念、文化制度、员工的职业素养和敬业精神等方面的差异导致的风险;⑦信息技术风险,主要是指数据传输过程中被竞争者窃取、信息基础设施故障导致的风险。

2. 按照风险结果带给供应链的影响程度来划分

按照风险结果带给供应链的影响程度来划分,供应链风险可分为偏离风险、中断风险和灾难风险。

(1)偏离风险。偏离风险是由一个或更多个参数变化所引起的,这些参数有成本、需求、提前期等。当这些参数偏离它们的预期值或者均值的时候,供应链的根本结构没有什么改变。这样的风险有需求波动、供应波动、采购成本和产品成本等成本的波动、提前期和运输时间的波动等。

(2)中断风险。人为因素或自然因素产生的不可预料事件引起了某种产品、仓库和运输的不可获得时,会导致供应链系统根本的改变,这时中断风险就产生了。中断风险有:产品的中断,比如我国台湾地区地震造成了芯片的生产中断,丰田在墨西哥的一个工厂发生火灾导致了某个部件的中断;供应的中断,比如在英格兰传播的口蹄疫导致肉类供应的中断;运输中断,比如美国港口的停工造成了从亚洲运往美国的部件运输的中断。

(3)灾难风险。它是指不可预计的灾难性的系统性中断导致了暂时的不可挽回的供应链网络的停滞。比如,"9·11"恐怖袭击事件后,美国消费低迷,很多工厂停工,所有这些造成了美国整体经济的暂时停滞。通常,供应链可以设计得足够强健以应对偏离风险和中断风险,但是依靠设计一个足够强健的供应链来应对灾难风险则是不可能的。

3. 按照行为主体来划分

按照行为主体来划分,供应链风险可分为供应商风险、生产商风险、批发商风险、零售商风险、物流服务商风险等。

供应链是一个多参与主体、多环节的复杂系统,参与供应链活动的行为主体包括提供原辅材料和服务的供应商、生产商、批发商、零售商以及物流服务商等。

另外,根据供应链管理的目标,供应链风险可以分为时间风险、质量风险和成本风险。

以上对供应链风险的分类是从不同的角度来考虑的,同一风险从不同的角度考虑属于不同的类别,比如库存风险从产生的风险因素划分,属于信息因素产生的风险,但它同时也是偏离风险。

(二)供应链风险的特点

1. 客观性与必然性

自然界中的地震、洪涝灾害等自然灾害与社会环境中出现的战争、冲突等,都是一种不以人们的主观意志为转移的客观存在,因而它们决定了供应链风险的产生具有客观性。尽管供应链能带来诸多好处,但供应链中的各节点企业毕竟是市场中独立存在的经济实体,所以彼此之间必然存有潜在利益冲突和信息不对称。在这种不稳定的系统内,各节点企业需要通过不完全契约方式和无形的道德约束来实现协调顺畅,因而导致供应链风险存在的必然性,且这种风险与单个企业的风险有很大不同。

2. 传递性

传递性是供应链风险最显著的特征,也是由供应链自身组织结构所决定的。由于从产品开发、原材料采购、生产加工到仓储配送整个过程,都由多个供应链节点企业共同参与完成,根据流程的顺序,各节点企业的工作形成了一个交错的混合网络结构,其中某一项工作既可能由一个企业完成也可能由多个企业共同完成,某一个企业既可能参与一个环节也可能参与多个环节。因此各节点环环相扣,彼此依赖和相互影响,任何一个节点出现问题,都可能波及其他节点,进而影响整个供应链的正常运作。这种风险在供应链节点企业之间进行传递,给上下游企业以及整个供应链带来危害和损失。如最具代表性的牛鞭效应。一般来说供应链越长,中间的非价值因素越多,牛鞭效应越严重,供应链效率越低下。

3. 偶然性和不确定性

尽管供应链风险的产生具有客观性与必然性,但我们并不能确切地知道,风险在何时、何地,以何种形式出现,其危害程度、范围如何。这是因为风险所引起的损失后果往往是以偶然和不确定的形式呈现在人们面前的。供应链风险是作为一种具有发生和不发生两种可能的随机现象而存在的。在一定条件下,人们可以根据经验数据的统计发现,某一风险存在或发生的可能性具有较规则的变化趋势,这就为人们预测风险提供了可能。

4. 多样性与复杂性

供应链从诞生之日起就面对许多风险,它不仅要面对普通单个企业所要面对的系统风险与非系统风险、财务资产风险与人力资产风险、危害性风险与财务性风险,还要面对由于供应链的特有结构而决定的企业之间的合作风险、技术与信息资源传递风险、合作利润在不同企业中分配的风险、市场风险等。这些风险产生的原因也是很复杂的,有时很难对其进行分析与预防。

5. 放大性

由于供应链从产品开发、生产到流通过程由多个节点企业共同参与,因此风险因素可以通过供应链流程在各个企业间传递和累积,不只是影响到当事企业,而是利用供应链系统的脆弱性,对供应链系统造成破坏,给上下游企业带来损害和损失,影响整个供应链的正常运作。这是由于供应链作为一个系统而产生的特点。因此,对供应链风险的传递和控制是供应链风险管理的关键之一。

6. 实际运作性

供应链的外部风险是客观存在的,很多也是不可控制和预测的。但由系统内部因素引起的一些风险,如合作风险、信用风险、企业文化风险、利润分配风险等,从本质上来说是实际运作风险。只有企业之间以供应链方式存在实际运作时,才有这些风险发生。

7. 此消彼长性

供应链中的很多风险是此消彼长的,一种风险的减少会引起另一种风险的增加,即一个企业风险的减少可能会导致相关的企业风险的增加。如制造厂商为了减少自身的库存风险,要求上游供应商采用 JIT 方式送货,在保证整条供应链顺畅运行的条件下必然导致上游供应商送货成本、库存的增加,即制造商库存风险减少某种程度上是以供应商库存风险的增加为代价的。从整体来讲,把供应链看作一个虚拟企业群,企业内一种风险的减少会导致另一种风险的增加,如营运风险和中断风险,库存营运风险减少,但中断风险随之而增加。所以在制订风险防范措施时一定要考虑到风险之间的联系。

三、供应链风险管理与风险防范

(一)供应链风险管理

风险管理能预防风险的发生,或把风险造成的损失尽可能地降低。就供应链而言,其风险管理产生的效益是巨大的,有时甚至是关键性的。供应链风险具有不确定性和传递性,这也决定了风险具有突发性,一旦发生,就具有很严重的危害,可能会波及自身以及供应链上成员企业。通过供应链风险管理,找出一些应对措施,建立应对机制,将风险降到最小或者避免。

供应链风险管理是通过识别、度量供应链风险,并在此基础上有效控制供应链风险,用最经济合理的方法来综合处理供应链风险,并对供应链风险的处理建立监控与反馈机制的一整套系统而科学的管理方法。其目标包括损失前的管理目标和损失后的管理目标。损失前的管理目标是避免或减少损失的发生,损失后的管理目标则是尽快恢复到损失前的状态,两者结合在一起,就构成了供应链风险管理的完整目标。

1. 供应链风险管理的目标

一般而言,供应链风险管理要达到的目标应与企业的总目标一致。这些目标是:保证企业利润;遵守合同,保持信用;减少恐惧和忧虑;保证生产经营活动迅速恢复正常;实现持续增长。事实上,以上这些目标有的是相互矛盾的。但一般而言,不同企业或者同一企业在不同时期对这些目标的优先排列是不同的,也就是说,供应链风险管理所要达到的目标是有差别的。因此,供应链风险管理对策的制定和执行,应充分考虑其主要目标的实现。

2. 供应链风险管理的基本环节

(1)供应链风险识别。风险识别是供应链风险管理的首要步骤,它是指供应链风险管理主体在各类风险事件发生之前运用各种方法系统地认识所面临的各种风险以及分析风险事件发生的潜在原因。通过调查与分析来识别供应链面临的风险;通过归类,掌握风险产生的原因和条件,以及风险具有的性质。

供应链风险因素识别是供应链风险管理的前提,具有非常重要的意义。由于风险存在的客观性与普遍性及风险识别的主观性两者之间的差异,正确识别风险成为风险管理中最重要也最困难的工作。

(2)供应链风险评估。供应链风险评估是指对风险发生的可能性或损失的范围与程度进行估计与度量。仅仅通过识别风险,了解灾害损失的存在,对实施风险管理来说远远不够,还必须对实际可能出现的损失结果、损失的严重程度予以充分的估计和衡量。只有准确地度量风险,才有助于选择有效的工具处置风险,并实现用最少费用支出获得最佳风险管理效果的目的。在评估供应链风险时不仅要考虑风险对某个供应链企业的影响,还要考虑供应链风险的发生对供应链整体造成的后果;不仅要考虑供应链风险带来的经济损失,还要考虑其带来的非经济损失,如信任危机、企业的声誉下降等。这些非经济损失有时是很难用金钱来估价的。

(3)供应链风险处理。供应链风险处理是供应链风险管理的核心。识别供应链风险、度量供应链风险都是为了有效地处理供应链风险,减少供应链风险发生的概率和造成的损失。处理供应链风险的方法包括供应链风险回避、供应链风险控制、供应链风险转移和供应链风险自担。

(4)供应链风险监控与反馈。制订出风险处理方案后,要在实践中进行检验,一旦发现其中可能存在的缺陷,应及时进行反馈。供应链风险的监控与反馈就是将在风险识别、风险分析及风险处理中得到的经验或新知识,或者从损失或接近损失中获取的有价值的经验教训,集中起来加以分析并反馈到供应链相关经营活动中,从而避免犯同样错误的过程。供应链风险管理是一项长期的、艰巨的工作,不是一蹴而就的事情,必须动态地重复风险管理过程的各个步骤,以使这一过程融入供应链管理运作中,才能真正做到长期有效地管理风险。

(二)供应链风险防范的措施

供应链管理涉及范围广,包括了从供应商、生产商、经销商到消费者的整条供产销链条。供应链作为一个连接供应商和最终用户的增值链,其基本特征是复杂性、动态性和交互性。随着供应链层数的增加,供应链的成员企业越来越多,供应链的结构日趋复杂,而供应链的复杂性导致供应链的高风险。供应链风险防范的措施主要有以下内容。

1. 完善制度及流程

建立供应链风险管理制度和紧急作业流程,是企业供应链风险管理的根本遵循,从一般意义上规定了企业管理和控制供应链风险的目标、资源、范围、方法、措施以及基本流程。

(1)加强节点企业的风险管理。供应链从采购、生产到销售过程是由多个节点企业共同参与而形成的混合网络结构。其中某一项工作既可能由一个企业完成,也可能由多个企业共同完成。供应链整体的效率、成本、质量指标取决于节点指标。由于供应链整体风险是由各节点风险传递而成的,因此通过对节点企业风险的识别与判断,进行风险调整和优化,将大大加强整个供应链的风险控制。

(2)建立应急处理机制。供应链是多环节、多通道的一种复杂的系统,很容易发生一些突发事件。因此,必须建立相应的预警系统与应急系统。供应链管理中,对突发事件的发生要有充分的准备。对于一些偶发但破坏性大的事件,可预先制订应变措施,制订应对突发事件的工作流程,建立事件应变小组。同时,要建立一整套预警评价指标体系,当其中一项以上的指标偏离正常水平并超过某一"临界值"时,发出预警信号。在预警系统做出警告后,应急系统及时对紧急、突发的事件进行应急处理,以避免给供应链企业之间带来严重后果。

(3)完善企业内部业务流程。这是企业预防和控制供应链风险的基础,通过业务流程重组和 ERP 系统的实施,建立起一套面向用户、快速反应、信息共享、有效合作的业务流程,这对于提高企业管理水平和风险控制能力至关重要。

(4)重视柔性化设计,保持供应链的弹性。供应链合作中存在需求和供应方面的不确定性,这是客观存在的规律。供应链企业合作过程中,通过在合同设计中互相提供柔性,可以部分消除外界环境不确定性的影响,传递供给和需求的信息。柔性设计是消除由外界环境不确定性引起的变动因素的一种重要手段。另外,供应链管理强调 JIT,减少库存以降低成本,这种运作模式一旦遇到突发事件或需求有较大波动时就会显得缺乏弹性。

2. 完善供应商管理体系

建立一整套完备的供应商管理体系是企业供应链风险管理的重中之重。

(1) 建立战略合作伙伴关系。供应链企业要实现预期的战略目标,必须进行合作,形成共享利润、共担风险的双赢局面。因此,与供应链中的其他成员企业建立紧密的合作伙伴关系,成为供应链成功运作、防范风险的一个非常重要的先决条件。要建立长期的战略合作伙伴关系,首先供应链的成员要加强信任;其次,应该加强成员间信息的交流与共享;最后,建立正式的合作机制,在供应链成员间实现利益分享和风险分担。

(2) 加强供应链文化建设,打造共同的价值观。良好的供应链文化将能在系统内形成一股强大的凝聚力,增强成员企业之间的团结协作,减少不必要的矛盾冲突,从而减少内耗,并且形成一种相互信任、相互尊重、共同创造、共同发展、共享成果的双赢关系;使得供应链的成员与整体有相同的利益要求和共同的价值标准,从而维持供应链的稳定与发展。

(3) 建立信息沟通和电子商务平台。充分应用信息技术和现代网络技术,构筑电子商务平台,实现信息的实时性和可视性,提高信息传递的速度、准确度和完整性,这将为供应链的风险管理创造非常良好的条件。

(4) 加强信息共享,建立信息技术交换平台。供应链中的信息不对称会使整个供应链运作效率下降,单个企业不只要考虑自己的问题,还要更多关注企业自身所处的供应链环境,所以加强各个企业之间的信息交流至关重要。现代物流业的发展,特别是第三方物流服务的兴起,提供有效的合理的增值服务成为第三方物流公司竞争的核心所在,此时信息的共享程度及透明化发挥着不可或缺的作用。

(5) 提高市场与销售预测的准确性。通过各种途径,包括优化预测方法和应用预测软件,提供相对准确的市场预测,这是预防缺货和报废风险的最重要因素,也是整条供应链平稳运行的必要条件。

(6) 建立和完善供应链企业激励机制。本着风险共担、利益共享以及双赢的原则,通过各种激励手段的应用,可以调动各节点企业的积极性,提高相互合作的意愿和协同抵抗供应链风险的能力。

(7) 加强采购管理,优化物流配送。企业产品生产是以采购为前提的,采购既是企业内部供应链的开始,又是企业与企业之间供应链的桥梁,对于企业降低成本、提高运作效率、增强竞争力有重要作用。采购环境的复杂多变与采购管理系统功能的弱化是采购风险形成的缘由,采购风险的防范应从供应渠道或供应商的选择与强化采购制度控制两方面入手。强化采购制度控制应从加强采购队伍建设、严格采购程序、实施有效监管等方面推进。供应链上采用多头供应商的柔性供应机制,可以有效防范单一供应商结构下因渠道受阻而影响整条供应链运行的供货风险。

练习与思考

1. 简述供应链风险产生的原因。
2. 供应链风险有哪些特点?
3. 怎样进行供应链风险的管理?
4. 如何理解供应链风险?

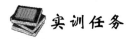

实训任务

"黑天鹅"之下供应链修复的五个阶段

新冠疫情等"黑天鹅"横飞的时代,供应链运行面临越来越多的不确定性。除了疫情之外,自然灾害、战争等,都可能导致供应链的一个或者几个环节中断。有时遇到比较大的意外情况,整个供应链可能会停摆比较长的一段时间才能恢复。在此期间如何更好地"活下去",以及今后如何更好地发展,是许多企业共同关心的话题。

关于供应链中断之下的"触底反弹",DHL研究院给出了一个"五阶段"模型,如图11-1所示。五个阶段分别是危机管理、爬坡、稳定生产、优化和增长。此模型较好地概括了企业生产遇到"大停顿"之后的恢复规律。结合其他企业的实践经验,以下将讨论每个阶段的要点。

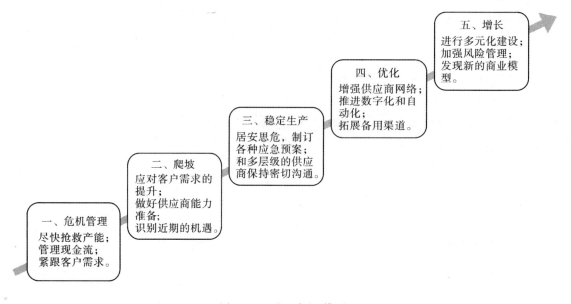

图11-1 "五阶段"模型

一、危机管理阶段:首先"活下来"

当供应链遭遇危机打击而全面停顿之后,首要的当然是"抢救"供应链,以尽可能维持对客户的交付,或者至少交付一部分。

企业需要从生产、物流、采购等方面全方位调动起来。在生产角度,如果工厂被迫停止运营,则需要考虑能否尽快在原地恢复生产(例如疫情期间的封闭式运作),或在其他地点继续运营(例如遭遇火灾等情况之后,将关键设备紧急运出,搬到其他厂址)。从物流的角度,要迅速鉴别关键的运输和仓储职能是否中断,以及有什么可以替代的方案。例如,用水路和铁路运输来代替公路运输,抢运关键货物。从采购的角度,要结合各主要物料的库存情况、可用天数来研判其可用时间,针对缺料情况迅速研究对策,包括启用备选供应商等应急预案,以最大限度确保对客户的交付。

从财务的角度,企业需要关注现金流等关键指标,让自身的"血液"能够继续正常流动下去。从日常操作来说,在疫情等特殊时期可能面临正常的线下财务流程中断、收付款无法继续等情况,这个时候要紧急启用一些替代流程,如用发票扫描件完成付款流程、请分公司/子公司协助完成相关财务操作等。从经营维系角度,则需要计算公司在未来一段时间的现金流,判断还能维持多长时间,以做出相应决策。

二、爬坡阶段:做好"拉锯战"准备

当复工复产开始,生产制造企业及其供应商开始进入"爬坡"阶段,逐步提升其产量。需要注意的是,较大生产中断之后的爬坡会是一场"拉锯战",在一些供应商体系链条高度复杂的行业,这个过程有可能需要持续数月甚至经历一年左右的时间才能恢复到生产全面停摆之前的水平。制造企业要有足够的思想准备,在爬坡过程中如果遇到后续几波疫情、地震余震之类的打击也不要感到奇怪。

供应链的恢复不是某一家公司能够单独完成的,需要和各级供应商紧密配合,而这就要求企业对于供应商的情况有足够清楚的把握。行业领先的供应链企业会有供应链网络图(supply chain mapping)的概念。尤其是对于占据供应链支配地位的"链主"来说,不仅需要掌控一级供应商、二级供应商,有时甚至需要掌握三级、四级供应商的状态。这个过程也不是一蹴而就的。

无论爬坡到了哪个阶段,都需要谨记"客户为先",高度关注客户已有需求的满足率,并关注客户本身需求的变动趋势(如在疫情之后的复工复产动向),予以紧密跟踪和配合。

三、稳定生产阶段:居安思危

当生产恢复到一个较稳定的阶段,就有必要做一些之前无暇顾及的事情,为公司的长远布局谋篇。尤其是多元化,对于抵御风险是非常重要的。

多元化可以体现在很多方面,例如供应商的选择和物流运输方式。以汽车行业为例,整车制造企业在某些零部件上可能会依赖于少数关键供应商,而这些供应商又往往集中于特定地域。例如,公开资料显示,长三角地区的动力电池产量占全国的50%以上,电池控制系统产量占全国的70%以上。长三角的相关工厂进入停摆状态,就会对全国各地的整车生产带来沉重打击。所以业内人士认为:今后一种可能的趋势是各产业集群之间适当"解耦",例如西南、华南等地的整车厂可能会更多地围绕自己周边来做供应商配套建设。这样一来,即使某个省的零部件企业停止生产,对其他省的影响程度也会小一些。

"居安思危"还体现在物流运输方式的多元化。如果因为一些外界不可抗力,原有的公路运输通道或者海运通道发生大的问题,企业要能够迅速找到其他替代方案。例如,海运改为铁路运输,或公路运输转为空运,相关预案得尽早设计,在关键时刻就会体现出其价值。

四、优化阶段:抓住转型机遇

在稳定生产的基础上,除了做多元化建设"不把鸡蛋放在一个篮子里面"之外,我们还需要大力推进数字化转型,促进经营模式变革。毕竟,这些转型进程本来就在进行的过程中,而疫情等突发事件则是其加速器。

在抗击新冠肺炎疫情的过程中,无人化技术(无人机、无人车等)体现出越来越重要的作用。例如,一些头部物流企业在疫情期间利用自研的无人机向关键区域投递食品、医药试剂等,在投递效率方面体现出了较高优势。至于"最后一公里"的无人配送小车,近两年也已经在全国各地普及。其搬运能力对于面积较大的居民小区会有显著帮助。另一个逐渐崭露头角的应用点是干线运输(如高速公路)中的智能重卡应用:近两年,受相关领域缺少司机的制约,无人驾驶/自动驾驶在这个领域的应用已经在蓬勃兴起。在疫情封控的影响下,这种技术会有更

大的用武之地。

至于办公室白领的数字化工作方式,在疫情影响下更是取得了快速进展。居家办公(working from home)对于许多公司已经成为常规选项,并且将很多线下的"纸质"操作流程彻底变成了电子化操作,这个过程是不可逆的。

五、增长阶段:走向"新常态"

行业知名研究机构普遍认为:随着现代经济运行中的"黑天鹅"越来越多,供应链运行受到冲击将成为普遍现象。企业再也无法回到以前的那种运营模式,而是要进入"新常态"——随时做好准备应对意外情况。

企业无法完全避免意外的发生,但是可以在多元化运营、数字化转型等方面做好足够的准备,在意外来临的时候表现得足够敏捷,以尽可能快的速度恢复过来。只要自己的"华丽转身"速度在行业中足够快,疫情等意外打击或许会是一个机遇,让企业在新的时代立稳自己的一席之地。

资源来源:冯维."黑天鹅"之下的供应链修复,分为哪五个阶段?[EB/OL].(2022-04-30)[2022-04-15]. https://zhuanlan.zhihu.com/p/507794839.

思考和训练

供应链运行面临很多的不确定性,思考如何修复供应链。

技能训练

请同学们以小组为单位,通过查找资料,选取代表性的黑天鹅事件,分析其对供应链的影响。

即测即评

项目 12　供应链管理发展趋势

教学目标

1. 知识目标

(1)了解供应链管理的全球化趋势。

(2)理解绿色供应链管理的发展趋势。

(3)了解数字化供应链的含义。

2. 能力目标

(1)分析全球供应链管理的影响因素。

(2)阐述绿色供应链管理的基本内容。

(3)分析数字化供应链与传统供应链的差异。

案例导入

绿色供应链体系是"两山"理念落地的创新模式

当下,"绿水青山就是金山银山"理念(以下简称"两山"理念)已经形成了共识,深入人心,并在绿色发展实践中取得了突出成就。天蓝、地绿、水清的绿色家园越来越多,健康、安全的绿色食品越来越丰富。

然而现实中,我们有时也会遇到农产品滞销的现象,甚至优质生态农产品面临无路可销的窘境。如何将绿水青山有效转化为金山银山?笔者认为,就是要设法找到优质生态产品的市场消费主体,实现供求关系的强关联。确立消费场景,建立以优质生态农产品为供应端的绿色供应链体系,是整合各方资源、运用市场规则解决供需平衡的有效抓手,也是"两山"理念切实落地的创新模式。

何为绿色供应链?供应链是指生产及流通过程中,涉及将产品或服务提供给消费端的上游与下游企业所形成的网链结构。1996年,美国密歇根州立大学的制造研究协会在一项"环境负责制造"的研究中,提出了绿色供应链的理念,之后,其内涵一直处于不断发展和完善之中。

2017年,国家标准化管理委员会正式发布的《绿色制造　制造企业绿色供应链管理导则》中,对绿色供应链进行了定义。绿色供应链,是指将环境保护和资源节约的理念贯穿于企业从产品设计到原材料采购、运输、储存、销售、使用和报废处理的全过程,使企业的经济活动与环境保护相协调的上下游供应关系。

绿色供应链理念源于绿色制造理论,绿色制造是一种现代制造业的可持续发展模式,目标是让产品在整个生命周期中,资源消耗最少、生态环境负面影响最小、人体健康与安全危害最小,并最终实现企业经济效益和社会效益的持续协调优化。

从制造业拓展到农业和其他行业,绿色供应链以绿色发展为引领,强调经济活动与环境保护的协调一致。通过打造供应端、物流端、数据端和消费端的闭合环链,实现种植、采购、运输、销售、回收再利用的绿色化、智能化、便捷化、精准化,让生产、服务企业获得最佳效益,让消费者第一时间享用到安全、优质、放心的优质生态产品。

那么,为什么要打造绿色供应链体系?2014年至今,国家相关部委已经出台40多部与绿色供应链管理工作相关的文件,以及与绿色供应链各环节配套的政策,以推进绿色供应链工作。绿色供应链的整体部署工作已经上升为国家战略。

2017年,国务院办公厅印发了《关于积极推进供应链创新与应用的指导意见》,指出供应链在促进降本增效、供需匹配和产业升级中的作用日益明显,是供给侧结构性改革的重要支撑。

2018年,商务部等8部门印发了《关于开展供应链创新与应用试点的通知》,明确指出要建立健全农业供应链、积极发展工业供应链、创新发展流通供应链等产业体系。

绿色供应链体系是在国家整体部署的决策下,秉承绿色发展理念,涵盖供应端、物流端、数据端和消费端为一体的全域绿色循环体系。这是实现供需精准匹配的桥梁,集合了绿色供应链各环节之间协调优化、产业融合、协同创新的优势,同时又能确保产品销路畅通,市场有序竞争。利用大数据、人工智能等技术手段,可以实现产品来源可查、去向可追、责任可究,形成各环节的良性绿色循环体系。

党的十九大报告提出:"经过长期努力,中国特色社会主义进入了新时代,这是我国发展新的历史方位。"国家提出了生态文明建设的国家战略和实现美丽中国的发展目标,要求形成绿色发展方式和生活方式。而构建绿色供应链体系,恰恰是实现人们对优美环境、优质生态产品诉求的手段,特别是生态农业的全链条闭合,可以实现数万个山区贫困村脱贫致富奔小康。

绿水青山就是金山银山要求守住绿水青山,方能得到金山银山。但守住了绿水青山,却并不能自发获得金山银山,农产品滞销就是一个很明显的案例。如何打通转化渠道?绿色供应链体系是转化的有效渠道,也是践行"两山"理念的创新模式。

首先,实现订单农业,确保农产品生产有计划、销售有保障。绿色供应链体系的打造,可以先确定消费主体,再组织消费主体与农产品生产基地签订购销合同,生产基地按合同组织生产,使销售有保障。这样就杜绝了农产品滞销现象的发生。对于那些生态环境良好但经济落后甚至贫困的地区,这就是一条绿水青山变成金山银山的路子。

其次,实现规模化种植,满足消费端市场需求。许多县、镇、村,种植养殖还处在一家一户经营状态中,没有组织起来实现规模化,不能满足市场消费需求。绿色供应链体系就要围绕消费主体需求,打造一村一品、一镇一品,需求量大的话还可以打造一县一品。实现了规模化种植养殖,销售有保障,绿水青山就可以源源不断变成金山银山。

最后,建立绿色供应链产品标准和各环节监管体系,指导供应端种植达标,实现优质优价。全面建成小康社会后,人民对优质生态产品的诉求会日益强烈。优质农产品的供给是农业持续发展、农民持续增收的关键。绿色供应链体系的打造,就是运用绿色高科技、5G大数据和区块链技术等,确保种植养殖全过程符合绿色生产,从源头实现生产的绿色化。

守住绿水青山事关中华民族发展的长远利益,是实现可持续发展的重要基石。无论是在资源环境保护上,还是在社会经济发展中,供应链的绿色化都是现代产业实现可持续发展的重要路径。绿色供应链系统,涵盖供应端、物流端、消费端、数据端、回收端。"五端"闭合,既确保每个子系统内部的绿色低碳环保,又协调子系统之间实现资源利用率最高、污染排放量最少。同时,平衡经济、社会、环境三方收益,守住了绿水青山,所以是"两山"理念的创新模式。

绿色供应链体系把各方资源整合成一盘棋,联成一张网,统一规划,整体布局,上下连通,形成全产业链的协调配合。打造绿色供应链体系,就是打通了"两山"理念转化落地的通道,为高质量发展注入强劲动能。

资料来源:赵建军.绿色供应链体系是"两山"理念落地的创新模式[J].中国环境报,2020-07-07(3).

案例分析

随着经济发展和环保意识的提高,绿色供应链体系的构建,恰恰是实现人们对优美环境、优质生态产品诉求的手段。绿色产品被越来越多的认可,越来越多的企业认识到整个产业链条的每个环节都能够做到绿色环保,也就是供应链各节点的绿色环保,才能更好地提升产品的竞争力,节约资金,实现效益的最大化,实现全供应链绿色产品的供应。

思考·讨论·训练

如何打造绿色供应链?

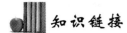

一、全球供应链管理

(一)全球供应链管理概述

在经济全球化的冲击下,市场竞争从原来区域市场、区域企业的竞争转变为全球市场、全球企业的竞争,同时科技的迅速发展、信息的快速传播,极大地增加了企业之间的竞争。企业要获取竞争优势,就必须将重点放在围绕客户的需求,整合全球资源,在向客户提供更优价值的前提下,降低综合成本,获取投资收益。对于资源整合,强调的是在全球范围内,开展供应链上、中、下游企业合作,协调运作过程,把产品的竞争形态从企业与企业之间的竞争,转变为围绕核心企业打造的供应链与供应链之间的竞争。在全球经济一体化的环境下,企业要参与世界经济范围内的经营和竞争,就必须在全球范围内寻找生存和发展的机会。

全球供应链又称全球网络供应链,是指在全球范围内组合供应链,它要求以全球化的视野,将供应链系统延伸至整个世界范围,根据企业的需要在世界各地选取最有竞争力的合作伙伴。全球供应链管理强调在全面、迅速地了解世界各地消费者需求的同时,对其进行计划、协调、操作、控制和优化,在供应链中的核心企业与其供应商以及供应商的供应商、核心企业与其销售商乃至最终消费者之间,依靠现代网络信息技术支撑,实现供应链的一体化和快速反应,达到商流、物流、资金流和信息流的协调通畅,以满足全球消费者需求。

(二)全球供应链管理的特征

(1)加快供应链的资产流动速度,减少资产占用成本和产品总成本。在全球供应链管理的条件下,通过在线处理订单等先进的方式,快速地共享客户需求的信息,这样可以使客户更快地获得所需的信息,提高客户满意程度,有利于缩短从设计到生产的周期,提高市场份额。

(2)将面临更多的风险。国际化时代背景下的供应链是多个企业之间共同合作的网链,而多数的企业都分布在不同的地区和国家,因此便会由于地域和文化及政策方面的差距对供应链造成更多的影响。供应链中任何一个环节出问题,都会影响整个供应链的有效运作。常遇的风险有自然风险,政治、经济、社会风险,独家供应商风险,信息传递风险。

(3)供应链管理技术、管理思想、管理模式的发展速度加快。在全球一体化条件下,各国资源实现共享,优势互补,相互吸取经验和先进技术,从而加快了原有技术、管理思想的改进和提高。所以,加快了技术进步速度,是全球化背景下供应链管理的又一特点。

(4)更加突出了对消费者需求的重视。企业在市场中的竞争力更多地体现在对最终需求的反应速度上,企业根据市场的各种需求通过各种方式改进技术,设计、生产、淘汰产品,最终投放市场,以提高客户的满意程度。纵观全球,企业对市场、对客户需求的重视,已达到了前所未有的程度,这也是在全球化背景下的供应链管理过程中产生的新特点。

(三)全球供应链管理的驱动力

1. 国际市场驱动力

国际市场驱动力包括了由外国竞争者所创造的压力,以及外国顾客所创造的机会。许多公司需求成长的机会在外国及新兴的市场中。为了成功地捍卫本土市场,进军海外市场是公司的必然选择。

2. 技术力量

在世界上的不同地区及地点,有不同的替代零件及科技是可利用的,而且成功的公司必须具有能够快速有效利用这些资源的能力。为了达到这个目标,对一个公司而言,设置紧邻这些地区的研究、设计及生产设施是有其必要性的。信息技术的进步,尤其是信息革命,为全球供应链的发展提供了重要条件。

3. 成本

成本力量通常主导了公司海外设厂的厂址决策,低成本的非技术性劳动者是决定工厂点的必然因素。

4. 政治和经济

区域性贸易协定将会使企业扩张至区域之中的某一国家。不同的贸易保护机制也将会影响国际供应链的决策,关税及进出口配额会影响出口,这将会引导公司在该市场的国家或区域中制造产品。政府采购政策也会影响国际企业在不同市场成功的能力。

(四)全球供应链的基本职能

1. 需求与供给

全球供应链根据市场和客户的信息,进行预测和需求分析,从而合理地制订计划,以快速地响应和满足需求。与一般的供应链管理相比,其需求和供给更多地考虑全球性因素,难度更大,需要及时进行修正。

2. 新产品开发

产品的销售和使用是面向全球的,在研发的时候,产品要具有国际化和适应不同市场的能力,产品的设计还要具有便于修改的特性,以利于在不同的地点进行生产。

3. 采购

网络和电子商务的出现为全球采购创造了空间,缩短了买卖双方的时间和空间,使买方能在全球范围内寻找更多更好的资源为己所用。

4. 生产

对分布在不同地区的生产工厂进行统一集成和协调,使它们作为一个整体来运作比较困难。可以根据市场对供应链上过剩和不足的生产能力进行调整和优化,根据订单对工厂做出集中的生产计划,以为全球化的集中采购提供准确的信息,也可以通过供应链上企业之间紧密的衔接,实现高效的生产。

5. 订单履行

订单履行包括对配送、运输和交货的监控以及对交货过程中例外事件的处理,确保每个订单、每个交易都能按时、按质、按量地交到全球客户手中。

(五)全球供应链管理的影响因素和趋势

全球供应链涉及运输和仓储等主要物流环节和基本业务的全球化,以及采购、外包、供应链流程的全球化。全球化的影响,从主要发达国家,到南美、非洲、中东、亚洲等新兴物流市场,还涉及全球供应链安全的挑战、全球供应链的速度、敏捷性与成本效益优化等领域。供应链全球化影响已经深入企业商业活动的方方面面。

1. 全球供应链管理的影响因素

(1)基础设施。一个国家的基础设施是运作和管理全球化供应链的基础。这里的基础设施是指高速公路、港口、铁路运输与交通设施、先进的物流技术、具有一定规模的生产制造基地和先进的制造技术等,它们的好坏都会促进或制约供应链的运行。在不同的国家,基础设施的差异性会很大,这种差异体现在:道路和桥梁的规模与效能、交通规则和交通拥挤程度、运输工具的优劣,生产技术的先进程度等。在一些经济发达的国家,如美国、西欧和日本,由于其基础设施非常完善,对工程机械制造企业国际化供应链运作具有强有力的促进和支持作用;而在新兴的发展中国家如巴西、印度、东盟诸国,由于基础设施发展还不完善,制造技术和物流配送能力尚未达到一定的先进水平,全球化供应链的运行还不能达到流畅快捷的水平;在那些经济欠发达的和落后的国家里,由于这些基础设施一般都不健全,还难以支持工程机械制造企业全球化供应链的运作。

(2)信息系统的可用性。信息资源对供应链特别是全球化供应链管理和运作有重要的影响。信息资源包括计算机技术、通信技术、自动化技术等。在信息技术的支持下,供应链上的成员能够共享资源,紧密协作。然而不同的国家和地区,信息资源的可利用性、信息技术水平是大不相同的。

(3)人力资源。在大部分的第一世界国家中,拥有大量在技术上及管理上具有良好能力的工作者,然而非技术性的劳动者在这些地区相对较昂贵。而对于第三世界国家,虽然找到合适技术水平的员工是可能的,但要寻获熟悉现代管理技巧且受过训练的专业物流人员与经理人,往往是很困难的。因此在这种环境中,训练变得特别重要。新兴国家的技术性劳动者在世界市场上通常较具有竞争力。

(4)政治法律因素。在不同的国家和地区,其政策和法律各有不同。每个国家都有自己的税收、进出口、海关、环保和对本国民族工业的保护等政策。全球化供应链的运作遍及世界,必然要涉及不同的政策和法律制度,因此在不同的国家和地区开展供应链业务活动时,必须了解和利用当地的政策法规,按照它们来制定相应的经营战略和策略,应付和处理在业务中遇到的问题和可能发生的纠纷。

(5)经济因素。经济政策因素极大地影响了供应链的全球化趋势,同时也影响了全球化供应链的管理和运作。这些因素包括金融(货币、汇率、利率波动、当地的通货膨胀率或通货紧缩率、股市波动等)、地区性贸易协议、税收、进出口配额和劳动力的成本费用、所在国家或地区的经济形势等。其中,汇率的波动会影响产品的价格和利润,关税与配额会影响产品的进口,也会使公司考虑在出口国或地区投资建厂。

(6)文化因素。文化习俗环境对企业的海外业务、企业整体目标和整个供应链的业务都有较大的影响,它包括信仰、价值观、习俗、语言、宗教等。所有这些因素在全球供应链的每一环节中都起着重要的作用。

2. 全球供应链发展的趋势

面对百年未有之大变局的时代,每一家企业都感受到了来自不同维度的不确定性挑战,全球供应链也受到了来自疫情的深层次的影响。全球供应链的发展呈现以下趋势。

(1)区域化。近年来,经济全球化遭遇逆流,代之而起的是毗邻国家和地区间的区域性贸易协定增多,区域之间经贸合作加强,供应链呈现明显的区域化态势。未来全球供应链的组织模式可能出现"三足鼎立"的格局,即由美国、墨西哥、加拿大组成的北美供应链网络体系,由德国、法国等国家主导的欧盟供应链网络体系,以及以中国、日本、韩国等为核心的亚洲供应链网络体系,三大体系内部自成体系,形成相对闭环,每个体系与外部也存在部分供应链关联。

(2)数字化。依托大数据、人工智能等信息技术手段,全球供应链不断走向数字化、智能化、韧性化。新冠疫情造成了出入境管制措施增多,信息传递渠道受阻,物流运输成本上升,供应链出现"延迟"或"断裂",迫使企业调整生产模式和物流模式。大数据、人工智能、云计算和区块链等现代信息技术带来的"在线化""可视化""无接触"特征,可以畅通当前全球供应链运行中出现的梗阻,构建以数据驱动为核心、以平台为支撑、以商产融合为主线的新型生产模式。

(3)生态化。全球供应链未来发展方向是基于平台支撑的生态化。初期的全球供应链形态更多的是依托核心企业的上下游生产和交付所形成的链状架构,以上下游企业之间的联动达到效率提升和成本降低。而在进入互联网时代并伴随平台企业的出现后,更多中小微企业可以依托平台所提供的服务产生更多链接。一个更低门槛的供应链服务时代由此到来,全球供应链正转变为生态圈模式。供应链平台突破了时空的界限,实现更大范围、更宽领域、更多产业的高效协同;同时,得益于其开放程度高、可扩展能力强、运营成本更低的特点,能够协同带动上下游更多的中小企业向专业化、规模化、集群化方向发展。

(4)分散化。全球供应链空间布局加速调整,呈现出分散化。一方面,在供应链网络中建立更多的冗余,增加战略"备份",打破单一性的供应链来源,分散供应链风险;另一方面,将供应链转移至国内或者区域内国家,进行"邻近采购""邻近生产",缩短供应链长度,减少供应链中的风险环节。已有部分国家和跨国企业着手评估供应链效率和安全的平衡,制订了生产地点分散化、减少对单一供应链依赖的方案,一些国家和公司甚至付诸行动。

二、绿色供应链管理

(一)绿色供应链管理概述

供应链是指由原材料供应商、制造商、分销商、零售商、用户组成的链状结构、通道或网络。在供应链的各个环节从原材料获取到产品的制造、运输、使用过程都会产生废弃物,对环境造成严重的污染,威胁人类的健康和生态平衡。绿色供应链是在此基础上综合考虑环境的影响,其目的是使产品从原料获取、加工、包装、存储、运输、使用到报废处理的整个过程中,注重对环境的保护,从而促进经济与环境的协调发展。

绿色供应链管理又称环境意识供应链管理(environmentally conscious supply chain management),它考虑了供应链中各个环节的环境问题,注重对于环境的保护,促进经济与环境的协调发展。

绿色供应链管理是一种在供应链全流程中综合考虑环境影响、资源利用效率以及企业收益的先进管理方式,相比于传统供应链管理具有更高的管理复杂性和网络化特点。它以社会和企业的可持续发展为出发点,将生态环保的设计思想引入其中,从产品的原材料供应一直到废料的回收再利用进行全过程的生态设计,在企业内部和企业之间的通力合作下,实现环境的最优化。

关于绿色供应链管理的确切定义,目前理论界还没有一个统一的表述,但总的观点是指在供应链管理的基础上,增加环境保护意识,把无废无污和无任何不良成分及无任何副作用贯穿于整个供应链中,这就是绿色供应链管理。

(二)绿色供应链管理的特征

1. 充分考虑环境问题

传统的供应链管理是对供应链中物流、信息流、资金流以及工作流进行计划、组织、协调及控制。它是以顾客需求为中心,将供应链各个环节联系起来的全过程集成化管理。它强调在正确的时间和地点以正确的方式将产品送达顾客,但它仅仅局限于供应链内部资源的充分利用,没有充分考虑在供应过程中所选择的方案会对周围环境和人员产生何种影响、是否合理利用资源、是否节约能源、废弃物和排放物如何处理与回收等,而这些正是绿色供应链管理所应具备的新功能。

2. 强调供应商之间的数据共享

数据共享包含绿色材料的选取、产品设计、对供应商的评估和挑选、绿色生产、运输和分销、包装、销售和废物的回收等过程的数据。供应商、制造商和回收商以及执法部门和用户之间的联系都是通过网络来实现的。因此,绿色供应链管理的信息数据流动是双向互动的,并通过网络来支撑。

3. 绿色供应链管理充分应用现代网络技术

网络技术的发展和应用,加速了全球经济一体化的进程,也为绿色供应链的发展提供了机遇。企业利用网络完成产品设计、制造,寻找合适的产品生产合作伙伴,以实现企业间的资源共享和优化组合利用,减少加工任务、节约资源和全社会的产品库存;通过电子商务搜寻产品的市场供求信息,减少销售渠道;通过网络技术进行集中资源配送,减少运输对环境的影响。

4. 绿色供应链管理是闭环运作

绿色供应链中流动的物流不仅是普通的原材料、中间产品和最终产品,更是一种绿色的物流。在生产过程中产生的废品、废料和在运输、仓储、销售过程中产生的损坏件及被用户淘汰的产品均须回收处理。当报废产品或其零部件经回收处理后可以再使用,或可作为原材料重复利用时,绿色供应链没有终止点,如经处理后可重新销售、可回到制造厂和可作为原材料使用。

(三)绿色供应链管理的基本内容

绿色供应链管理的具体内容包括:绿色设计、绿色材料选择、绿色制造工艺、绿色包装、绿色营销和绿色回收。

1. 绿色设计

绿色设计是指在产品设计过程中论证产品在整个生命周期内对环境和资源的影响,在充分考虑产品的功能、质量、开发周期和成本的同时,优化各有关因素,使得产品对环境影响和资源消耗最小。绿色设计从可持续发展的高度审视产品的整个生命周期,提倡无废物、可回收设计技术,将 3R(reduce,reuse,recycle)原则直接引入产品研发阶段。绿色设计的核心思想在于彻底抛弃传统的"先污染,后治理"的环境治理方式,代之以"预防为主,治理为辅"的环境保护策略。

2. 绿色材料选择

原材料供应是整条绿色供应链的源头,必须严格控制源头的污染。零件装配后成为产品,进入流通领域,被销售给消费者,消费者在使用的过程中,要经过多次维修再使用,直至其生命周期终止而将其报废。产品报废后经过拆卸,一部分零件被回收直接用于产品的装配,一部分零件经过加工形成新的零件,剩下部分废物经过处理,一部分形成原材料,一部分返回到大自然,经过大自然的降解、再生,形成新的资源,通过开采形成原材料。从绿色材料的循环生命周期可以看出,整个循环过程需要大量的能量,同时产生许多环境污染,这就要求生产者在原材料的开采、生产、产品制造、使用、回收再用以及废料处理等环节中,充分利用能源和节约资源,减少环境污染。绿色材料选择是指在选择产品材料过程中,注重选择那些对环境影响小、资源消耗低和成本低的材料或材料制成品。绿色材料选择与传统的材料选择的主要不同点是,它树立了环境成本的观念,即环境有偿使用,倡导全新的选择材料方式。

3. 绿色制造工艺

绿色制造工艺是指根据制造系统的实际,采用物料和能量消耗少、废弃物少、污染小和更安全的工艺方案和工艺路线。具体要求是:生产环境和产品使用中不应存在安全隐患,不对操作者和产品使用者造成健康威胁,不对环境造成污染;减少不可再生资源的使用量,尽量采用各种替代物质和技术;应使生产过程中出现的废弃物尽量回收利用,最终废弃物应易于处理;尽量简化工艺系统,优化配置,提高系统运行效率;有助于降低成本,具有较高的经济和环境效益。

4. 绿色包装

绿色包装要求企业在选择和使用包装材料时考虑环境因素,以较少的材料种类、无污染、可回收、可再利用为原则,继续贯彻 3R 原则。同时,在包装物的标识图案和文字上也要体现绿色化特征,注明包装物的材料、用法和回收处理方法,让终端消费者能参与进包装物的使用和回收程序中来。绿色包装与传统包装的区别在于,传统包装只注重商品包装的美观和广告效应,绿色包装则把环境保护的意识加入其中。绿色包装主要从以下几个方面进行考虑:实施绿色包装设计,优化包装结构,减少包装材料,考虑包装材料的回收、处理和循环使用。

5. 绿色营销

绿色营销与传统的营销观念有着本质的区别,从传统营销方式追求最大限度地刺激消费者消费,向引导和鼓励可持续消费转变。绿色营销以减少物质消费占有量,提高消费满意度为目的。绿色营销的服务对象从消费者扩大到"消费者和社会",也增加了营销服务的内容,要求企业在满足消费者需求的同时，还要符合环境保护的需要和社会合理有序发展的要求。当企业的经济利益和社会责任发生矛盾时，企业应妥善处理好，不能以破坏人类可持续发展能力和环境换取一时之利。绿色营销以生态经济学、环境经济学和可持续发展为理论支持，研究生态系统、环境系统与营销系统的关系，探讨它们之间相互协调发展的规律，处理好人类、环境（包括资源）和发展的关系。绿色营销可通过如下方式进行：企业根据产品和自身特点，尽量缩短分销渠道；选用中间商时，应注意考察其绿色形象；开展网上销售；在促销方式上，企业一方面要选择最有经济效益和环保效益的方式，另一方面更要大力宣传企业和产品的绿色特征。

6. 绿色回收

绿色回收不同于传统的回收——企业简单地回收自己的包装物，而是一种从消费者利益出发，并承担相应社会责任的行为。产品的回收需经过收集、再加工、再生产品的销售三步完成。可重用零部件分为两类：一是可直接重用的零部件，即可经修理、整修、再制造、零件拆用、材料回收等，生产出多种再生产品；二是可再生零部件，即零部件本身完全报废，但其材料可再生后再利用。可将废旧产品运输到回收加工工厂处理，最后把再生产品运输到销售地点进行销售。绿色回收包括以下几方面内容：企业要及时回收发现有技术缺陷（可能造成安全隐患和环境破坏）的产品，并负责免费矫正；企业要对消费者不满意的产品和旧产品负责回收处理；企业要回收自己生产的包装物；整个回收过程不能给环境和社会造成危害。同时，绿色回收还倡导终端消费者参与回收过程，一起承担保护环境的责任。

(四) 实现绿色供应链管理的基本途径

1. 加强企业内部管理

由于企业的情况千差万别，绿色供应链管理的模式也多种多样，因此企业在决定实施绿色供应链管理时，应仔细分析自身的状况，要从承载能力和实际出发，既能解决企业急需的问题，又能以较快见效的环节作为突破口，明确认识实施目标，确保成功。加强企业内部管理，重新思考、设计和改变在旧的环境下形成的按职能部门运作和考核的机制，有效地建立跨越职能部门的业务流程，减少生产过程中的资源浪费，节约能源和减少环境污染。强化企业领导和员工的环境意识。企业高层领导转变观念，积极地把经济目标、环境目标和社会目标恰如其分地同供应链联系在一起考虑；通过学习和培训，提高企业各个层次员工的环境认识，让员工了解企业本身对环保的重视。尽量根据企业的需求，采购原材料和零部件，减少原材料和零部件库存量，对有害材料尽量寻找替代物，对企业的多余设备和材料要充分利用。

2. 加强供应商的环境管理

绿色供应过程对供应商提出了更高的要求。首先，制造商要根据本身的资源与能力、战略目标对供应商评价指标加以适当调整，设置的指标要能充分反映制造商的战略意图；其次，强调供应商与制造商在企业文化与经营理念上对环境保护的认同，这是供应链成员间战略伙伴关系形成的基础；再次，供应链成员具有可持续的竞争力与创新能力；最后，供应商之间具有可比性，这样有利于在多个潜在的供应商之间择优比较。

3. 加强用户环境消费意识

我们要充分认识绿色消费对可持续发展的重要性。发展绿色消费可以从消费终端减少消费行为对环境的破坏，遏制生产者粗放式的经营，从而有利于实现社会经济可持续发展的目标。同时，发展绿色消费不仅可以从优质无污染的消费对象来改善人们的消费质量和身体健康，而且在消费过程中通过观念的转化、行为的转变，可提高消费者对环保、绿色消费与可持续发展的认识。

4. 加强管理部门的环境执法

执法部门要广泛深入地宣传环保理念,既向各企业决策者宣传绿色营销观念,又向广大消费者宣传生态环境的重要意义,针对不同对象,采取不同方式进行教育培训。

(五)绿色供应链管理发展趋势

绿色供应链管理是人类可持续发展战略在制造业中的体现,具有重大的经济和社会意义。

1. 供应链管理"绿色化"势在必行

自20世纪90年代以来,国家间签订的国际性和地区环境保护公约多达20多个,确定了环境和生态保护的具体要求;指导企业的国际环境质量管理标准ISO14001和ISO14040已经颁布实施;各国为保护环境而制定的法律法规越来越详细,越来越严格;公众对企业的期望也与企业的环境保护行动紧密挂钩;时代要求企业必须把自身的可持续发展和人类社会的可持续发展结合起来,倡导人与自然的和谐发展,才能真正保证企业近期利益和可持续发展的完美统一;这是企业提高国际竞争力的必然要求;国际社会十分注重绿色工程,许多国家要求进口产品进行绿色认证,要有"绿色标志",甚至一些严格的"绿色标准"被视为"绿色贸易壁垒"。

2. 供应链管理"绿色化"依赖两大主体的"绿色化"

供应链管理"绿色化"的两大主体是供应链环节中的每个企业和行业内或行业间的企业战略联盟。

(1)供应链环节中各企业"绿色化"是绿色供应链管理的前提和保障。

(2)行业内或行业间绿色供应链企业战略联盟的形成是绿色供应链管理的关键。

具体做法包括:①在联盟中实行符合或超过国际、国家环保要求的标准。②整个供应链的绿色管理以核心制造商为枢纽点,核心制造商从绿色设计、绿色材料选择、绿色制造工艺、绿色包装、绿色营销和绿色回收分别对原材料供应商、半成品供应商、包装物供应商和分销商提出"绿色管理"标准和要求。下游的"绿色管理"延至对零售商和消费者的环保要求和教育。③核心制造企业为达到"绿色管理"的目的,还要把主要供应商融入环境管理中,对他们进行必要的环境保护方面的知识培训和技术支持,共同研究开发新的环保项目。④在这个绿色供应链中,由于实行"绿色"计划,在利益平衡和分配上也不同于传统的供应链。

3. 工业生态园将成为实施绿色供应链管理的一条重要途径

生态工业的概念是20世纪90年代后期提出的,它的核心思想是以清洁生产为导向,根据循环经济的原则设计生产过程,促进原料和能源的循环使用,实现经济增长与环境保护的双重效益,是一种兼顾经济效益和环境效益的最优生产方式。生态工业可以最大限度地减少原材料和能源的消耗,变有毒有害的排泄物或废弃物为无毒无害物质,减少对环境和人类自身的危害;生态工业可以根据排泄物和废弃物的物理化学性质,进行综合利用,使它成为下一个生产环节的原材料,既治理了污染,又提高了经济效益;生态工业还可以利用上一个生产环节产生的多余能源,作为下一个生产环节的能源来源,提高能源的利用效率。总之,生态工业和实施绿色供应链管理有着密切的内在联系和相同的目标。从供应链企业循环的角度,建立生态工业链或生态工业园区是实施绿色供应链管理的有效途径。生态工业园区模拟生态系统的"食物链"功能,建立系统内部的生产者、消费者和还原者,降低原材料和能源消耗,使企业生产和生态环境协调发展,实现二者的良性循环。

(六)我国实施绿色供应链管理的问题和对策

我国目前有关环境与资源保护的基本法律制度框架已经初步建立,尽管国家对绿色供应链管理的重视程度越来越高,相关政策法规也陆续出台,但用来指导绿色供应链管理的专门法律或高位阶政策尚未出台,绿色供应链管理的政策体系尚不完善。为此,在我国目前已有的《中华人民共和国固体废物污染环境防治法》《中华人民共和国可再生能源法》《中华人民共和国节约能源法》以及将要制定的相关环保法律法规中,应增加绿色供应链管理的相关内容,积极探索绿色供应链管理办法,对绿色供应链管理进行全面指导,明确供应链中各主体的环保责任及处罚规则。

绿色供应链管理加大了企业的管理成本,难以对企业形成有效的吸引,因而实施绿色供应链管理的企业较少。目前大多数企业尚未形成绿色供应链管理意识,甚至不知道什么是绿色供应链管理。即使部分企业了解绿色供应链管理的相关内容,但认知往往存在偏差。还有一些企业认为绿色供应链管理只适合大企业,忽视了中小企业也应承担社会责任,提升供应链管理的环境绩效。作为一种全新的管理理念,绿色供应链管理要求企业定位长远,围绕整条供应链,不断培养员工的协作精神与"绿色"意识,这既要求企业高层管理人员增强可持续发展意识,有机整合企业的经济目标、社会目标和环境目标,统领整条供应链的绿色发展,也需要中层管理人员和基层员工对绿色供应链管理能够长期回馈企业和社会的作用有明确了解,最终促进企业通过实践使企业文化不断融入"绿色",以自觉行动树立"绿色形象",打造"绿色品牌"。

尽管部分供应链核心企业出于承担社会责任的角度,重视生态环境保护,主动加大绿色投资力度,对上游企业和设备供应商的绿色化生产起到积极推动作用,但供应链上其他企业的"搭便车"行为会导致核心企业开展绿色供应链管理很难取得竞争优势,从而降低绿色生产的动力。为此,需要建立相应的激励机制,这一激励机制不仅应确保采用绿色供应链管理的企业可以提高短期效率,也可以获得长期收益,促进企业实现可持续发展。比如,政府可以承担绿色供应链企业的部分环境风险,或者给予其相应的资金补助、税收减免、政策倾斜等优惠,通过外部补偿降低企业的绿色生产成本,激励企业加大绿色发展投入。

三、数字化供应链

(一)数字化供应链的含义和特点

1. 数字化供应链的含义

随着人工智能和大数据等专业领域的兴起,供应链从传统的运营模式逐渐转变为数字化运营模式。目前产业界对数字化供应链没有一个公认的定义。

美国数字化供应链研究院认为,数字化供应链是以客户为中心的平台模型,通过多渠道实时获取,并最大化利用数据,实现需求刺激、匹配、感知与管理,以提升企业业绩,并最大限度降低风险。

德勤公司认为,数字化供应链是基于数字化平台,构建数字化供应链网络,通过数字化技术记录、分析从商品采购到交付端到端数据信息,持续优化联合设计、新品测试、库存优化、物流透明、质量追溯,改进内部和外部仓储和物流网络,优化和创新供应结构和生态关系,保持快速高效供应。

数字化供应链是基于互联网、物联网、大数据、人工智能等新一代信息技术和现代化管理理念方法，以价值创造为导向、以数据为驱动，对供应链活动进行整体规划设计与运作的新型供应链。

2. 数字化供应链的特点

数字化供应链以数字化手段提升供应链的速度和效能，不仅为企业带来经济效益，而且在更大范围内和更深层次上影响着国民经济循环的速度和质量，提升流通效率，是推动居民消费升级的题中应有之义。

从价值创造上看，数字化供应链源于大数据、人工智能、区块链、5G等新兴数字技术与供应链各个环节的融合创新，在多维应用场景中创造新的价值和增长点。

从运作特征上看，数字化供应链以数字化平台为支撑，以供应链上的物、人、信息的全连接为手段，构建一个产品设计、采购、生产、销售、服务等多环节高效协同、快速响应、敏捷柔性、动态智能的生态体系。

从变革趋势上看，数字化供应链顺应数字经济时代消费的个性化、高端化、多元化的发展趋势，驱动生产以消费为中心，由大规模制造向柔性制造、准时制造和精益制造演化。

数字化供应链具备融合创新、生态链接和柔性定制三大特性，对培育我国经济发展新动能、拓展经济发展新空间以及促进居民消费升级有重要意义。

（二）数字化供应链与传统供应链的差异

数字化供应链与传统供应链的差异如表12-1所示。

表12-1 数字化供应链与传统供应链的差异

比较方面	传统供应链	数字化供应链
商业模式	管道，自营+外包	数字平台，数字平台生态，供应链作为服务（SCaaS）
组织视图	从左到右线性（链），资产驱动型	动态网状（网），以客户为中心
信息共享	信息孤岛，非实时信息交换，结构性信息	大数据、物联网、数字化协同平台，实时信息互换
沟通效率	信息会延迟，因为它在线性组织结构中传递	信息在所有供应链相关部门中实时传递
合作模式	交易多而战略少	趋向战略性，共生共赢
战略协作	联合定制计划，非实时，非智能认知分析和预测	网络扩展，数字化协同及人工智能，机器学习帮助提高未来预测准确性
管理模式	偏重精益，缺乏灵活性	偏重敏捷并寻求最佳战略匹配
管理工具	传统ERP，多系统集成，扩展性差，不支持集团复杂性，运维成本较高，技术传统，开发成本高	全渠道供应链数字平台，互联网结构，云端架构，支持业务发展，全业务域数据流通
透明度	有限的供应链可见性和可视化	端到端的供应链可见性和可视化
响应机制	根据已知需求被动迟缓响应	根据已有数据主动预测，敏捷响应

续表

比较方面	传统供应链	数字化供应链
风险不确定性应对机制	被动迟缓应对,缺乏弹性	主动敏捷应对,弹性较强
决策机制	经验式决策,掺杂很多人为因素	智能决策,没有或少有人为因素
运营模型	运营参考模型(SCOR)	数字能力模型(DCM)
核心流程	计划、寻源、制造、交付、退货和使能	同步计划,智能供应,智能运营,动态履约,数字开发,连接客户
运营模式	"串联",人工＋信息技术混合模式	"并联",人机协作数字智能模式
运营绩效	成本中心	利润中心
可持续性	短期局部优化	长期持续变革
战略地位	未上升至公司战略,供应链主管不是董事会高管	上升到公司战略,定义新的首席供应链官(CSCO)为董事会高管

(三)企业如何进行数字化供应链转型

数字化供应链转型,本质上是企业在数字时代的供应链发展需求与趋势,是企业供应链未来的形态,需要企业从战略角度予以重视,构建数字化商业模式,通过数字化供应链活动,构建企业的数字化供应网络。

1. 战略驱动

企业首先应该认识到,应该将供应链的数字化转型列为企业的发展战略,确定战略发展目标与计划,组织响应团队与资源,进行推动。

2. 技术创新

技术是数字化供应链转型的赋能者。对于技术的投入与规划,是数字化供应链转型的先决条件。数字化转型,是利用现代技术,离客户更近,动态实时获取客户的各类数据,加深对客户的认知,提升需求预测的准确性,甚至引导或刺激客户需求的产生。

3. 供应链细分与协同

供应链细分是提供差异化供应链解决方案,以满足特定属性的客户需求的能力之一,通过客户细分、触点细分、资源细分、渠道细分,并协同上下游资源,进行产品设计、生产、销售与交付。

数字化供应链协同通过电子手段(EDI、互联网、物联网)将供应链中的合作伙伴、数据和系统连接在一起,使供应商更容易通过自动化关键业务信息的双向交换、减少物料交付时间、简化补货技术和改进库存计划和可见性来实现业务,提高供应链的反应速度,更好地应对市场的不确定性。

4. 数字化供应链执行

在计划、采购、物流等供应链执行层面,进行数字化转型。数字化的企业规划周期将缩短,并依托上下游协同带来的实时数据,通过人工智能、认知分析提升供应链的自动预测能力与速度。

数字化供应链中,采购将从业务支持者向价值创造者转变,建立企业内部与外部之间的新连接,推动供应链协同,为企业创造价值。

物流将依托物联网技术与自动化技术,提升信息交互效率与自动化作业能力,预计未来5~10年,数字化将为物流带来巨大的变革,并不断产生新的商业模式。

5. 供应链控制塔

供应链控制塔是供应链的指挥中心,它提供端到端的无缝整体可视化、实时数据分析、进行预测和决策、及时解决问题,最终支持构建协同的、一致的、敏捷的和需求驱动的数字化供应链。

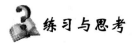
练习与思考

1. 什么是全球供应链?它有哪些特征?
2. 全球供应链管理的影响因素有哪些?
3. 什么是绿色供应链?
4. 简述绿色供应链管理的基本内容。
5. 怎样实现绿色供应链管理?
6. 简述数字化供应链与传统供应链的差异。

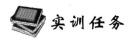
实训任务

华为供应链的全球化之路

为了实现"供应链能够支撑公司海外业务发展"的目标,顺利完成对全球客户的合同履行和交付,华为提出以"简单化、标准化和IT自动化"为原则,以提高海外业务的处理效率和运作效率、满足全球客户的订单要求为任务,以建设一个响应速度快、运作成本低、质量水平高、具有竞争优势的全球化供应链体系为战略目标的全球供应链变革方案。

接下来,我们来看看华为的供应链是如何走上全球化之路的。

1. 标准化还是个性化的两难问题

在海外供应链管理的实际工作中,变革团队面临全球供应链到底是标准化还是个性化的两难问题。

由于各个国家和地区存在差异,比如不同的消费习惯、不同的政策法规、不同的经济发展水平,原先在国内市场相对成熟的流程和运作体系,无法简单复制到全球各个特定的市场,针对各市场的策略必须具备灵活性,才能适应各区域的特点。

一方面,全球供应链需要利用国内总部的优势资源;另一方面,由于各个国家的市场需求不一样,在产品、销售模式、服务模式等方面均有不同的要求,这样一来,全球配置资源、全球一体化的成本优势就被抵消了,产品和服务的成本上升。

所以华为全球供应链(GSC)变革项目组需要在总部集中管理和本地化管理之间取得平衡。集中管理有规模优势,资源共享,成本较低;本地化管理贴近客户,响应快速,客户满意度高。

由华为总部派出的先遣部队和变革项目组根据本地业务的特点,选择合适的策略,以实现成本、效率、客户服务水平之间的平衡,包括组织结构的设计,全球供应网络的布局,产品模式、销售和服务模式的设计,等等。

GSC变革项目组认识到,任何管理系统的设计都应以帮助公司实现最终的财务目标为目的,即增加销售收入、降低交易和运作成本、快速响应客户。

要实现这一目的,具体的解决方案应该是灵活的、变通的,而不是一成不变的。对于供应链流程的共性部分,需要利用总部平台的规模优势,进行集中化管理;对于个性化需求,则需要定制服务,从总部平台调取资源为各地区部服务。

总部扮演好平台支持和服务的角色,地区部则扮演好内部客户的角色,向总部拿资源,贡献市场收益。有了解决新问题的思路和方法,华为开展了一系列GSC变革的行动,从硬件到软件,变革项目组制订了一系列变革方案。

2. 建设全球化的供应能力

在硬实力上,华为开始对全球资源进行整合,建设全球化的供应能力。

第一步,着手解决标准化问题,对IT管理系统进行改造,将公司的集成供应链功能扩展到全球。

2005年,华为启动了海外子公司ERP系统实施项目,开始在海外几十个国家的办事处实施ERP系统,以提高海外业务的处理效率和运作效率。通过总部专家组的支持,整合地区部、子公司的运作流程,贯彻落实集团会计政策。

华为开始在有条件的子公司,如在尼日利亚、埃及、沙特阿拉伯、南非、英国、巴基斯坦等国家的子公司优先试点实施ERP系统,支持地区部和子公司的供应链运作及财务管理。

为了确保项目的成功,华为特地从公司总部的财务、采购、流程、IT等部门抽调出20多名精兵强将,采用"细胞分裂式"方法和"蜂群战术"将国内成功实施ERP系统的经验扩散到海外。

在项目实施过程中,华为团队遇到的最大挑战就是——不同的国家有不同的税务、财务、商业政策及法规要求,客户需求差异也很大,ERP系统实施中遇到的困难比预期的要多,于是公司将原来的海外子公司ERP系统实施项目升级为公司级变革项目,成立了重量级的跨部门团队,将项目成员扩充到200人以上。

到2007年年底,华为在全球的80多家子公司(除了设在巴西和俄罗斯的子公司)已经全部实施ERP系统,基本实现了全球业务的标准化和信息化管理,实现了订单管理、财务报表、采购、付款等运作流程的IT系统化。

第二步,对全球供应网络进行规划和布局。

所谓供应网络规划,是解决从以产品为起点到以市场需求为终点的整个流通渠道中,以什么样的供应网络结构服务客户需求的问题,根据供应网络节点所服务的客户群体、产品类别,决定供应网络节点的类型、数量与位置,以及产品在节点之间的物流方式。

供应网络规划还需要解决空间和时间问题及二者与成本之间的平衡问题。空间问题是指对各类设施如工厂、仓库、零售点的平面地理布局,要在考量设施选址、数量和规模的同时兼顾客户服务水平与成本之间的平衡;时间问题是指客户花多少时间获得产品,要寻求客户服务时效与库存、物流运输等之间的平衡。

2005年以前，华为只在深圳设有一个生产基地，由一个中央仓库集中管理库存，当华为的客户遍布东南亚、非洲、中东、北美、欧洲、拉丁美洲等地区时，有限的生产能力，不健全的物流配送体系，使得华为在为全球客户提供服务时显得力不从心。

为了有效支持公司拓展全球市场，除中国区以外，华为在墨西哥、印度、巴西和匈牙利四国建立了四个供应中心，在阿联酋、荷兰等国建立了区域配送中心，既快速响应了市场需求，又降低了物流运作成本，基本完成了全球供应网络的布局。

以欧洲地区为例，匈牙利供应中心能够保证欧洲和北非大部分国家的订单需求得到满足，保证两周内及时交货。此外，除中国大陆外，华为还分别在美国、日本、德国和中国台湾地区建立了四个采购中心，以集中认证、分散采购为原则，统一管理全球范围内的元器件供应商。

在各个国家成功实施ERP系统以后，华为着手第三步——建立全球化的集成供应链。

首先，要解决海外销量预测的问题。

随着海外市场的井喷式发展，华为产品的海外销量已经超过国内，海外销量预测的必要性越来越大，过去那种以国内销量衡量海外供应量的模式已不再可行，海外预测销量的缺失及不准确会导致全线产品的供应问题：预测的量多了，会造成库存及流动资产的大量浪费；预测的量少了，供应又无法得到保障。

为了有效管理全球的需求和订单，华为开始深入全球市场的前端，推动高级计划和排程系统（APS）在全球范围内的执行，沿袭国内的销售和运营计划（S&OP），要求全球的销售部门、国内的生产部门和采购部门每月举行一次例会，以检视需求和供应之间的差距，并据此调整采购计划、生产计划和交付计划，保证各个部门及时获取和更新信息，并将可承诺的交货信息发布给全球的销售部门和销售人员。

其次，要解决全球化的订单管理和交付的问题。

2005年，华为向海外地区部同步推行国内的合同订单集成配置器，实现前后方数据共享，提升海外合同配置的准确率，提高订单处理的市场响应速度，减少各类错货，并为各类预测、计划及统计提供准确的数据源。

此外，华为投入了大量精力，研究交付的逻辑和算法，研究贸易结算方法，根据每个供应中心的供货能力来平衡各地区的订单。当客户下单到供应链系统后，系统能够自动运行拆分逻辑，将订单拆分到最近、最便捷、成本最优化的地区供应中心进行备货，在确保遵从海关法规的前提下，既缩短了货期，又节省了运输成本。通过这一订单管理和交付方案，华为的全球供应网络有了明显改善，订单履行和产品交付变得更及时有效。

再次，还要解决全球化物流的问题。

以前，华为的业务主要在国内市场，物流由华为自己掌握；而在海外，华为需要将物流服务外包给大量的第三方、第四方物流公司。

一方面，华为与全球化的大型物流公司建立战略合作伙伴关系，以保证产品能及时从深圳的工厂运送到全球各地的地区供应中心，再从各个地区供应中心交付到世界的各个角落；另一方面，华为将本地物流外包给一些本地的物流公司，由它们负责从本地海关送货到客户基站或站点，这些本地的物流公司由本地办事处负责认证、考核和管理，物流成本相对较低，服务也能够得到保证。

3. 培养国际化团队的工作能力

在增强全球供应链硬实力的同时，华为也在同步强化供应链的软实力。华为开始加强本地化建设和对国际化团队能力的培养，提升全体员工的全球化工作能力。

一直以来，华为都将国际化、职业化、成熟化作为发展目标，在国际化方面更是提出"市场国际化、技术国际化、资金国际化、人才国际化"的具体要求。

在国际化能力建设中，除了建立地区供应中心、采购中心、物流中心外，华为还加快海外供应链本地化建设的步伐，大量招聘和启用本地员工，加强对本地员工的培训，将本地员工培养为业务骨干，使其了解、熟悉本部的运作，进而加强供应链一体化的沟通与协作。此外，华为还引进大批具有国际化视野的职业经理人和专业人士，提升供应链员工队伍的素质和能力。

对于与海外接洽的业务人员，华为将英语能力作为任职的基本要求，任职人员必须具备英语口语交流和文档阅读的能力；对于干部的选拔，华为也以能否适应国际化为标准，对于不能胜任的，则会下调职务。

在这一过程中，华为内部的文档资料和流程系统也逐步实现双语化。如今，华为在全球170多个国家拥有4万多名外籍员工，初步实现了人才的全球化。

4. 持续的供应链变革和精细化管理

ERP系统的上线和全球供应网络的建立为华为的全球供应链构建了基础。但是，没有任何一种供应链运营模式能够适用于所有业务和全球所有地区。

全球化的供应链系统要求根据不同国家及地区特定的法律、法规和客户需求，从细节着眼，制定个性化的管理模式，持续推进精细化管理，对现有系统做出补充。

比如，不同的地区有不同的库存要求、不同的交付要求、不同的物流运输条件，华为在全球化发展过程中，应不断激励和驱动一线员工，不断创新和优化全球供应链管理系统。

到2008年，华为已打通了全球供应网络，形成了良好的全球供应链。华为的全球供应链俨然成为其核心竞争力的一部分，有效支撑了公司的高速发展。

通过全球供应链的持续变革和精细化管理，华为远远甩掉了同时代最有力的竞争对手——中兴通讯，离通信行业领导者的目标更近了一步。

5. 华为供应链管理变革的成果

从2005年到2007年，华为通过三年的努力，初步实现了海外业务管理的信息化，在供应链领域陆续规划并启动了全球供应链(GSC)管理、全球化供应网络(GSN)管理、供应商关系管理(SRM)、供应商电子协同、国家计划统计调转、流通加工能力建设、客户电子交易等项目，对全球供应环境下的业务、组织、流程和信息技术进行了设计和优化。

通过持续打造柔性的供应链能力，华为的供应链赢得了快速度、高质量和低成本的竞争优势。

华为推行的全球供应链管理变革，保证了新流程和管理系统的落实，使供应链能力和客户服务水平得到持续改善；华为全球供应网络的布局，全球供应链体系的构建，串联起了华为在全世界各个国家和地区的业务组织，有效支持了华为海外业务的扩张，帮助华为更好地抓住市场机遇，创造了更多的经济效益，也为华为未来的全球化高速发展奠定了良好的基础。

从具体的绩效表现来看，华为全球供应链与变革之前相比取得了明显的改善：及时齐套发货率达到82%；库存周转率达到3.67次/年；客户投诉率下降到0.5%。

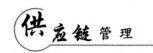

十年时间,华为前后投入了20多亿元,通过虚心学习和苦练,终于修成正果,将管理标准化,建立起一套与全球体系、西方规则全面接轨的制度与流程。

资料来源:辛童.华为供应链管理[M].杭州:浙江大学出版社,2020.

思考和训练

华为全球供应链管理变革对其他企业来说有哪些启示?

技能训练

请同学们以小组为单位,通过查找资料,从华为的业界竞争对手企业中选取一家企业,对其供应链与华为供应链进行比较。

即测即评

参考文献

[1] 赵林度.供应链与物流管理理论与实务[M].北京:机械工业出版社,2003.
[2] 宋华.物流供应链管理机制与发展[M].北京:经济管理出版社,2002.
[3] 张成海.供应链管理技术与方法[M].北京:清华大学出版社,2001.
[4] 马士华,林勇,陈永祥.供应链管理[M].北京:机械工业出版社,2000.
[5] 陈兵兵.SCM供应链管理:策略、技术与实务[M].北京:电子工业出版社,2004.
[6] 刁柏青,李学军,王建.物流与供应链系统规划与设计[M].北京:清华大学出版社,2003.
[7] 纳尔逊,穆迪,斯特格纳.供应链管理最佳实践[M].刘祥亚,等译.北京:机械工业出版社,2003.
[8] 乔普瑞,梅因德尔.供应链管理:战略、规划与运营[M].李丽萍,等译.北京:社会科学文献出版社,2003.
[9] 沈培,王楠.供应链管理环境下的业务外包:提高企业核心竞争能力的有效途径[J].环渤海经济管理,2002(6):32-34.
[10] 王焰.一体化的供应链战略、设计与管理[M].北京:中国物资出版社,2002.
[11] 张小兵,徐叶香.论企业的供应链管理[J].商业研究,2002(8):39-41.
[12] 刘永爱,李雄伟.不同供应链结构及其库存系统模式分析[J].商业时代,2012(2):47-48.
[13] 马丽.供应链物流服务能力及评价分析[J].现代商贸工业,2012,24(1):26-27.
[14] 王戈秋.供应链中的物流成本管理[J].经济导刊,2011(10):73-74.
[15] 田源.家电供应链合作伙伴关系建立研究[J].管理观察,2010(17):299-300.
[16] 彭建仿.供应链竞争力提升战略初探[J].江苏商论,2003(8):107-108.
[17] 张蕾,牟焕国,孙立平,等.标准化管理提升企业竞争力探讨[J].中国科技博览,2012(6):187.
[18] 高志伟.基于价值链提升企业竞争力[J].合作经济与科技,2012(2):40-42.
[19] 辛童.华为供应链管理[M].杭州:浙江大学出版社,2020.
[20] 刘伟华,周志成.发展数字化供应链 推动居民消费升级[N].人民日报,2022-03-16(19).
[21] 唐隆基,潘永刚.数字化供应链:转型升级路线与价值再造实践[M].北京:人民邮电出版社,2021.
[22] 齐文浩.依托绿色供应链管理实现企业可持续发展[N].光明日报,2021-08-17(11).